EVANGELHOS

*A história do Homem
que mudou a história*

Evangelhos:
A história do Homem que mudou a história
Copyright © 2020 Publicações Pão Diário
Todos os direitos reservados.

COORDENAÇÃO EDITORIAL: Dayse Fontoura
PROJETO GRÁFICO E CAPA: Audrey Novac Ribeiro
DIAGRAMAÇÃO: Audrey Novac Ribeiro

Evangelhos: A história do Homem que mudou a história, 2020
304 p., 112mmX178mm
Contém introdução aos evangelhos
1.Bíblia Sagrada   2. Estudo Bíblico

TEXTO BÍBLICO
Bíblia Sagrada, Nova Versão Transformadora (NVT)
Copyright ©2016 por Editora Mundo Cristão
Rua Antônio Carlos Tacconi, 69 — São Paulo/SP, CEP 04810-020
Telefone (11) 2127-4147 — www.mundocristao.com.br

TEXTOS INTODUTÓRIOS
The Gospels — Matthews, Mark, Luke and John
Por Mark L. Strauss
© 2020 Ministérios Pão Diário
Tradução: Thaís Soler
Revisão: Dalila de Assis, Dayse Fontoura, Lozane Winter

Proibida a reprodução total ou parcial, sem prévia autorização, por escrito, da editora. Todos os direitos reservados e protegidos pela Lei 9.610, de 19/02/1998.

Permissão para reprodução: permissao@paodiario.org

Publicações Pão Diário
Caixa Postal 4190, 82501-970 Curitiba/PR, Brasil
publicacoes@paodiario.org • www.publicacoespaodiario.com.br
Telefone: (41) 3257-4028

Código: NL659
ISBN: 978-1-64641-087-3

1.ª edição: 2020

Impresso na China

SUMÁRIO

Apresentando os evangelhos 5

Lendo Mateus 11
    Mateus 16

Lendo Marcos 93
    Marcos 98

Lendo Lucas 147
    Lucas 151

Lendo João 233
    João 237

Notas das referências 293

Apresentando os EVANGELHOS

Todos nós amamos receber boas notícias. Às vezes, elas chegam e simplesmente melhoram uma situação. Às vezes recebemos boas notícias sobre as quais colocamos nossa confiança, algo que corrigirá uma situação ruim, trará esperança onde parece não haver nenhuma. Assim é o evangelho. São as boas-novas que trazem esperança para um mundo desesperado por isso. O evangelho é a notícia de que Deus está salvando o mundo o qual Ele criou.

Desde que Adão e Eva pecaram, no Jardim do Éden, os seres humanos foram separados de Deus e se mantêm distantes de seu Criador. No entanto, Deus, em Sua graça, pôs em ação um plano para salvá-los. Os profetas do Antigo Testamento falaram sobre esse plano e predisseram a vinda do Salvador — o Messias* — que traria salvação e restauração ao mundo. A palavra que eles costumavam usar para descrever essa salvação era boas-novas ou evangelho. O profeta Isaías escreveu:

Como são belos os pés sobre os montes os pés do mensageiro que traz boas-novas, boas-novas de paz e salvação, de que o Deus de Israel reina! —ISAÍAS 52.7 (ÊNFASE ADICIONADA)

---

* Messias vem de um termo hebraico que significa "Ungido" e é traduzido para o grego como *Christos* ou "Cristo". No judaísmo, refere-se ao agente escolhido de Deus para trazer libertação ao Seu povo.

Introdução

A boa notícia era que Deus estava vindo para salvar o Seu povo e que Ele providenciaria uma maneira de restaurar o relacionamento entre eles, que estava rompido. Quando Jesus começou a ensinar, Ele usou essa abordagem de Isaías. Sua mensagem foi: "chegou o tempo prometido [...]. O reino de Deus está próximo. Arrependam-se e creiam *nas boas-novas!*" (MARCOS 1.15 — ÊNFASE ADICIONADA).

Depois de morrer pelo nosso pecado e ressurgir novamente, Jesus enviou Seus discípulos para anunciar ao mundo a salvação que Ele havia efetuado. A palavra que eles usaram para descrever esta mensagem foi, naturalmente, "boas-novas/evangelho". O apóstolo Paulo escreve à igreja de Tessalônica que "quando lhes apresentamos as boas-novas *(evangelion)*, não o fizemos apenas com palavras, mas também com poder, visto que o Espírito Santo lhes deu plena certeza de que era verdade o que lhes dizíamos" (1 TESSALONICENSES 1.5).

O fato de o evangelho ser originalmente uma mensagem de salvação transmitida oralmente* nos ensina algo sobre a natureza desses quatro livros. Os evangelhos não são histórias empoeiradas sobre o início do cristianismo. Eles não são apenas biografias sobre Jesus. São *versões escritas* (e no evangelho de Lucas são uma investigação minuciosa) *do anúncio da salvação*. Como João diz em seu evangelho:

> *Os discípulos viram Jesus fazer muitos outros sinais além dos que se encontram registrados neste livro. Estes, porém, estão registrados para que vocês creiam que Jesus é o Cristo, o Filho de Deus, e para que, crendo nele, tenham vida pelo poder do seu nome.* —JOÃO 20.30,31

---

*As sociedades antigas, apesar de terem registros escritos, eram em grande parte dependentes de notícias e informações que se espalhavam de boca em boca.

João não está escrevendo apenas para que as pessoas conheçam os fatos sobre Jesus. Ele as está chamando à fé — crença e resposta — em Jesus.

O que é um evangelho? Ao ler qualquer livro ou quaisquer obras literárias, a primeira pergunta a ser feita é: "O que estou lendo?". O tipo de literatura, ou "gênero", determina como você a lê. Considere os tipos de coisas que você pode ler em qualquer dia. De manhã, você pega um jornal ou vai a um site de notícias e lê sobre os acontecimentos do dia. Você espera que esse material seja verdadeiro e historicamente preciso. Mais tarde, nesse mesmo dia, você passa por uma fila de supermercado e vê um tabloide com as manchetes: "Alienígenas invadem Nova Iorque!". Você não entra em pânico porque sabe que esse é um entretenimento sensacionalista destinado a atrair sua atenção (e fazê-lo comprar). Você chega a casa e abre sua caixa de correio. Uma carta dentro diz em letras garrafais: "Você ganhou um milhão de reais!". Você não leva isso a sério porque considera como correspondência inútil, distorcendo a verdade para tentar lhe vender algo. Outra correspondência, no entanto, é a sua conta de energia elétrica, que você leva a sério, sabendo que ignorá-la poderia deixá-lo sem luz. Ao longo do dia, estamos constantemente identificando gêneros literários e ajustando nossos hábitos de leitura.

Então, que tipo de literatura caracteriza os evangelhos? O que devemos procurar ao lê-los? Três categorias podem nos ajudar a entender e ler bem os evangelhos. São elas: *História*, *Narrativa* e *Teologia*.

Os evangelhos* são, antes de tudo, *documentos históricos*. Isso significa que eles aconteceram em determinado local e hora e se destinam a registrar eventos históricos que realmente aconteceram. Os escritores dos evangelhos não estavam transmitindo lendas, mitos ou fábulas. Eles consideraram que os acontecimentos que registravam de fato ocorreram. Lucas, em particular, deixa isso claro no começo de seu evangelho. Ele diz que investigou cuidadosamente esses acontecimentos e conseguiu *testemunhas oculares* para que seus leitores pudessem ter a *convicção* das coisas que aprenderam. João também destaca a importância da declaração desse testemunho: "Este é o discípulo que dá testemunho destes acontecimentos e que os registrou aqui. E sabemos que seu relato é fiel" (JOÃO 21.24).

Essa questão é importante, pois a verdade do cristianismo aumenta ou diminui com a autenticidade histórica desses eventos. Nos evangelhos, Jesus faz afirmações surpreendentes a Seu respeito. Ele diz que é o Messias, o Salvador do mundo. Ele identifica Sua morte como um sacrifício pelos pecados do mundo. Mais importante ainda, o evangelho atinge o apogeu com a ressurreição de Jesus, que serve como confirmação de todas as Suas alegações. Se Jesus não ressuscitou dos mortos, então o cristianismo é uma farsa. Ou, como diz o apóstolo Paulo: "E, se Cristo não ressuscitou, nossa pregação é inútil, e a fé que vocês têm também é inútil" (1 CORÍNTIOS 15.14). É fundamental para a natureza dos evangelhos que eles sejam históricos, destinados a registrar eventos reais.

No entanto, os evangelhos são um tipo particular de história. São *narrativas* históricas, que significam fatos contados como história. Todas elas têm características particulares, como *enredo*, personagens e cenário. Uma história faz sentido por causa de seu enredo, que é a evolução da história — como ela se desenvolve. As tramas geralmente giram em torno do conflito. Um problema surge e deve ser resolvido. Histórias tendem a atingir um ponto

---

*Atualmente, temos aproximadamente 5.500 cópias integrais ou parciais de **livros do Novo Testamento**. Uma cópia completa do Novo Testamento pode ser datada de 225 anos a partir da escrita original. As primeiras cópias confirmadas das Escrituras do Novo Testamento remontam a 114 d.C. O que significa que a distância histórica entre nossas primeiras cópias e a data da escrita original é, no máximo, 50 anos. Isso é "no máximo" porque o Dr. Dan Wallace e uma equipe de pesquisadores do Centro Para Estudo dos Manuscritos do Novo Testamento acreditam ter localizado um fragmento de texto do evangelho de Marcos que remonta ao primeiro século.

alto num ápice e depois encontram uma resolução. Isso é verdade nos evangelhos. Jesus entra em cena e faz afirmações sobre si mesmo. O conflito surge quando Ele é desafiado por Satanás, por demônios, pelos líderes religiosos e, finalmente, pelas autoridades romanas. O enredo de todos os quatro evangelhos tem Jesus como o protagonista e Satanás e os líderes religiosos como os antagonistas. Todos os quatro têm seu ápice narrativo na crucificação e uma resolução na ressurreição.

No entanto, enquanto todos os quatro evangelhos contam a mesma história básica de Jesus, cada autor narra isso de maneira única, desenvolvendo sua trama em direções únicas, descrevendo personagens de certas maneiras e enfatizando cenários e temas específicos. Considere como cada evangelho começa. Mateus inicia com uma genealogia, confirmando a ascendência real e legítima de Jesus; Marcos começa a todo vapor com a pregação de João Batista e o ministério de Jesus; Lucas inicia com uma introdução literária formal descrevendo suas credenciais como historiador; João tem um prólogo altamente teológico que descreve Jesus como a "Palavra" pré-existente (*Logos*) de Deus que se tornou ser humano para nos tornar filhos de Deus. Cada introdução aborda temas importantes para aquele escritor do evangelho em particular.

Este é um ponto particularmente importante. O Espírito Santo* nos deu quatro evangelhos, não apenas um. Cada um dos escritores desses livros tem uma história única para contar, semelhante, mas também diferente dos outros três. Houve uma tendência infeliz na história da Igreja de "harmonizar" os evangelhos reunindo-os em uma única história. Essas tentativas têm motivos nobres — contar "toda a história". O perigo é que, recortando e colando os quatro evangelhos em um, corremos o risco de perder e até distorcer a

---

*O Espírito Santo é a terceira pessoa da Trindade. O Espírito Santo é aquele que Jesus prometeu estar com Seus seguidores (veja João 14.16). Ele é o único responsável por inspirar os escritores da Sua Palavra (veja 1 Timóteo 3.16; 2 Pedro 1.21).

Introdução

perspectiva única de cada um deles. Nós pegamos quatro obras-primas, inspiradas pelo Espírito, e as fundimos em uma nova história, que pode comprometer a mensagem exclusiva do Espírito à Igreja contida naquele evangelho. É importante respeitar a integridade e singularidade literária e histórica de cada livro.

Isso nos leva a uma terceira palavra-chave para descrever os evangelhos. Eles não são apenas história e narrativa; também são *teologia*. Com isso, queremos dizer que os evangelhos são documentos de fé inspirados, escritos por aqueles que criam fervorosamente que Jesus era o Salvador do mundo. Como mencionado acima, João revela isso claramente ao afirmar seu propósito: *"para que vocês creiam…"* (JOÃO 20.30,31 – ÊNFASE ADICIONADA). E Lucas quer que seu leitor "…tenha plena certeza de tudo que lhe foi ensinado" (LUCAS 1.4). Mateus, Marcos, Lucas e João acreditavam fervorosamente na verdade da sua mensagem e desejavam que todos experimentassem a salvação que Jesus trouxe.

Quatro retratos do mesmo Jesus. O que dissemos sobre a singularidade de cada evangelho ajuda a explicar por que temos quatro em vez de um. O Espírito Santo queria dar à Igreja uma perspectiva multifacetada de quem era Jesus.

Uma das experiências cinematográficas mais incríveis é o cinema *IMAX*. Várias câmeras criam uma visão de 360 graus para o público. Pode ser uma experiência de tirar o fôlego ter um panorama abrangente ao passar por cima de uma cidade, uma montanha ou o oceano. De igual modo, os quatro evangelhos nos dão uma visão de 360 graus de tirar o fôlego sobre Jesus, uma compreensão mais completa de quem Ele é e do que veio realizar. Nos próximos quatro capítulos, examinaremos o retrato único de Jesus em cada evangelho.

Lendo MATEUS

O evangelho do Rei messiânico dos judeus

Quando eu era criança, o dia mais esperado do ano era... o Natal! Amava tudo sobre essa época: decorar a árvore, pendurar luzes, o peru assado e o molho de amora, a torta de abóbora! E, claro, havia a expectativa pelos brinquedos debaixo da árvore na manhã de Natal. O catálogo por correspondência da *Sears* [N.T.: Tradicional loja de departamento dos EUA.] chegava em algum momento do Dia de Ação de Graças, e meus irmãos e eu corríamos para pegá-lo primeiro, avidamente folheando a seção de brinquedos para escolher nossos favoritos. No mês seguinte, passávamos ansiosamente todos os dias à espera do Natal que viria.

O evangelho de Mateus é sobre a ardente expectativa pelo Natal... o primeiro Natal! Por séculos, os judeus tinham tentado se libertar do domínio de potências estrangeiras — os assírios, os babilônios, os persas, os gregos e agora os romanos. Israel ansiava pelo dia em que Deus enviaria Seu Messias para libertá-los dessa opressão e torná-los notáveis e prósperos na sua terra novamente. Mateus começa com o anúncio de que esse dia chegará! "Este é o registro dos antepassados de Jesus Cristo, descendente de Davi e de Abraão" (MATEUS 1.1).

Embora provavelmente não seja o primeiro evangelho a ter sido registrado (Marcos provavelmente traz essa distinção), Mateus foi tradicionalmente colocado por primeiro no Novo Testamento. Isso é apropriado, já que Mateus apresenta as raízes mais profundas do Antigo Testamento e do judaísmo. É como se Malaquias, o último dos profetas do Antigo Testamento, estivesse atravessando os séculos e passando o bastão profético para Mateus, que anuncia que o tempo finalmente chegara.

O tema central de Mateus é *promessa e cumprimento*. As promessas de Deus para trazer o Salvador a Israel e ao mundo se cumpriram através de Jesus, o Messias. Esse tema de cumprimento é desenvolvido de várias maneiras no evangelho de Mateus. Vejamos três deles: a genealogia, as fórmulas de cumprimento e a tipologia.

A genealogia (1.1-17). No ocidente, as pessoas tendem a ver as genealogias como tediosas e chatas. O resumo da Bíblia da *Revista Seleções* até excluiu a maioria delas! Mas para Mateus essa genealogia é incrivelmente emocionante, a chave para quem Jesus é e o que Ele veio realizar. Mateus introduz a genealogia identificando Jesus como "descendente de Davi e de Abraão". Todos esses termos são extremamente significativos. *Messias* vem de um termo hebraico que significa "Ungido" e é traduzido para o grego como *Christos* ou "Cristo". A unção com óleo era uma maneira de dedicar um líder (especialmente o rei) a uma tarefa especial designada por Deus. No judaísmo, o termo "Messias" passou a ser usado sobre o Rei do fim dos tempos escolhido por Deus para completar a Sua salvação.

O título *Filho de Davi* lembra o leitor de que, quase mil anos antes de Mateus, Deus havia prometido ao rei Davi que um dia o Senhor suscitaria um dos seus descendentes, que reinaria no seu trono para sempre com justiça e retidão (2 SAMUEL 7.11-16). Essa "esperança messiânica" foi proferida várias vezes pelos profetas quando Israel foi subjugado e oprimido (ISAÍAS 9.6,7; 11.1-5; JEREMIAS 23.5,6; 33.15,16; EZEQUIEL 37.24,25).

Descendência de Abraão semelhantemente lembra da aliança que Deus fez com Abraão mais de mil anos antes do tempo de Davi (GÊNESIS 12; 15; 17). O Senhor prometeu ao patriarca que ele seria o pai de uma grande nação (Israel) e que todas as nações seriam abençoadas através de sua descendência. Como o Messias, Jesus traria as bênçãos da salvação não apenas para Israel, mas para todo o mundo.

Juntos, esses títulos e a genealogia como um todo pretendem nos mostrar que Jesus é o ápice da história humana, o Salvador do mundo.

Fórmulas de cumprimento. Além de providenciar uma genealogia que legitime a afirmação de Jesus de ser o Messias, Mateus repetidamente indica que o que está acontecendo no capítulo 15 de seu evangelho é o cumprimento das Escrituras — Jesus está trazendo a história e o relato de Israel à plenitude do significado. Dez vezes Ele usa uma fórmula como: "Tudo isso aconteceu para cumprir o que o Senhor tinha dito por meio do profeta".

MATEUS	EVENTO	CUMPRIMENTO
1.22,23	Nascimento virginal de Jesus	Isaías 7.14
2.15	Fuga e a volta do Egito	Oseias 11.1
2.17,18	Assassinato dos bebês em Belém	Jeremias 31.15
2.23	A infância de Jesus em Nazaré	Profecia não registrada
4.14-16	Ministério de Jesus estabelecido na Galileia	Isaías 9.2
8.17	Jesus cura enfermidades	Isaías 53.4
12.17-21	Jesus cumpre o papel de Servo	Isaías 42.2
13.35	Jesus fala por parábolas	Salmo 78.2; 2 Crônicas 29.30
21.4,5	Jesus adentra Jerusalém como um humilde rei	Zacarias 9.9
27.9,10	Jesus é traído por 30 moedas de prata	Zacarias 11.12,13

Além dessas, diversas vezes Mateus menciona passagens do Antigo Testamento cumpridas em Cristo, embora sem uma fórmula explícita de cumprimento. Enquanto muitas dessas passagens são exclusivamente cumpridas por Jesus, outras são cumprimentos "tipológicos". Com isso, queremos dizer que elas estão descrevendo algo que aconteceu no passado, mas que prenuncia ou aponta para o seu cumprimento final em Cristo. As pessoas ou eventos descritos são prenúncios da vinda do Messias (VEJA O EXEMPLO DE OSEIAS 11).

Tipologia. Mateus usa a tipologia para mostrar que toda a história de Israel está atingindo seu ápice em Cristo. Moisés, por exemplo, é um tipo de Cristo. Assim como Moisés subiu um monte (o Sinai) para receber a aliança de Deus em tábuas de pedra, Jesus fez Seu conhecido Sermão do Monte (MATEUS 5-7) para inaugurar a nova aliança e ilustrar o verdadeiro significado da Lei. Assim como Moisés escreveu os cinco livros do Pentateuco (GÊNESIS A DEUTERONÔMIO), Jesus fornece cinco grandes preleções em Mateus (CAPÍTULOS 5-7; 10; 13; 18; 24-25). Da mesma forma, como o rosto de Moisés brilhou ao descer do Sinai (ÊXODO 34.29-33), o rosto de Jesus brilha como o sol na transfiguração (MATEUS 17.2). Dessas e outras formas, Jesus é apresentado como um novo e maior Moisés, trazendo o novo e maior pacto prometido por Deus (VEJA JEREMIAS 31.31-34).

Mateus também desenvolve a tipologia de um "novo Israel". Assim como Deus tirou Seu "filho" Israel do Egito no Êxodo (OSEIAS 11.1), Ele agora tira Jesus do Egito depois que o rei Herodes tenta matá-lo (MATEUS 2.15). Assim como Israel foi testado durante 40 anos no deserto e repetidamente falhou em confiar em Deus, Jesus também é testado por 40 dias no deserto, mas consegue confiar em Deus (MATEUS 4.1-10). Israel é um "tipo" (negativo) de Cristo. Embora a nação tenha sido infiel e falhado em ser a luz de Deus para os gentios (ISAÍAS 49.6), Jesus permaneceu fiel e deste modo cumpriu o verdadeiro papel de Israel.

O Rei messiânico dos judeus... e Senhor de todas as nações. Com seu forte foco judaico e ênfase no cumprimento profético, Mateus provavelmente está escrevendo para uma comunidade predominantemente judaico-cristã. Diante da oposição de judeus incrédulos, Mateus procura provar que Jesus é o Messias judeu, que cumpre as promessas feitas a Israel.

No entanto, ele também deixa claro que essas promessas não são apenas para Israel. Durante Seu ministério público, Jesus diz aos Doze para irem apenas às "...ovelhas perdidas do povo de Israel" (MATEUS 10.6; "DOZE" SIMBOLIZA ISRAEL). Isso porque Israel era o povo escolhido de Deus. Eles primeiro tiveram a oportunidade de reagir para que então pudessem ser luz para as outras nações (VEJA ROMANOS 1.16). Porém, uma vez realizada a salvação por meio da vida, morte e ressurreição de Cristo, Jesus dá aos Seus discípulos a "Grande Comissão" para fazer discípulos de todas as nações (MATEUS 28.18-20). A salvação preparada para Israel é agora ir a todas as nações.

MATEUS

Os antepassados de Jesus Cristo

1 Este é o registro dos antepassados de Jesus Cristo,ᵃ descendente de Davi e de Abraão:ᵇ

²Abraão gerou Isaque.
Isaque gerou Jacó.
Jacó gerou Judá e seus irmãos.
³Judá gerou Perez e Zerá, cuja mãe foi Tamar.
Perez gerou Esrom.
Esrom gerou Rão.ᶜ
⁴Rão gerou Aminadabe.
Aminadabe gerou Naassom.
Naassom gerou Salmom.
⁵Salmom gerou Boaz, cuja mãe foi Raabe.
Boaz gerou Obede, cuja mãe foi Rute.
Obede gerou Jessé.
⁶Jessé gerou o rei Davi.
Davi gerou Salomão, cuja mãe foi Bate-Seba, viúva de Urias.
⁷Salomão gerou Roboão.
Roboão gerou Abias.
Abias gerou Asa.ᵈ
⁸Asa gerou Josafá.
Josafá gerou Jeorão.ᵉ
Jeorão gerou Uzias.
⁹Uzias gerou Jotão.
Jotão gerou Acaz.
Acaz gerou Ezequias.
¹⁰Ezequias gerou Manassés.

Manassés gerou Amom.[f]
Amom gerou Josias.
[11]Josias gerou Joaquim[g] e seus irmãos, nascidos no tempo do exílio na Babilônia.
[12]Depois do exílio na Babilônia:
Joaquim gerou Salatiel.
Salatiel gerou Zorobabel.
[13]Zorobabel gerou Abiúde.
Abiúde gerou Eliaquim.
Eliaquim gerou Azor.
[14]Azor gerou Sadoque.
Sadoque gerou Aquim.
Aquim gerou Eliúde.
[15]Eliúde gerou Eleazar.
Eleazar gerou Matã.
Matã gerou Jacó.
[16]Jacó gerou José, marido de Maria.
Maria deu à luz Jesus, que é chamado Cristo.

[17]Portanto, são catorze gerações de Abraão até Davi, catorze de Davi até o exílio na Babilônia e catorze do exílio na Babilônia até Cristo.

O nascimento de Jesus Cristo

[18]Foi assim que nasceu Jesus Cristo. Maria, sua mãe, estava prometida para se casar com José. Antes do casamento, porém, ela engravidou pelo poder do Espírito Santo. [19]José, seu noivo, era um homem justo e resolveu romper a união em segredo, pois não queria envergonhá-la com uma separação pública.

[20]Enquanto ele pensava nisso, um anjo do Senhor lhe apareceu em sonho e disse: "José, filho de Davi, não tenha medo de receber Maria como esposa, pois a criança dentro dela foi concebida pelo Espírito Santo. [21]Ela terá um filho, e você lhe dará o nome de Jesus,[a] pois ele salvará seu povo dos seus pecados".

²²Tudo isso aconteceu para cumprir o que o Senhor tinha dito por meio do profeta:

²³"Vejam! A virgem ficará grávida!
  Ela dará à luz um filho,
e o chamarão Emanuel,[b]
  que significa 'Deus conosco'".

²⁴Quando José acordou, fez o que o anjo do Senhor lhe havia ordenado e recebeu Maria como esposa. ²⁵No entanto, não teve relações com ela até o menino nascer; e ele lhe deu o nome de Jesus.

Visitantes do Oriente

2 Jesus nasceu em Belém, na Judeia, durante o reinado de Herodes. Por esse tempo, alguns sábios[c] das terras do Oriente chegaram a Jerusalém ²e perguntaram: "Onde está o recém-nascido rei dos judeus? Vimos sua estrela no Oriente e viemos adorá-lo".

³Ao ouvir isso, o rei Herodes ficou perturbado, e com ele todo o povo de Jerusalém. ⁴Reuniu os principais sacerdotes e os mestres da lei e lhes perguntou: "Onde nascerá o Cristo?".

⁵Eles responderam: "Em Belém da Judeia, pois assim escreveu o profeta:

⁶'E você, Belém, na terra de Judá,
  não é a menor entre as principais cidades[d] de Judá,
pois de você virá um governante
  que será o pastor do meu povo, Israel'".[e]

⁷Então Herodes convocou os sábios em segredo e soube por eles o momento em que a estrela tinha aparecido. ⁸"Vão a Belém e procurem o menino com atenção", disse ele. "Quando o encontrarem, voltem e digam-me, para que eu vá e também o adore."

⁹Após a conversa com o rei, os sábios seguiram seu caminho, guiados pela estrela que tinham visto no Oriente. Ela ia adiante deles, até que parou acima do lugar onde o menino estava. ¹⁰Quando viram a estrela, ficaram muito alegres. ¹¹Ao entrar na casa, viram o menino com Maria, sua mãe, e se prostraram e o adoraram. Então abriram seus tesouros e o presentearam com ouro, incenso e mirra.

¹²Quando chegou a hora de partir, retornaram para sua terra por outro caminho, pois haviam sido avisados em sonho para não voltar a Herodes.

A fuga para o Egito

¹³Depois que os sábios partiram, um anjo do Senhor apareceu a José em sonho. "Levante-se", disse o anjo. "Fuja para o Egito com o menino e sua mãe. Fique lá até eu lhe dizer que volte, pois Herodes vai procurar o menino a fim de matá-lo."

¹⁴Naquela mesma noite, José se levantou e partiu com o menino e Maria, sua mãe, para o Egito, ¹⁵onde ficaram até a morte de Herodes. Cumpriu-se, assim, o que o Senhor tinha dito por meio do profeta: "Do Egito chamei meu filho".[f]

¹⁶Quando Herodes se deu conta de que os sábios o haviam enganado, ficou furioso. Enviou soldados para matar todos os meninos de dois anos para baixo em Belém e seus arredores, tomando por base o relato dos sábios acerca da primeira aparição da estrela. ¹⁷Com isso, cumpriu-se o que foi dito por meio do profeta Jeremias:

¹⁸"Ouviu-se um clamor em Ramá,
 choro e grande lamentação.
Raquel chora por seus filhos
 e se recusa a ser consolada,
 pois eles já não existem".[a]

A volta para Israel

¹⁹ Quando Herodes morreu, um anjo do Senhor apareceu em sonho a José, no Egito. ²⁰ "Levante-se", disse o anjo. "Leve o menino e a mãe de volta para a terra de Israel, pois já morreram os que tentavam matar o menino."

²¹ Então José se levantou e se preparou para voltar à terra de Israel com o menino e sua mãe. ²² Soube, porém, que o novo governador da Judeia era Arquelau, filho de Herodes, e teve medo de ir para lá. Depois de ser avisado em sonho, partiu para a região da Galileia. ²³ A família foi morar numa cidade chamada Nazaré, cumprindo-se, desse modo, o que os profetas haviam dito, que Jesus seria chamado nazareno.

João Batista prepara o caminho

3 Naqueles dias, João Batista apareceu no deserto da Judeia e começou a anunciar a seguinte mensagem: ² "Arrependam-se, pois o reino dos céus está próximo".[b] ³ O profeta Isaías se referia a João quando disse:

"Ele é uma voz que clama no deserto:
  'Preparem o caminho para a vinda do Senhor![a]
  Abram a estrada para ele!'"[b]

⁴ As roupas de João eram tecidas com pelos de camelo, e ele usava um cinto de couro e alimentava-se de gafanhotos e mel silvestre. ⁵ Gente de Jerusalém, de toda a Judeia e de todo o vale do Jordão ia até ele. ⁶ Quando confessavam seus pecados, ele os batizava no rio Jordão.

⁷ Mas, quando João viu que muitos fariseus e saduceus vinham ao lugar de batismo, ele os repreendeu abertamente. "Raça de víboras!", exclamou. "Quem os convenceu a fugir da ira que está por vir? ⁸ Provem por suas ações que vocês se arrependeram. ⁹ Não pensem que podem dizer uns aos outros: 'Estamos a salvo, pois somos filhos de Abraão'. Isso não significa nada, pois eu lhes digo

que até destas pedras Deus pode fazer surgir filhos de Abraão. ¹⁰Agora mesmo o machado do julgamento está pronto para cortar as raízes das árvores. Toda árvore que não produz bons frutos será cortada e lançada ao fogo.

¹¹"Eu batizo com[c] água aqueles que se arrependem. Depois de mim, porém, virá alguém mais poderoso que eu, alguém muito superior, cujas sandálias não sou digno de carregar. Ele os batizará com o Espírito Santo e com fogo.[d] ¹²Ele já tem na mão a pá, e com ela separará a palha do trigo e limpará a área onde os cereais são debulhados. Juntará o trigo no celeiro, mas queimará a palha no fogo que nunca se apaga."

O batismo de Jesus

¹³Jesus foi da Galileia ao rio Jordão para que João o batizasse. ¹⁴João, porém, tentou impedi-lo. "Eu é que preciso ser batizado pelo senhor", disse ele. "Então por que vem a mim?"

¹⁵Jesus respondeu: "É necessário que seja assim, pois devemos fazer tudo que Deus requer".[e] E João concordou em batizá-lo.

¹⁶Depois do batismo, enquanto Jesus saía da água, o céu se abriu,[f] e ele viu o Espírito de Deus descer como uma pomba e pousar sobre ele. ¹⁷E uma voz do céu disse: "Este é meu Filho amado, que me dá grande alegria".

A tentação de Jesus

4 Em seguida, Jesus foi conduzido pelo Espírito ao deserto para ser tentado pelo diabo. ²Depois de passar quarenta dias e quarenta noites sem comer, teve fome.

³O tentador veio e lhe disse: "Se você é o Filho de Deus, ordene que estas pedras se transformem em pães".

⁴Jesus, porém, respondeu: "As Escrituras dizem:

'Uma pessoa não vive só de pão,
   mas de toda palavra que vem da boca de Deus'".[g]

⁵Então o diabo o levou à cidade santa, até o ponto mais alto do templo, ⁶e disse: "Se você é o Filho de Deus, salte daqui. Pois as Escrituras dizem:

'Ele ordenará a seus anjos que o protejam.
Eles o sustentarão com as mãos,
 para que não machuque o pé em alguma pedra'".[h]

⁷Jesus respondeu: "As Escrituras também dizem:

'Não ponha à prova o Senhor, seu Deus'".[i]

⁸Em seguida, o diabo o levou até um monte muito alto e lhe mostrou todos os reinos do mundo e sua glória. ⁹"Eu lhe darei tudo isto", declarou. "Basta ajoelhar-se e adorar-me."
¹⁰"Saia daqui, Satanás!", disse Jesus. "Pois as Escrituras dizem:

'Adore o Senhor, seu Deus, e sirva somente a ele'".[j]

¹¹Então o diabo foi embora, e anjos vieram e serviram Jesus.

O início do ministério de Jesus

¹²Quando Jesus soube que João havia sido preso, voltou à Galileia. ¹³Saindo de Nazaré, mudou-se para Cafarnaum, junto ao mar da Galileia,[k] na região de Zebulom e Naftali. ¹⁴Cumpriu-se, desse modo, o que foi dito por meio do profeta Isaías:

¹⁵"Na terra de Zebulom e Naftali,
 junto ao mar, além do rio Jordão,
 na Galileia, onde vivem tantos gentios,
¹⁶o povo que vivia na escuridão
 viu uma grande luz,
e sobre os que viviam na terra
 onde a morte lança sua sombra, uma luz brilhou".[a]

¹⁷A partir de então, Jesus começou a anunciar sua mensagem: "Arrependam-se, pois o reino dos céus está próximo".[b]

Os primeiros discípulos

¹⁸Enquanto andava à beira do mar da Galileia, Jesus viu dois irmãos, Simão, também chamado Pedro, e André. Jogavam redes ao mar, pois viviam da pesca. ¹⁹Jesus lhes disse: "Sigam-me, e eu farei de vocês pescadores de gente". ²⁰No mesmo instante, deixaram suas redes e o seguiram.

²¹Pouco adiante, Jesus viu outros dois irmãos, Tiago e João, consertando redes num barco com o pai, Zebedeu. Jesus os chamou, ²²e eles também o seguiram de imediato, deixando para trás o barco e o pai.

Multidões seguem Jesus

²³Jesus viajou por toda a região da Galileia, ensinando nas sinagogas, anunciando as boas-novas do reino e curando as pessoas de todo tipo de doenças. ²⁴As notícias a seu respeito se espalharam até a Síria, e logo o povo começou a lhe trazer todos que estavam enfermos. Qualquer que fosse a enfermidade ou dor, quer estivessem possuídos por demônio, quer sofressem de convulsões, quer fossem paralíticos, Jesus os curava. ²⁵Grandes multidões o seguiam, gente da Galileia, das Dez Cidades,[c] de Jerusalém, de toda a Judeia e da região a leste do rio Jordão.

O Sermão do Monte

5 Certo dia, quando Jesus viu que as multidões se ajuntavam, subiu a encosta do monte e ali sentou-se. Seus discípulos se reuniram ao redor, ²e ele começou a ensiná-los.

As bem-aventuranças

³"Felizes os pobres de espírito,
  pois o reino dos céus lhes pertence.
⁴Felizes os que choram, pois serão consolados.

⁵Felizes os humildes,
  pois herdarão a terra.
⁶Felizes os que têm fome e sede de justiça,
  pois serão saciados.
⁷Felizes os misericordiosos,
  pois serão tratados com misericórdia.
⁸Felizes os que têm coração puro,
  pois verão a Deus.
⁹Felizes os que promovem a paz,
  pois serão chamados filhos de Deus.
¹⁰Felizes os perseguidos por causa da justiça,
  pois o reino dos céus lhes pertence.

¹¹"Felizes são vocês quando, por minha causa, sofrerem zombaria e perseguição, e quando outros, mentindo, disserem todo tipo de maldade a seu respeito. ¹²Alegrem-se e exultem, porque uma grande recompensa os espera no céu. E lembrem-se de que os antigos profetas foram perseguidos da mesma forma."

Ensino sobre sal e luz

¹³"Vocês são o sal da terra. Mas, se o sal perder o sabor, para que servirá? É possível torná-lo salgado outra vez? Será jogado fora e pisado pelos que passam, pois já não serve para nada.

¹⁴"Vocês são a luz do mundo. É impossível esconder uma cidade construída no alto de um monte. ¹⁵Não faz sentido acender uma lâmpada e depois colocá-la sob um cesto. Pelo contrário, ela é colocada num pedestal, de onde ilumina todos que estão na casa. ¹⁶Da mesma forma, suas boas obras devem brilhar, para que todos as vejam e louvem seu Pai, que está no céu."

Ensino sobre a Lei

¹⁷"Não pensem que eu vim abolir a lei de Moisés ou os escritos dos profetas; vim cumpri-los. ¹⁸Eu lhes digo a verdade: enquanto o céu e a terra existirem, nem a menor letra ou o menor traço da

lei desaparecerá até que todas as coisas se cumpram. ¹⁹Portanto, quem desobedecer até ao menor mandamento, e ensinar outros a fazer o mesmo, será considerado o menor no reino dos céus. Mas aquele que obedecer à lei de Deus e ensiná-la será considerado grande no reino dos céus.

²⁰"Eu os advirto: a menos que sua justiça supere muito a justiça dos mestres da lei e dos fariseus, vocês jamais entrarão no reino dos céus."

Ensino sobre a ira

²¹"Vocês ouviram o que foi dito a seus antepassados: 'Não mate. Se cometer homicídio, estará sujeito a julgamento'.[a] ²²Eu, porém, lhes digo que basta irar-se contra alguém[b] para estar sujeito a julgamento. Quem xingar alguém de estúpido,[c] corre o risco de ser levado ao tribunal. Quem chamar alguém de louco, corre o risco de ir para o inferno de fogo.[a]

²³"Portanto, se você estiver apresentando uma oferta no altar do templo e se lembrar de que alguém tem algo contra você, ²⁴deixe sua oferta ali no altar. Vá, reconcilie-se com a pessoa e então volte e apresente sua oferta.

²⁵"Quando você e seu adversário estiverem a caminho do tribunal, acertem logo suas diferenças. Do contrário, pode ser que o acusador o entregue ao juiz, e o juiz, a um oficial, e você seja lançado na prisão. ²⁶Eu lhe digo a verdade: você não será solto enquanto não tiver pago até o último centavo."[b]

Ensino sobre o adultério

²⁷"Vocês ouviram o que foi dito: 'Não cometa adultério'.[c] ²⁸Eu, porém, lhes digo que quem olhar para uma mulher com cobiça já cometeu adultério com ela em seu coração. ²⁹Se o olho direito o leva a pecar, arranque-o e jogue-o fora. É melhor perder uma parte do corpo que ser todo ele lançado no inferno.[d] ³⁰E, se a mão direita o leva a pecar, corte-a e jogue-a fora. É melhor perder uma parte do corpo que ser todo ele lançado no inferno."

Ensino sobre o divórcio

³¹"Também foi dito: 'Quem se divorciar da esposa deverá conceder-lhe um certificado de divórcio'.ᵉ ³²Eu, porém, lhes digo que quem se divorcia da esposa, exceto por imoralidade, a faz cometer adultério. E quem se casa com uma mulher divorciada também comete adultério."

Ensino sobre juramentos e votos

³³"Vocês também ouviram o que foi dito a seus antepassados: 'Não quebre seus juramentos; cumpra os juramentos que fizer ao Senhor'.ᶠ ³⁴Eu, porém, lhes digo que não façam juramento algum. Não digam: 'Juro pelo céu', pois o céu é o trono de Deus. ³⁵Também não digam: 'Juro pela terra', pois a terra é onde ele descansa os pés. E não digam: 'Juro por Jerusalém', pois Jerusalém é a cidade do grande Rei. ³⁶Nem sequer digam: 'Juro pela minha cabeça', pois vocês não podem tornar branco ou preto um fio de cabelo sequer. ³⁷Quando disserem 'sim', seja de fato sim. Quando disserem 'não', seja de fato não. Qualquer coisa além disso vem do maligno."

Ensino sobre a vingança

³⁸"Vocês ouviram o que foi dito: 'Olho por olho, dente por dente'.ᵍ ³⁹Eu, porém, lhes digo que não se oponham ao perverso. Se alguém lhe der um tapa na face direita, ofereça também a outra. ⁴⁰Se você for processado no tribunal e lhe tomarem a roupa do corpo, deixe que levem também a capa. ⁴¹Se alguém o forçar a caminhar uma milha com ele, caminhe duas. ⁴²Dê a quem pedir e não volte as costas a quem quiser tomar emprestado de você."

Ensino sobre o amor pelos inimigos

⁴³"Vocês ouviram o que foi dito: 'Ame o seu próximo'ʰ e odeie o seu inimigo. ⁴⁴Eu, porém, lhes digo: amem os seus inimigosⁱ e orem por quem os persegue. ⁴⁵Desse modo, vocês agirão como verdadeiros filhos de seu Pai, que está no céu. Pois ele dá a luz

do sol tanto a maus como a bons e faz chover tanto sobre justos como injustos. ⁴⁶Se amarem apenas aqueles que os amam, que recompensa receberão? Até os cobradores de impostos fazem o mesmo. ⁴⁷Se cumprimentarem apenas seus amigos,ʲ que estarão fazendo de mais? Até os gentios fazem isso. ⁴⁸Portanto, sejam perfeitos, como perfeito é seu Pai celestial."

Ensino sobre auxílio aos necessitados

6 "Tenham cuidado! Não pratiquem suas boas ações em público, para serem admirados por outros, pois não receberão a recompensa de seu Pai, que está no céu. ²Quando ajudarem alguém necessitado, não façam como os hipócritas que tocam trombetas nas sinagogas e nas ruas para serem elogiados pelos outros. Eu lhes digo a verdade: eles não receberão outra recompensa além dessa. ³Mas, quando ajudarem alguém necessitado, não deixem que a mão esquerda saiba o que a direita está fazendo. ⁴Deem sua ajuda em segredo, e seu Pai, que observa em segredo, os recompensará."

Ensino sobre oração

⁵"Quando vocês orarem, não sejam como os hipócritas, que gostam de orar em público nas sinagogas e nas esquinas, onde todos possam vê-los. Eu lhes digo a verdade: eles não receberão outra recompensa além dessa. ⁶Mas, quando orarem, cada um vá para seu quarto, feche a porta e ore a seu Pai, em segredo. Então seu Pai, que observa em segredo, os recompensará.

⁷"Ao orar, não repitam frases vazias sem parar, como fazem os gentios. Eles acham que, se repetirem as palavras várias vezes, suas orações serão respondidas. ⁸Não sejam como eles, pois seu Pai sabe exatamente do que vocês precisam antes mesmo de pedirem.

⁹"Portanto, orem da seguinte forma:

Pai nosso que estás no céu,
    santificado seja o teu nome.
¹⁰Venha o teu reino.

Seja feita a tua vontade,
   assim na terra como no céu.
[11]Dá-nos hoje o pão para este dia,[a]
[12]e perdoa nossas dívidas,
   assim como perdoamos os nossos devedores.
[13]E não nos deixes cair em tentação,[b]
   mas livra-nos do mal.[c]
Pois teu é o reino, o poder e a glória para sempre. Amém.[d]

[14]"Seu Pai celestial os perdoará se perdoarem aqueles que pecam contra vocês. [15]Mas, se vocês se recusarem a perdoar os outros, seu Pai não perdoará seus pecados."

Ensino sobre jejum

[16]"Quando jejuarem, não façam como os hipócritas, que se esforçam para parecer tristes e desarrumados a fim de que as pessoas percebam que estão jejuando. Eu lhes digo a verdade: eles não receberão outra recompensa além dessa. [17]Mas, quando jejuarem, penteiem o cabelo[e] e lavem o rosto. [18]Desse modo, ninguém notará que estão jejuando, exceto seu Pai, que sabe o que vocês fazem em segredo. E seu Pai, que observa em segredo, os recompensará."

Ensino sobre dinheiro e bens

[19]"Não ajuntem tesouros aqui na terra, onde as traças e a ferrugem os destroem, e onde ladrões arrombam casas e os furtam. [20]Ajuntem seus tesouros no céu, onde traças e ferrugem não destroem, e onde ladrões não arrombam nem furtam. [21]Onde seu tesouro estiver, ali também estará seu coração.

[22]"Seus olhos são como uma lâmpada que ilumina todo o corpo. Quando os olhos são bons, todo o corpo se enche de luz. [23]Mas, quando os olhos são maus, o corpo se enche de escuridão. E, se a luz que há em vocês é, na verdade, escuridão, como é profunda essa escuridão!

²⁴"Ninguém pode servir a dois senhores, pois odiará um e amará o outro; será dedicado a um e desprezará o outro. Vocês não podem servir a Deus e ao dinheiro."[a]

Ensino sobre a preocupação

²⁵"Por isso eu lhes digo que não se preocupem com a vida diária, se terão o suficiente para comer, beber ou vestir. A vida não é mais que comida, e o corpo não é mais que roupa? ²⁶Observem os pássaros. Eles não plantam nem colhem, nem guardam alimento em celeiros, pois seu Pai celestial os alimenta. Acaso vocês não são muito mais valiosos que os pássaros? ²⁷Qual de vocês, por mais preocupado que esteja, pode acrescentar ao menos uma hora à sua vida?[b]

²⁸"E por que se preocupar com a roupa? Observem como crescem os lírios do campo. Não trabalham nem fazem roupas ²⁹e, no entanto, nem Salomão em toda a sua glória se vestiu como eles. ³⁰E, se Deus veste com tamanha beleza as flores silvestres que hoje estão aqui e amanhã são lançadas ao fogo, não será muito mais generoso com vocês, gente de pequena fé?

³¹"Portanto, não se preocupem, dizendo: 'O que vamos comer? O que vamos beber? O que vamos vestir?'. ³²Essas coisas ocupam o pensamento dos pagãos, mas seu Pai celestial já sabe do que vocês precisam. ³³Busquem, em primeiro lugar, o reino de Deus e a sua justiça, e todas essas coisas lhes serão dadas.

³⁴"Portanto, não se preocupem com o amanhã, pois o amanhã trará suas próprias inquietações. Bastam para hoje os problemas deste dia."

Não julguem os outros

7 "Não julguem para não serem julgados, ²pois vocês serão julgados pelo modo como julgam os outros. O padrão de medida que adotarem será usado para medi-los.

³"Por que você se preocupa com o cisco no olho de seu amigo[a] enquanto há um tronco em seu próprio olho? ⁴Como pode

dizer a seu amigo: 'Deixe-me ajudá-lo a tirar o cisco de seu olho', se não consegue ver o tronco em seu próprio olho? ⁵Hipócrita! Primeiro, livre-se do tronco em seu olho; então você verá o suficiente para tirar o cisco do olho de seu amigo.

⁶"Não deem o que é santo aos cães, nem joguem pérolas aos porcos; pois os porcos pisotearão as pérolas, e os cães se voltarão contra vocês e os atacarão."

Oração eficaz

⁷"Peçam, e receberão. Procurem, e encontrarão. Batam, e a porta lhes será aberta. ⁸Pois todos que pedem, recebem. Todos que procuram, encontram. E, para todos que batem, a porta é aberta.

⁹"Respondam: Se seu filho lhe pedir pão, você lhe dará uma pedra? ¹⁰Ou, se pedir um peixe, você lhe dará uma cobra? ¹¹Portanto, se vocês, que são maus, sabem dar bons presentes a seus filhos, quanto mais seu Pai, que está no céu, dará bons presentes aos que lhe pedirem!"

A regra de ouro

¹²"Em todas as coisas façam aos outros o que vocês desejam que eles lhes façam. Essa é a essência de tudo que ensinam a lei e os profetas."

A porta estreita

¹³"Entrem pela porta estreita. A estrada que conduz à destruição é ampla, e larga é sua porta, e muitos escolhem esse caminho. ¹⁴Mas a porta para a vida é estreita, e o caminho é difícil, e são poucos os que o encontram."

A árvore e seus frutos

¹⁵"Tomem cuidado com falsos profetas que vêm disfarçados de ovelhas, mas que, na verdade, são lobos esfomeados. ¹⁶Vocês os identificarão por seus frutos. É possível colher uvas de espinheiros ou figos de ervas daninhas? ¹⁷Da mesma forma, a árvore boa

produz frutos bons, e a árvore ruim produz frutos ruins. [18] A árvore boa não pode produzir frutos ruins, e a árvore ruim não pode produzir frutos bons. [19] Toda árvore que não produz bons frutos é cortada e lançada ao fogo. [20] Portanto, é possível identificar a pessoa por seus frutos."

Verdadeiros discípulos

[21] "Nem todos que me chamam: 'Senhor! Senhor!' entrarão no reino dos céus, mas apenas aqueles que, de fato, fazem a vontade de meu Pai, que está no céu. [22] No dia do juízo, muitos me dirão: 'Senhor! Senhor! Não profetizamos em teu nome, não expulsamos demônios em teu nome e não realizamos muitos milagres em teu nome?'. [23] Eu, porém, responderei: 'Nunca os conheci. Afastem-se de mim, vocês que desobedecem à lei!'"

Construir sobre um alicerce firme

[24] "Quem ouve minhas palavras e as pratica é tão sábio como a pessoa que constrói sua casa sobre uma rocha firme. [25] Quando vierem as chuvas e as inundações, e os ventos castigarem a casa, ela não cairá, pois foi construída sobre rocha firme. [26] Mas quem ouve meu ensino e não o pratica é tão tolo como a pessoa que constrói sua casa sobre a areia. [27] Quando vierem as chuvas e as inundações e os ventos castigarem a casa, ela cairá com grande estrondo."

Reação ao sermão

[28] Quando Jesus acabou de dizer essas coisas, a multidão ficou maravilhada com seu ensino, [29] pois ele ensinava com verdadeira autoridade, diferentemente dos mestres da lei.

Jesus cura um leproso

8 Quando Jesus desceu a encosta do monte, grandes multidões o seguiram. [2] Um leproso aproximou-se de Jesus, ajoelhou-se diante dele e disse: "Senhor, se quiser, pode me curar e me deixar limpo".

³Jesus estendeu a mão e tocou nele. "Eu quero", respondeu. "Seja curado e fique limpo!" No mesmo instante, o homem foi curado da lepra. ⁴Então Jesus disse ao homem: "Não conte isso a ninguém. Vá e apresente-se ao sacerdote para que ele o examine. Leve a oferta que a lei de Moisés exige.[b] Isso servirá como testemunho".

Um oficial romano demonstra fé

⁵Quando Jesus chegou a Cafarnaum, um oficial romano[c] se aproximou dele e suplicou: ⁶"Senhor, meu jovem servo[a] está de cama, paralisado e com dores terríveis".

⁷Jesus disse: "Vou até lá para curá-lo".

⁸O oficial, porém, respondeu: "Senhor, não mereço que entre em minha casa. Basta uma ordem sua, e meu servo será curado. ⁹Sei disso porque estou sob a autoridade de meus superiores e tenho autoridade sobre meus soldados. Só preciso dizer 'Vão', e eles vão, ou 'Venham', e eles vêm. E, se digo a meus escravos: 'Façam isto', eles o fazem".

¹⁰Quando Jesus ouviu isso, ficou admirado e disse aos que o seguiam: "Eu lhes digo a verdade: jamais vi fé como esta em Israel! ¹¹E também lhes digo: muitos virão de toda parte, do leste e do oeste, e se sentarão com Abraão, Isaque e Jacó no banquete do reino dos céus. ¹²Mas muitos para os quais o reino foi preparado serão lançados fora, na escuridão, onde haverá choro e ranger de dentes".

¹³Então Jesus disse ao oficial romano: "Volte para casa. Tal como você creu, assim acontecerá". E o jovem servo foi curado na mesma hora.

Jesus cura muitas pessoas

¹⁴Quando Jesus chegou à casa de Pedro, viu que a sogra dele estava de cama, com febre. ¹⁵Jesus tocou em sua mão e a febre a deixou. Então ela se levantou e passou a servi-lo.

¹⁶Ao entardecer, trouxeram a Jesus muita gente possuída por demônios. Ele expulsou esses espíritos impuros com uma simples

ordem e curou todos os enfermos. ¹⁷Cumpriu-se, desse modo, o que foi dito pelo profeta Isaías:

"Levou sobre si nossas enfermidades
e removeu nossas doenças".[b]

O preço de seguir Jesus

¹⁸Quando Jesus viu a grande multidão ao seu redor, ordenou que atravessassem para o outro lado do mar.

¹⁹Então um dos mestres da lei lhe disse: "Mestre, eu o seguirei aonde quer que vá".

²⁰Jesus respondeu: "As raposas têm tocas onde morar e as aves têm ninhos, mas o Filho do Homem não tem sequer um lugar para recostar a cabeça".

²¹Outro discípulo disse: "Senhor, deixe-me primeiro sepultar meu pai".

²²Jesus respondeu: "Siga-me agora. Deixe que os mortos sepultem seus próprios mortos".

Jesus acalma a tempestade

²³Em seguida, Jesus entrou no barco, e seus discípulos o acompanharam. ²⁴De repente, veio sobre o mar uma tempestade violenta, com ondas que cobriam o barco. Jesus, no entanto, dormia. ²⁵Os discípulos foram acordá-lo, clamando: "Senhor, salve-nos! Vamos morrer!".

²⁶"Por que vocês estão com medo?", perguntou ele. "Como é pequena a sua fé!" Então levantou-se, repreendeu o vento e o mar, e houve grande calmaria.

²⁷Os discípulos ficaram admirados. "Quem é este homem?", diziam eles. "Até os ventos e o mar lhe obedecem!"

Jesus exerce autoridade sobre demônios

²⁸Quando Jesus chegou ao outro lado do mar, à região dos gadarenos,[c] dois homens possuídos por demônios saíram do cemitério

e foram ao seu encontro. Eram tão violentos que ninguém podia passar por ali.

²⁹Eles começaram a gritar: "Por que vem nos importunar, Filho de Deus? Veio aqui para nos atormentar antes do tempo determinado?".

³⁰A certa distância deles, havia uma grande manada de porcos pastando. ³¹Então os demônios suplicaram: "Se vai nos expulsar, mande-nos entrar naquela manada de porcos".

³²"Vão!", ordenou Jesus. Os demônios saíram dos homens e entraram nos porcos, e toda a manada se atirou pela encosta íngreme do monte para dentro do mar e se afogou.

³³Os que cuidavam dos porcos fugiram para uma cidade próxima e contaram a todos o que havia ocorrido com os homens possuídos por demônios. ³⁴Os habitantes da cidade saíram ao encontro de Jesus e suplicaram que ele fosse embora da região.

Jesus cura um paralítico

9 Jesus entrou num barco e atravessou o mar até a cidade onde morava. ²Algumas pessoas lhe trouxeram um paralítico deitado numa maca. Ao ver a fé que eles tinham, Jesus disse ao paralítico: "Anime-se, filho! Seus pecados estão perdoados".

³Alguns mestres da lei disseram a si mesmos: "Isso é blasfêmia!".

⁴Jesus, percebendo o que pensavam, perguntou: "Por que vocês reagem com tanta maldade em seu coração? ⁵O que é mais fácil dizer: 'Seus pecados estão perdoados' ou 'Levante-se e ande'? ⁶Mas eu lhes mostrarei que o Filho do Homem tem autoridade na terra para perdoar pecados". Então disse ao paralítico: "Levante-se, pegue sua maca e vá para casa".

⁷O homem se levantou e foi para casa. ⁸Ao ver isso, a multidão se encheu de temor e louvou a Deus por ele ter dado tal autoridade aos seres humanos.

Jesus chama Mateus

⁹Enquanto Jesus caminhava, viu um homem chamado Mateus sentado onde se coletavam impostos. "Siga-me", disse-lhe Jesus, e Mateus se levantou e o seguiu.

¹⁰Mais tarde, na casa de Mateus, Jesus e seus discípulos estavam à mesa, acompanhados de um grande número de cobradores de impostos e pecadores. ¹¹Quando os fariseus viram isso, perguntaram aos discípulos: "Por que o seu mestre come com cobradores de impostos e pecadores?".

¹²Jesus ouviu o que disseram e respondeu: "As pessoas saudáveis não precisam de médico, mas sim os doentes". ¹³E acrescentou: "Agora vão e aprendam o significado desta passagem das Escrituras: 'Quero que demonstrem misericórdia, e não que ofereçam sacrifícios'.[a] Pois não vim para chamar os justos, mas sim os pecadores".

Discussão sobre o jejum

¹⁴Os discípulos de João Batista foram a Jesus e lhe perguntaram: "Por que seus discípulos não têm o hábito de jejuar, como nós e os fariseus?".

¹⁵Jesus respondeu: "Por acaso os convidados de um casamento ficam de luto enquanto festejam com o noivo? Um dia, porém, o noivo lhes será tirado, e então jejuarão.

¹⁶"Além disso, ninguém remendaria uma roupa velha usando pano novo. O pano rasgaria a roupa, deixando um buraco ainda maior.

¹⁷"E ninguém colocaria vinho novo em velhos recipientes de couro. O couro se arrebentaria, deixando vazar o vinho, e os recipientes velhos se estragariam. Vinho novo é guardado em recipientes novos, para que ambos se conservem".

Jesus cura em resposta à fé

¹⁸Enquanto Jesus ainda falava, o líder da sinagoga local veio e se ajoelhou diante dele. "Minha filha acaba de morrer", disse. "Mas, se o senhor vier e puser as mãos sobre ela, ela viverá."

¹⁹Então Jesus e seus discípulos se levantaram e foram com ele. ²⁰Nesse instante, uma mulher que havia doze anos sofria de hemorragia se aproximou por trás dele e tocou na borda de seu manto, ²¹pois pensava: "Se eu apenas tocar em seu manto, serei curada".

²²Jesus se voltou e, quando a viu, disse: "Filha, anime-se! Sua fé a curou". A partir daquele momento, a mulher ficou curada.

²³Quando Jesus chegou à casa do líder da sinagoga, viu a multidão agitada e ouviu a música fúnebre. ²⁴"Saiam daqui!", disse ele. "A menina não está morta; está apenas dormindo." Os que estavam ali riram dele. ²⁵Depois que a multidão foi colocada para fora, Jesus entrou e tomou a menina pela mão, e ela se levantou. ²⁶A notícia desse milagre se espalhou por toda a região.

Jesus cura dois cegos e um mudo

²⁷Depois que Jesus saiu dali, dois cegos foram atrás dele, gritando: "Filho de Davi, tenha misericórdia de nós!".

²⁸Quando Jesus entrou em casa, os cegos se aproximaram, e ele lhes perguntou: "Vocês creem que eu posso fazê-los ver?".

"Sim, Senhor", responderam eles.

²⁹Ele tocou nos olhos dos dois e disse: "Seja feito conforme a sua fé".

³⁰Então os olhos deles se abriram e puderam ver. Jesus os advertiu severamente: "Não contem a ninguém". ³¹Eles, porém, saíram e espalharam sua fama por toda a região.

³²Quando partiram, foi levado a Jesus um homem que não conseguia falar porque estava possuído por um demônio. ³³O demônio foi expulso e, em seguida, o homem começou a falar. As multidões ficaram admiradas. "Jamais aconteceu algo parecido em Israel!", exclamavam.

³⁴Os fariseus, contudo, disseram: "Ele expulsa demônios porque o príncipe dos demônios lhe dá poder".

A necessidade de trabalhadores

³⁵Jesus andava por todas as cidades e todos os povoados da região, ensinando nas sinagogas, anunciando as boas-novas do reino e curando todo tipo de enfermidade e doença. ³⁶Quando viu as multidões, teve compaixão delas, pois estavam confusas e desamparadas, como ovelhas sem pastor. ³⁷Disse aos discípulos: "A colheita é grande, mas os trabalhadores são poucos. ³⁸Orem ao Senhor da colheita; peçam que ele envie mais trabalhadores para seus campos".

Jesus envia os doze apóstolos

10 Jesus reuniu seus doze discípulos e lhes deu autoridade para expulsar espíritos impuros e curar todo tipo de enfermidade e doença. ²Estes são os nomes dos doze apóstolos:

primeiro, Simão, também chamado Pedro,
depois André, irmão de Pedro,
Tiago, filho de Zebedeu,
João, irmão de Tiago,
³Filipe,
Bartolomeu,
Tomé,
Mateus, o cobrador de impostos,
Tiago, filho de Alfeu,
Tadeu,[a]
⁴Simão, o cananeu,
Judas Iscariotes, que depois traiu Jesus.

⁵Jesus enviou os Doze com as seguintes instruções: "Não vão aos gentios nem aos samaritanos; ⁶vão, antes, às ovelhas perdidas do povo de Israel. ⁷Vão e anunciem que o reino dos céus está

próximo.ᵇ ⁸Curem os doentes, ressuscitem os mortos, purifiquem os leprosos e expulsem os demônios. Deem de graça, pois também de graça vocês receberam.

⁹"Não levem no cinto moedas de ouro, prata ou mesmo de cobre. ¹⁰Não levem bolsa de viagem, nem outra muda de roupa, nem sandálias, nem cajado. Quem trabalha merece seu sustento.

¹¹"Sempre que entrarem em uma cidade ou povoado, procurem uma pessoa digna e fiquem em sua casa até partirem. ¹²Quando entrarem na casa, saúdem-na com a paz. ¹³Se o lar se revelar digno, que sua paz permaneça nela; se não, retire a bênção. ¹⁴Se alguma casa ou cidade se recusar a recebê-los ou a ouvir sua mensagem, sacudam a poeira dos pés ao sair. ¹⁵Eu lhes digo a verdade: no dia do juízo, as cidades perversas de Sodoma e Gomorra serão tratadas com menos rigor que essa cidade.

¹⁶"Ouçam, eu os envio como ovelhas no meio de lobos. Portanto, sejam espertos como serpentes e simples como pombas. ¹⁷Tenham cuidado, pois vocês serão entregues aos tribunais e chicoteados nas sinagogas. ¹⁸Por minha causa serão julgados diante de governantes e reis, mas essa será a oportunidade de falar a meu respeito a eles e aos gentios.ᵃ ¹⁹Quando forem presos, não se preocupem com o modo como responderão nem com o que dirão. Naquele momento, as palavras certas lhes serão concedidas, ²⁰pois não serão vocês que falarão, mas o Espírito de seu Pai falará por meio de vocês.

²¹"O irmão trairá seu irmão e o entregará à morte, e assim também o pai a seu próprio filho. Os filhos se rebelarão contra os pais e os matarão. ²²Todos os odiarão por minha causa, mas quem perseverar até o fim será salvo. ²³Quando forem perseguidos numa cidade, fujam para outra. Eu lhes digo a verdade: o Filho do Homem voltará antes que tenham percorrido todas as cidades de Israel.

²⁴"O discípulo não está acima de seu mestre, nem o escravo acima de seu senhor. ²⁵Para o discípulo é suficiente ser como seu mestre, e o escravo, como seu senhor. Uma vez que o dono da

casa foi chamado de Belzebu, os membros da família serão chamados de nomes ainda piores!

[26] "Não tenham medo daqueles que os ameaçam, pois virá o dia em que tudo que está encoberto será revelado, e tudo que é secreto será divulgado. [27] O que agora lhes digo no escuro, anunciem às claras, e o que sussurro em seus ouvidos, proclamem dos telhados.

[28] "Não tenham medo dos que querem matar o corpo; eles não podem tocar na alma. Temam somente a Deus, que pode destruir no inferno[b] tanto a alma como o corpo. [29] Quanto custam dois pardais? Uma moeda de cobre?[a] No entanto, nenhum deles cai no chão sem o conhecimento de seu Pai. [30] Quanto a vocês, até os cabelos de sua cabeça estão contados. [31] Portanto, não tenham medo; vocês são muito mais valiosos que um bando inteiro de pardais.

[32] "Quem me reconhecer em público aqui na terra, eu o reconhecerei diante de meu Pai no céu. [33] Mas quem me negar aqui na terra, eu também o negarei diante de meu Pai no céu.

[34] "Não imaginem que vim trazer paz à terra! Não vim trazer paz, mas a espada.

[35] 'Vim para pôr o homem contra seu pai,
a filha contra sua mãe,
e a nora contra sua sogra.
[36] Seus inimigos estarão
em sua própria casa.'[b]

[37] "Quem ama seu pai ou sua mãe mais que a mim não é digno de mim; e quem ama seu filho ou sua filha mais que a mim não é digno de mim. [38] Quem se recusa a tomar sua cruz e me seguir não é digno de mim. [39] Quem se apegar à própria vida a perderá; mas quem abrir mão de sua vida por minha causa a encontrará.

[40] "Quem recebe vocês recebe a mim, e quem me recebe também recebe aquele que me enviou. [41] Quem acolhe um profeta como alguém que fala da parte de Deus[c] recebe a mesma recompensa

que um profeta. E quem acolhe um justo por causa de sua justiça recebe uma recompensa igual à dele. ⁴²Se alguém der um copo de água fria que seja ao menor de meus seguidores, certamente não perderá sua recompensa".

Jesus e João Batista

11 Quando Jesus terminou de dar essas instruções a seus doze discípulos, saiu para ensinar e anunciar sua mensagem nas cidades da região.

²João Batista, que estava na prisão, soube de todas as coisas que o Cristo estava fazendo. Por isso, enviou seus discípulos para perguntarem a Jesus: ³"O senhor é aquele que haveria de vir, ou devemos esperar algum outro?".

⁴Jesus respondeu: "Voltem a João e contem a ele o que vocês veem e ouvem: ⁵os cegos veem, os aleijados andam, os leprosos são purificados, os surdos ouvem, os mortos são ressuscitados e as boas-novas são anunciadas aos pobres". ⁶E disse ainda: "Felizes são aqueles que não se sentem ofendidos por minha causa".

⁷Enquanto os discípulos de João saíam, Jesus começou a falar a respeito dele para as multidões: "Que tipo de homem vocês foram ver no deserto? Um caniço que qualquer brisa agita? ⁸Afinal, o que esperavam ver? Um homem vestido com roupas caras? Não, quem veste roupas caras mora em palácios. ⁹Acaso procuravam um profeta? Sim, ele é mais que profeta. ¹⁰João é o homem ao qual as Escrituras se referem quando dizem:

'Envio meu mensageiro adiante de ti,
 e ele preparará teu caminho à tua frente!'.[a]

¹¹"Eu lhes digo a verdade: de todos os que nasceram de mulher, nenhum é maior que João Batista. E, no entanto, até o menor no reino dos céus é maior que ele. ¹²Desde os dias em que João pregava, o reino dos céus sofre violência, e pessoas violentas o atacam.[b] ¹³Pois, antes de João vir, todos os profetas e a lei de Moisés

falavam dos dias de João com grande expectativa, ¹⁴e, se vocês estiverem dispostos a aceitar o que eu digo,ᶜ ele é Elias, aquele que os profetas disseram que viria.ᵈ ¹⁵Quem é capaz de ouvir, ouça com atenção!

¹⁶"A que posso comparar esta geração? Ela se parece com crianças que brincam na praça. Queixam-se a seus amigos:

¹⁷'Tocamos flauta,
 e vocês não dançaram;
entoamos lamentos,
 e vocês não se entristeceram'.

¹⁸Quando João apareceu, não costumava comer nem beber em público, e vocês disseram: 'Está possuído por demônio'. ¹⁹O Filho do Homem, por sua vez, come e bebe, e vocês dizem: 'É comilão e beberrão, amigo de cobradores de impostos e pecadores'. Mas a sabedoria é comprovada pelos resultados que produz".

Julgamento para os que não creem

²⁰Então Jesus começou a denunciar as cidades onde ele havia feito muitos milagres, pois não tinham se arrependido. ²¹"Que aflição as espera, Corazim e Betsaida! Porque, se nas cidades de Tiro e Sidom tivessem sido realizados os milagres que realizei em vocês, há muito tempo seus habitantes teriam se arrependido e demonstrado isso vestindo panos de saco e jogando cinzas sobre a cabeça. ²²Eu lhes digo que, no dia do juízo, Tiro e Sidom serão tratadas com menos rigor que vocês.

²³"E você, Cafarnaum, será elevada até o céu? Não, descerá até o lugar dos mortos.ᵉ Porque, se na cidade de Sodoma tivessem sido realizados os milagres que realizei em você, ela estaria de pé ainda hoje. ²⁴Eu lhe digo que, no dia do juízo, Sodoma será tratada com menos rigor que você".

Jesus agradece ao Pai

²⁵ Naquela ocasião, Jesus orou da seguinte maneira: "Pai, Senhor dos céus e da terra, eu te agradeço porque escondeste estas coisas dos que se consideram sábios e instruídos e as revelaste aos que são como crianças. ²⁶ Sim, Pai, foi do teu agrado fazê-lo assim.

²⁷ "Meu Pai me confiou todas as coisas. Ninguém conhece verdadeiramente o Filho, a não ser o Pai, e ninguém conhece verdadeiramente o Pai, a não ser o Filho e aqueles a quem o Filho escolhe revelá-lo.

²⁸ "Venham a mim todos vocês que estão cansados e sobrecarregados, e eu lhes darei descanso. ²⁹ Tomem sobre vocês o meu jugo. Deixem que eu lhes ensine, pois sou manso e humilde de coração, e encontrarão descanso para a alma. ³⁰ Meu jugo é fácil de carregar, e o fardo que lhes dou é leve".

Discussão sobre o sábado

12 Por aquele tempo, Jesus estava caminhando pelos campos de cereal, num sábado. Seus discípulos, sentindo fome, começaram a colher espigas e comê-las. ² Alguns fariseus os viram e protestaram: "Veja, seus discípulos desobedecem à lei colhendo cereal no sábado!".

³ Jesus respondeu: "Vocês não leram nas Escrituras o que fez Davi quando ele e seus companheiros tiveram fome? ⁴ Ele entrou na casa de Deus e, com seus companheiros, comeram os pães sagrados que só os sacerdotes tinham permissão de comer. ⁵ E vocês não leram na lei de Moisés que os sacerdotes de serviço no templo podem trabalhar no sábado? ⁶ Eu lhes digo: há alguém aqui maior que o templo! ⁷ Vocês não teriam condenado meus discípulos inocentes se soubessem o significado das Escrituras: 'Quero que demonstrem misericórdia, e não que ofereçam sacrifícios'.[a] ⁸ Pois o Filho do Homem é senhor até mesmo do sábado".

Jesus cura no sábado

⁹Então Jesus foi à sinagoga local, ¹⁰onde viu um homem que tinha uma das mãos deformada. Os fariseus perguntaram a Jesus: "A lei permite curar no sábado?". Esperavam que ele dissesse "sim", para que pudessem acusá-lo.

¹¹Jesus respondeu: "Se um de vocês tivesse uma ovelha e ela caísse num poço no sábado, não trabalharia para tirá-la de lá? ¹²Quanto mais vale uma pessoa que uma ovelha! Sim, a lei permite que se faça o bem no sábado".

¹³Em seguida, disse ao homem: "Estenda a mão". Ele a estendeu, e ela foi restaurada e ficou igual à outra. ¹⁴Então os fariseus convocaram uma reunião para tramar um modo de matá-lo.

Jesus, o Servo escolhido de Deus

¹⁵Jesus, sabendo o que planejavam, retirou-se daquela região. Muitos o seguiram, e ele curou todos os enfermos que havia entre eles. ¹⁶Contudo, advertiu-lhes que não revelassem quem ele era. ¹⁷Cumpriu-se, assim, a profecia de Isaías a seu respeito:

¹⁸"Vejam meu Servo, aquele que escolhi.
Ele é meu Amado; nele tenho grande alegria.
Porei sobre ele meu Espírito,
    e ele proclamará justiça às nações.
¹⁹Não lutará nem gritará,
    nem levantará a voz em público.
²⁰Não esmagará a cana quebrada,
    nem apagará a chama que já está fraca.
Por fim, ele fará que a justiça
    seja vitoriosa.
²¹E seu nome será a esperança
    de todo o mundo".[b]

A fonte do poder de Jesus

²²Então levaram até Jesus um homem cego e mudo que estava possuído por um demônio. Jesus o curou, e ele passou a falar e ver. ²³Admirada, a multidão perguntou: "Será que este homem é o Filho de Davi?".

²⁴No entanto, quando os fariseus souberam do milagre, disseram: "Ele só expulsa demônios porque seu poder vem de Belzebu, o príncipe dos demônios".

²⁵Jesus conhecia os pensamentos deles e respondeu: "Todo reino dividido internamente está condenado à ruína. Uma cidade ou família dividida contra si mesma se desintegrará. ²⁶Se Satanás expulsa Satanás, está dividido e luta contra si mesmo. Seu reino não sobreviverá. ²⁷Se eu expulso demônios pelo poder de Belzebu, o que dizer de seus discípulos? Eles também expulsam demônios, de modo que condenarão vocês pelo que acabaram de dizer. ²⁸Mas, se expulso demônios pelo Espírito de Deus, então o reino de Deus já chegou até vocês.ᶜ ²⁹Afinal, quem tem poder para entrar na casa de um homem forte e saquear seus bens? Somente alguém ainda mais forte, alguém capaz de amarrá-lo e saquear sua casa.

³⁰"Quem não está comigo opõe-se a mim, e quem não trabalha comigo na verdade trabalha contra mim.

³¹"Por isso eu lhes digo: todo pecado e toda blasfêmia serão perdoados, mas a blasfêmia contra o Espírito não será perdoada. ³²Quem falar contra o Filho do Homem será perdoado, mas quem falar contra o Espírito Santo não será perdoado, nem neste mundo nem no mundo por vir.

³³"Uma árvore é identificada por seus frutos. Se a árvore é boa, os frutos serão bons. Se a árvore é ruim, os frutos serão ruins. ³⁴Raça de víboras! Como poderiam homens maus como vocês dizer o que é bom e correto? Pois a boca fala do que o coração está cheio. ³⁵A pessoa boa tira coisas boas do tesouro de um coração bom, e a pessoa má tira coisas más do tesouro de um coração mau. ³⁶Eu lhes digo: no dia do juízo, vocês prestarão contas de

toda palavra inútil que falarem. ³⁷Por suas palavras vocês serão absolvidos, e por elas serão condenados".

O sinal de Jonas

³⁸Alguns dos mestres da lei e fariseus vieram a Jesus e disseram: "Mestre, queremos que nos mostre um sinal de sua autoridade".

³⁹Jesus, porém, respondeu: "Vocês pedem um sinal porque são uma geração perversa e adúltera, mas o único sinal que lhes darei será o do profeta Jonas. ⁴⁰Pois, assim como Jonas passou três dias e três noites no ventre do grande peixe, o Filho do Homem ficará três dias e três noites no coração da terra.

⁴¹"No dia do juízo, os habitantes de Nínive se levantarão contra esta geração e a condenarão, pois eles se arrependeram de seus pecados quando ouviram a mensagem anunciada por Jonas; e vocês têm à sua frente alguém maior que Jonas! ⁴²A rainha de Sabá[a] também se levantará contra esta geração no dia do juízo e a condenará, pois veio de uma terra distante para ouvir a sabedoria de Salomão; e vocês têm à sua frente alguém maior que Salomão!

⁴³"Quando um espírito impuro deixa uma pessoa, anda por lugares secos à procura de descanso, mas não o encontra. ⁴⁴Então, diz: 'Voltarei à casa da qual saí'. Ele volta para sua antiga casa e a encontra vazia, varrida e arrumada. ⁴⁵Então o espírito busca outros sete espíritos, piores que ele, e todos entram na pessoa e passam a morar nela, e a pessoa fica pior que antes. Assim acontecerá com esta geração perversa".

A verdadeira família de Jesus

⁴⁶Enquanto Jesus falava à multidão, sua mãe e seus irmãos estavam do lado de fora, pedindo para falar com ele. ⁴⁷Alguém disse a Jesus: "Sua mãe e seus irmãos estão lá fora e querem falar com o senhor".[b]

⁴⁸Jesus respondeu: "Quem é minha mãe? Quem são meus irmãos?". ⁴⁹Então apontou para seus discípulos e disse: "Vejam,

estes são minha mãe e meus irmãos. ⁵⁰Quem faz a vontade de meu Pai no céu é meu irmão, minha irmã e minha mãe".

A parábola do semeador

13 Mais tarde, naquele mesmo dia, Jesus saiu de casa e sentou-se à beira-mar. ²Logo, uma grande multidão se juntou ao seu redor. Então ele entrou num barco, sentou-se e ensinou o povo que permanecia na praia. ³Jesus contou várias parábolas, como esta:

"Um lavrador saiu para semear. ⁴Enquanto espalhava as sementes pelo campo, algumas caíram à beira do caminho, e as aves vieram e as comeram. ⁵Outras sementes caíram em solo rochoso e, não havendo muita terra, germinaram rapidamente, ⁶mas as plantas logo murcharam sob o calor do sol e secaram, pois não tinham raízes profundas. ⁷Outras sementes caíram entre espinhos, que cresceram e sufocaram os brotos. ⁸Ainda outras caíram em solo fértil e produziram uma colheita trinta, sessenta e até cem vezes maior que a quantidade semeada. ⁹Quem é capaz de ouvir, ouça com atenção!".

¹⁰Os discípulos vieram e lhe perguntaram: "Por que o senhor usa parábolas quando fala ao povo?".

¹¹Ele respondeu: "A vocês é permitido entender os segredos^c do reino dos céus, mas a outros não. ¹²Pois ao que tem, mais lhe será dado, e terá em grande quantia; mas do que nada tem, até o que tem lhe será tirado. ¹³É por isso que uso parábolas: eles olham, mas não veem; escutam, mas não ouvem nem entendem.

¹⁴"Cumpre-se, desse modo, a profecia de Isaías que diz:

'Quando ouvirem o que digo,
  não entenderão.
Quando virem o que faço,
  não compreenderão.
¹⁵Pois o coração deste povo está endurecido;
  ouvem com dificuldade

e têm os olhos fechados,
de modo que seus olhos não veem,
e seus ouvidos não ouvem,
e seu coração não entende,
e não se voltam para mim,
nem permitem que eu os cure'.[d]

[16]"Felizes, porém, são seus olhos, pois eles veem; e seus ouvidos, pois eles ouvem. [17]Eu lhes digo a verdade: muitos profetas e justos desejaram ver o que vocês têm visto e ouvir o que vocês têm ouvido, mas não puderam.

[18]"Agora, ouçam a explicação da parábola sobre o lavrador que saiu para semear. [19]As sementes que caíram à beira do caminho representam os que ouvem a mensagem sobre o reino e não a entendem. Então o maligno vem e arranca a semente que foi lançada em seu coração. [20]As que caíram no solo rochoso representam aqueles que ouvem a mensagem e, sem demora, a recebem com alegria. [21]Contudo, uma vez que não têm raízes profundas, não duram muito. Assim que enfrentam problemas ou são perseguidos por causa da mensagem, cedo desanimam. [22]As que caíram entre os espinhos representam outros que ouvem a mensagem, mas logo ela é sufocada pelas preocupações desta vida e pela sedução da riqueza, de modo que não produzem fruto. [23]E as que caíram em solo fértil representam os que ouvem e entendem a mensagem e produzem uma colheita trinta, sessenta e até cem vezes maior que a quantidade semeada".

A parábola do trigo e do joio

[24]Esta foi outra parábola que Jesus contou: "O reino dos céus é como um agricultor que semeou boas sementes em seu campo. [25]Enquanto os servos dormiam, seu inimigo veio, semeou joio no meio do trigo e foi embora. [26]Quando a plantação começou a crescer, o joio também cresceu.

²⁷"Os servos do agricultor vieram e disseram: 'O campo em que o senhor semeou as boas sementes está cheio de joio. De onde ele veio?'.

²⁸"'Um inimigo fez isso', respondeu o agricultor.

"'Devemos arrancar o joio?', perguntaram os servos.

²⁹"'Não', respondeu ele. 'Se tirarem o joio, pode acontecer de arrancarem também o trigo. ³⁰Deixem os dois crescerem juntos até a colheita. Então, direi aos ceifeiros que separem o joio, amarrem-no em feixes e queimem-no e, depois, guardem o trigo no celeiro'".

A parábola da semente de mostarda

³¹Então Jesus contou outra parábola: "O reino dos céus é como a semente de mostarda que alguém semeia num campo. ³²É a menor de todas as sementes, mas se torna a maior das hortaliças; cresce até se transformar em árvore, e vêm as aves e fazem ninho em seus galhos".

A parábola do fermento

³³Jesus também contou a seguinte parábola: "O reino dos céus é como o fermento usado por uma mulher para fazer pão. Embora ela coloque apenas uma pequena quantidade de fermento em três medidas de farinha, toda a massa fica fermentada".

As parábolas cumprem uma profecia

³⁴Jesus sempre usava histórias e comparações como essas quando falava às multidões. Na verdade, nunca lhes falava sem usar parábolas. ³⁵Cumpriu-se, desse modo, o que foi dito por meio do profeta:

"Eu lhes falarei por meio de parábolas;
  explicarei coisas escondidas desde a criação do mundo".[a]

Explicação da parábola do trigo e do joio

³⁶Em seguida, deixando as multidões do lado de fora, Jesus entrou em casa. Seus discípulos lhe pediram: "Por favor, explique-nos a história do joio no campo".

³⁷Jesus respondeu: "O Filho do Homem é o agricultor que planta as boas sementes. ³⁸O campo é o mundo, e as boas sementes são o povo do reino. O joio são as pessoas que pertencem ao maligno, ³⁹e o inimigo que plantou o joio no meio do trigo é o diabo. A colheita é o fim dos tempos,[b] e os que fazem a colheita são os anjos.

⁴⁰"Da mesma forma que o joio é separado e queimado no fogo, assim será no fim dos tempos. ⁴¹O Filho do Homem enviará seus anjos, e eles removerão do reino tudo que produz pecado e todos que praticam o mal ⁴²e os lançarão numa fornalha ardente, onde haverá choro e ranger de dentes. ⁴³Então os justos brilharão como o sol no reino de seu Pai. Quem é capaz de ouvir, ouça com atenção!"

A parábola do tesouro escondido

⁴⁴"O reino dos céus é como um tesouro escondido que um homem descobriu num campo. Em seu entusiasmo, ele o escondeu novamente, vendeu tudo que tinha e, com o dinheiro da venda, comprou aquele campo."

A parábola da pérola

⁴⁵"O reino dos céus também é como um negociante que procurava pérolas da melhor qualidade. ⁴⁶Quando descobriu uma pérola de grande valor, vendeu tudo que tinha e, com o dinheiro da venda, comprou a tal pérola."

A parábola da rede de pesca

⁴⁷"O reino dos céus é, ainda, como uma rede de pesca que foi lançada ao mar e pegou peixes de todo tipo. ⁴⁸Quando a rede estava cheia, os pescadores a arrastaram até a praia, sentaram-se e juntaram os peixes bons em cestos, jogando fora os ruins. ⁴⁹Assim

será no fim dos tempos. Os anjos virão, separarão os perversos dos justos [50]e os lançarão na fornalha ardente, onde haverá choro e ranger de dentes. [51]Vocês entendem todas essas coisas?"

"Sim", responderam eles.

Mestres da lei no reino

[52]Então ele acrescentou: "Todo mestre da lei que se torna discípulo no reino dos céus é como o dono de uma casa que tira do seu tesouro verdades preciosas, tanto novas como velhas".

Jesus é rejeitado em Nazaré

[53]Quando Jesus terminou de contar essas parábolas, deixou aquela região [54]e voltou para Nazaré, cidade onde tinha morado. Enquanto ensinava na sinagoga, todos se admiravam e perguntavam: "De onde lhe vêm a sabedoria e o poder para realizar milagres? [55]Não é esse o filho do carpinteiro? Conhecemos Maria, sua mãe, e também seus irmãos, Tiago, José,[a] Simão e Judas. [56]Todas as suas irmãs moram aqui, entre nós. Onde ele aprendeu todas essas coisas?". [57]E sentiam-se muito ofendidos.

Então Jesus lhes disse: "Um profeta recebe honra em toda parte, menos em sua cidade e entre sua própria família". [58]E, por causa da incredulidade deles, realizou ali apenas uns poucos milagres.

Herodes e a morte de João Batista

14 Quando Herodes Antipas[b] ouviu falar de Jesus, [2]disse a seus conselheiros: "Deve ser João Batista que ressuscitou dos mortos! Por isso ele tem poder para fazer esses milagres".

[3]Herodes havia mandado prender e encarcerar João para agradar Herodias, que era esposa de Filipe, seu irmão. [4]João tinha dito repetidamente a Herodes: "É contra a lei que o senhor viva com ela". [5]Herodes queria matá-lo, mas tinha medo de provocar uma revolta, pois o povo acreditava que João era profeta.

[6]Contudo, numa festa de aniversário de Herodes, a filha de Herodias dançou diante dos convidados e agradou muito o rei,

⁷e ele prometeu, sob juramento, que lhe daria qualquer coisa que ela pedisse. ⁸Instigada pela mãe, a moça disse: "Quero a cabeça de João Batista num prato!". ⁹O rei se arrependeu do que tinha dito, mas, por causa do juramento feito diante dos convidados, deu as ordens para que atendessem ao pedido. ¹⁰João foi decapitado na prisão, ¹¹e sua cabeça foi trazida num prato e entregue à moça, que a levou à sua mãe. ¹²Os discípulos de João vieram, levaram seu corpo e o sepultaram. Em seguida, foram a Jesus e lhe contaram o que havia acontecido.

A primeira multiplicação dos pães

¹³Logo que Jesus ouviu a notícia, partiu de barco para um lugar isolado, a fim de ficar só. As multidões, porém, descobriram para onde ele ia e o seguiram a pé, vindas de muitas cidades. ¹⁴Quando Jesus saiu do barco, viu a grande multidão, teve compaixão dela e curou os enfermos.

¹⁵Ao entardecer, os discípulos foram até ele e disseram: "Este lugar é isolado, e já está ficando tarde. Mande as multidões embora, para que possam ir aos povoados e comprar comida".

¹⁶"Não há necessidade", disse Jesus. "Providenciem vocês mesmos alimento para elas."

¹⁷Eles responderam: "Temos apenas cinco pães e dois peixes!".

¹⁸"Tragam para cá", disse ele. ¹⁹Em seguida, mandou o povo sentar-se na grama. Tomou os cinco pães e os dois peixes, olhou para o céu e os abençoou. Então, partiu os pães em pedaços e os entregou a seus discípulos, que distribuíram às multidões. ²⁰Todos comeram à vontade, e os discípulos recolheram doze cestos com as sobras. ²¹Os que comeram foram cerca de cinco mil homens, sem contar mulheres e crianças.

Jesus anda sobre as águas

²²Logo em seguida, Jesus insistiu com seus discípulos que voltassem ao barco e atravessassem até o outro lado do mar, enquanto ele despedia as multidões. ²³Depois de mandá-las para casa, Jesus

subiu sozinho ao monte a fim de orar. Quando anoiteceu, ele ainda estava ali, sozinho.

²⁴Enquanto isso, os discípulos, distantes da terra firme, lutavam contra as ondas, pois um vento forte havia se levantado. ²⁵Por volta das três da madrugada,[a] Jesus foi até eles, caminhando sobre as águas. ²⁶Quando os discípulos o viram caminhando sobre as águas, ficaram aterrorizados. "É um fantasma!", gritaram, cheios de medo.

²⁷Imediatamente, porém, Jesus lhes disse: "Não tenham medo! Coragem, sou eu!".

²⁸Então Pedro gritou: "Se é realmente o senhor, ordene que eu vá caminhando sobre as águas até onde está!".

²⁹"Venha!", respondeu Jesus.

Então Pedro desceu do barco e caminhou sobre as águas em direção a Jesus. ³⁰Mas, quando reparou no vento forte e nas ondas, ficou aterrorizado, começou a afundar e gritou: "Senhor, salva-me!".

³¹No mesmo instante, Jesus estendeu a mão e o segurou. "Como é pequena a sua fé!", disse ele. "Por que você duvidou?"

³²Quando entraram no barco, o vento parou. ³³Então os outros discípulos o adoraram e exclamaram: "De fato, o senhor é o Filho de Deus!".

Jesus cura os enfermos

³⁴Depois de atravessarem o mar, chegaram a Genesaré. ³⁵Quando o povo reconheceu Jesus, a notícia de sua chegada se espalhou rapidamente por toda a região, e trouxeram os enfermos para que fossem curados. ³⁶Suplicavam que ele deixasse os enfermos apenas tocar na borda de seu manto, e todos que o tocavam eram curados.

Ensino sobre a pureza interior

15 Então alguns fariseus e mestres da lei chegaram de Jerusalém para ver Jesus e lhe perguntaram: ²"Por que seus discípulos

desobedecem à tradição dos líderes religiosos? Eles não respeitam a cerimônia de lavar as mãos antes de comer!".

³Jesus respondeu: "E por que vocês, com suas tradições, desobedecem ao mandamento de Deus? ⁴Pois Deus ordenou: 'Honre seu pai e sua mãe'[b] e 'Quem insultar seu pai ou sua mãe será executado'.[c] ⁵Em vez disso, vocês ensinam que, se alguém disser a seus pais: 'Sinto muito, mas não posso ajudá-los; jurei entregar como oferta a Deus aquilo que eu teria dado a vocês', ⁶não precisará mais honrar seus pais. Com isso, vocês anulam a palavra de Deus em favor de sua própria tradição. ⁷Hipócritas! Isaías tinha razão quando assim profetizou a seu respeito:

⁸'Este povo me honra com os lábios,
   mas o coração está longe de mim.
⁹Sua adoração é uma farsa,
   pois ensinam ideias humanas
   como se fossem mandamentos divinos'".[d]

¹⁰Jesus chamou a multidão para perto de si e disse: "Ouçam e procurem entender. ¹¹Não é o que entra pela boca que os contamina; vocês se contaminam com as palavras que saem dela".

¹²Então os discípulos vieram e perguntaram: "O senhor sabe que ofendeu os fariseus com isso que acabou de dizer?".

¹³Jesus respondeu: "Toda planta que meu Pai celestial não plantou será arrancada pela raiz. ¹⁴Portanto, não façam caso deles. São guias cegos conduzindo cegos e, se um cego conduzir outro, ambos cairão numa vala".

¹⁵Então Pedro disse: "Explique-nos a parábola de que as pessoas não são contaminadas pelo que comem".

¹⁶"Ainda não entendem?", perguntou Jesus. ¹⁷"Tudo que comem passa pelo estômago e vai para o esgoto, ¹⁸mas as palavras vêm do coração, e é isso que os contamina. ¹⁹Pois do coração vêm maus pensamentos, homicídio, adultério, imoralidade sexual, roubo,

mentiras e calúnias. ²⁰São essas coisas que os contaminam. Comer sem lavar as mãos não os contaminará."

A mulher cananeia

²¹Então Jesus deixou a Galileia, rumo ao norte, para a região de Tiro e Sidom. ²²Uma mulher cananeia que ali morava veio a ele, suplicando: "Senhor, Filho de Davi, tenha misericórdia de mim! Minha filha está possuída por um demônio que a atormenta terrivelmente".

²³Jesus não disse uma só palavra em resposta. Então os discípulos insistiram com ele: "Mande-a embora; ela não para de gritar atrás de nós".

²⁴Jesus disse à mulher: "Fui enviado para ajudar apenas as ovelhas perdidas do povo de Israel".

²⁵A mulher, porém, aproximou-se, ajoelhou-se diante dele e implorou mais uma vez: "Senhor, ajude-me!".

²⁶Jesus respondeu: "Não é certo tirar comida das crianças e jogá-la aos cachorros".

²⁷"Senhor, é verdade", disse a mulher. "No entanto, até os cachorros comem as migalhas que caem da mesa de seus donos."

²⁸"Mulher, sua fé é grande", disse-lhe Jesus. "Seu pedido será atendido." E, no mesmo instante, a filha dela foi curada.

Jesus cura muitas pessoas

²⁹Deixando aquele lugar, Jesus voltou ao mar da Galileia e subiu a um monte, onde se sentou. ³⁰Uma grande multidão veio e colocou diante dele aleijados, cegos, paralíticos, mudos e muitos outros, e ele curou a todos. ³¹As pessoas ficavam admiradas e louvavam o Deus de Israel, pois os que eram mudos agora falavam, os paralíticos estavam curados, os aleijados andavam e os cegos podiam ver.

A segunda multiplicação dos pães

³²Então Jesus chamou seus discípulos e disse: "Tenho compaixão dessa gente. Estão aqui comigo há três dias e não têm mais nada

para comer. Se eu os mandar embora com fome, podem desmaiar no caminho".

³³Os discípulos disseram: "Onde conseguiríamos comida suficiente para tamanha multidão neste lugar deserto?".

³⁴Jesus perguntou: "Quantos pães vocês têm?".

"Sete, e alguns peixinhos", responderam eles.

³⁵Então Jesus mandou todo o povo sentar-se no chão. ³⁶Tomou os sete pães e os peixes, agradeceu a Deus e os partiu em pedaços. Em seguida, entregou-os aos discípulos, que os distribuíram à multidão.

³⁷Todos comeram à vontade, e os discípulos recolheram, ainda, sete cestos grandes com as sobras. ³⁸Os que comeram foram quatro mil homens, sem contar mulheres e crianças. ³⁹Então Jesus os mandou para casa, entrou num barco e atravessou para a região de Magadã.

Os líderes exigem um sinal

16 Os fariseus e saduceus vieram pôr Jesus à prova, exigindo que lhes mostrasse um sinal do céu.

²Ele respondeu: "Vocês conhecem o ditado: 'Céu vermelho ao entardecer, bom tempo amanhã; ³céu vermelho e sombrio logo cedo, mau tempo o dia todo'. Vocês sabem identificar as condições do tempo no céu, mas não sabem interpretar os sinais dos tempos![a] ⁴Pedem um sinal porque são uma geração perversa e adúltera, mas o único sinal que lhes darei será o sinal do profeta Jonas". Então Jesus os deixou e se retirou.

O fermento dos fariseus e saduceus

⁵Mais tarde, depois de atravessar o mar, os discípulos descobriram que tinham se esquecido de levar pães. ⁶Jesus os advertiu: "Fiquem atentos! Tenham cuidado com o fermento dos fariseus e saduceus".

⁷Os discípulos começaram a discutir entre si por que não tinham trazido pão. ⁸Ao tomar conhecimento do que falavam,

Jesus disse: "Como é pequena a sua fé! Por que vocês discutem entre si sobre a falta de pão? ⁹Ainda não entenderam? Não se lembram dos cinco pães para os cinco mil e dos cestos de sobras que recolheram? ¹⁰Nem dos sete pães para os quatro mil e dos cestos grandes de sobras que recolheram? ¹¹Como não conseguem entender que não estou falando de pão? Repito: tenham cuidado com o fermento dos fariseus e saduceus".

¹²Finalmente entenderam que ele não se referia ao fermento do pão, mas ao ensino dos fariseus e saduceus.

Pedro declara sua fé

¹³Quando Jesus chegou à região de Cesareia de Filipe, perguntou a seus discípulos: "Quem as pessoas dizem que o Filho do Homem é?".

¹⁴Eles responderam: "Alguns dizem que o senhor é João Batista; outros, que é Elias; e outros, ainda, que é Jeremias ou um dos profetas".

¹⁵"E vocês?", perguntou ele. "Quem vocês dizem que eu sou?"

¹⁶Simão Pedro respondeu: "O senhor é o Cristo, o Filho do Deus vivo!".

¹⁷Jesus disse: "Que grande privilégio você teve, Simão, filho de João![a] Foi meu Pai no céu quem lhe revelou isso. Nenhum ser humano saberia por si só.[b] ¹⁸Agora eu lhe digo que você é Pedro,[c] e sobre esta pedra edificarei minha igreja, e as forças da morte[d] não a conquistarão. ¹⁹Eu lhe darei as chaves do reino dos céus. O que você ligar na terra terá sido ligado no céu,[e] e o que você desligar na terra terá sido desligado no céu".[f]

²⁰Então ele advertiu a seus discípulos que não dissessem a ninguém que ele era o Cristo.

Jesus prediz sua morte

²¹Daquele momento em diante, Jesus[g] começou a falar claramente a seus discípulos que era necessário que ele fosse a Jerusalém e sofresse muitas coisas terríveis nas mãos dos líderes do povo,

dos principais sacerdotes e dos mestres da lei. Seria morto, mas no terceiro dia ressuscitaria.

²²Pedro o chamou de lado e começou a repreendê-lo por dizer tais coisas. "Jamais, Senhor!", disse ele. "Isso nunca lhe acontecerá!"

²³Jesus se voltou para Pedro e disse: "Afaste-se de mim, Satanás! Você é uma pedra de tropeço para mim. Considera as coisas apenas do ponto de vista humano, e não da perspectiva de Deus".

Ensino sobre o discipulado

²⁴Então Jesus disse a seus discípulos: "Se alguém quer ser meu seguidor, negue a si mesmo, tome sua cruz e siga-me. ²⁵Se tentar se apegar à sua vida, a perderá. Mas, se abrir mão de sua vida por minha causa, a encontrará. ²⁶Que vantagem há em ganhar o mundo inteiro, mas perder a vida? E o que daria o homem em troca de sua vida? ²⁷Pois o Filho do Homem virá com seus anjos na glória de seu Pai e julgará cada pessoa de acordo com suas ações. ²⁸Eu lhes digo a verdade: alguns que estão aqui neste momento não morrerão antes de ver o Filho do Homem vindo em seu reino!".

A transfiguração

17 Seis dias depois, Jesus levou consigo Pedro e os dois irmãos, Tiago e João, até um monte alto. ²Enquanto os três observavam, a aparência de Jesus foi transformada de tal modo que seu rosto brilhava como o sol e suas roupas se tornaram brancas como a luz. ³De repente, Moisés e Elias apareceram e começaram a falar com Jesus.

⁴Pedro exclamou: "Senhor, é maravilhoso estarmos aqui! Se quiser, farei três tendas: uma será sua, uma de Moisés e outra de Elias".

⁵Enquanto ele ainda falava, uma nuvem brilhante os cobriu, e uma voz que vinha da nuvem disse: "Este é meu Filho amado, que me dá grande alegria. Ouçam-no!". ⁶Os discípulos ficaram aterrorizados e caíram com o rosto em terra.

⁷Então Jesus veio e os tocou. "Levantem-se", disse ele. "Não tenham medo." ⁸E, quando levantaram os olhos, viram apenas Jesus.

⁹Enquanto desciam do monte, Jesus lhes ordenou: "Não contem a ninguém o que viram, até que o Filho do Homem ressuscite dos mortos".

¹⁰Os discípulos lhe perguntaram: "Por que os mestres da lei afirmam que é necessário que Elias volte antes que o Cristo venha?".[h]

¹¹Jesus respondeu: "De fato, Elias vem e restaurará tudo. ¹²Eu, porém, lhes digo: Elias já veio, mas não o reconheceram e preferiram maltratá-lo. Da mesma forma, também farão o Filho do Homem sofrer". ¹³Então os discípulos entenderam que ele estava falando de João Batista.

Jesus cura um menino possuído por demônio

¹⁴Ao pé do monte, uma grande multidão os esperava. Um homem veio, ajoelhou-se diante de Jesus e disse: ¹⁵"Senhor, tenha misericórdia de meu filho. Ele tem convulsões e sofre terrivelmente. Muitas vezes, cai no fogo ou na água. ¹⁶Eu o trouxe a seus discípulos, mas eles não puderam curá-lo".

¹⁷Jesus disse: "Geração incrédula e corrompida! Até quando estarei com vocês? Até quando terei de suportá-los? Tragam o menino para cá". ¹⁸Então Jesus repreendeu o demônio, e ele saiu do menino, que ficou curado a partir daquele momento.

¹⁹Mais tarde, os discípulos perguntaram a Jesus em particular: "Por que não conseguimos expulsar aquele demônio?".

²⁰"Porque a sua fé é muito pequena", respondeu Jesus. "Eu lhes digo a verdade: se tivessem fé, ainda que do tamanho de uma semente de mostarda, poderiam dizer a este monte: 'Mova-se daqui para lá', e ele se moveria. Nada seria impossível para vocês, ²¹mas essa espécie não sai senão com oração e jejum."[a]

Jesus prediz sua morte pela segunda vez

²²Quando voltaram a se reunir na Galileia, Jesus lhes disse: "O Filho do Homem será traído e entregue em mãos humanas. ²³Será morto, mas no terceiro dia ressuscitará". E os discípulos se encheram de tristeza.

O pagamento do imposto do templo

²⁴Quando Jesus e seus discípulos chegaram a Cafarnaum, os cobradores do imposto do templo[b] abordaram Pedro e lhe perguntaram: "Seu mestre não paga o imposto do templo?".

²⁵"Sim, paga", respondeu Pedro. Em seguida, entrou em casa.

Antes que ele tivesse oportunidade de falar, Jesus lhe perguntou: "O que você acha, Simão? O que os reis costumam fazer: cobram impostos de seu povo ou dos povos conquistados?".[c]

²⁶"Cobram dos povos conquistados", respondeu Pedro.

"Pois bem", disse Jesus. "Os cidadãos[d] estão isentos. ²⁷Mas, como não queremos que se ofendam, desça até o mar e jogue o anzol. Abra a boca do primeiro peixe que pegar e ali encontrará uma moeda de prata.[e] Pegue-a e use-a para pagar os impostos por nós dois."

O maior no reino

18 Nessa ocasião, os discípulos vieram a Jesus e perguntaram: "Afinal, quem é o maior no reino dos céus?".

²Então Jesus chamou uma criança pequena e a colocou no meio deles. ³Em seguida, disse: "Eu lhes digo a verdade: a menos que vocês se convertam e se tornem como crianças, jamais entrarão no reino dos céus. ⁴Quem se torna humilde como esta criança é o maior no reino dos céus, ⁵e quem recebe uma criança como esta em meu nome recebe a mim."

Advertência para não causar pecado

⁶"Mas, se alguém fizer cair em pecado um destes pequeninos que em mim confiam, teria sido melhor ter amarrado uma

grande pedra de moinho ao pescoço e se afogado nas profundezas do mar.

⁷"Quanto sofrimento haverá no mundo por causa das tentações para o pecado! Ainda que elas sejam inevitáveis, aquele que as provoca terá sofrimento ainda maior. ⁸Portanto, se sua mão ou seu pé o faz pecar, corte-o e jogue-o fora. É melhor entrar na vida eterna com apenas uma das mãos ou apenas um dos pés que ser lançado no fogo eterno com as duas mãos e os dois pés. ⁹E, se seu olho o faz pecar, arranque-o e jogue-o fora. É melhor entrar na vida eterna com apenas um dos olhos que ser lançado no inferno de fogoᶠ com os dois olhos.

¹⁰"Tomem cuidado para não desprezar nenhum destes pequeninos. Pois eu lhes digo que, no céu, os anjos deles estão sempre na presença de meu Pai celestial. ¹¹E o Filho do Homem veio para salvar os que estão perdidos."ᵍ

A parábola da ovelha perdida

¹²"Se um homem tiver cem ovelhas e uma delas se perder, o que vocês acham que ele fará? Não deixará as outras noventa e nove nos montes e sairá à procura da perdida? ¹³E, se a encontrar, eu lhes digo a verdade: ele se alegrará por causa dela mais que pelas noventa e nove que não se perderam. ¹⁴Da mesma forma, não é da vontade de meu Pai, no céu, que nenhum destes pequeninos se perca."

Como corrigir um irmão

¹⁵"Se um irmão pecar contra você,ª fale com ele em particular e chame-lhe a atenção para o erro. Se ele o ouvir, você terá recuperado seu irmão. ¹⁶Mas, se ele não o ouvir, leve consigo um ou dois outros e fale com ele novamente, para que tudo que você disser seja confirmado por duas ou três testemunhas. ¹⁷Se ainda assim ele se recusar a ouvir, apresente o caso à igreja. Então, se ele não aceitar nem mesmo a decisão da igreja, trate-o como gentio ou como cobrador de impostos.

[18] "Eu lhes digo a verdade: o que vocês ligarem na terra terá sido ligado no céu,[b] e o que desligarem na terra terá sido desligado no céu.[c]

[19] "Também lhes digo que, se dois de vocês concordarem aqui na terra a respeito de qualquer coisa que pedirem, meu Pai, no céu, os atenderá. [20] Pois, onde dois ou três se reúnem em meu nome, eu estou no meio deles".

A parábola sobre a importância do perdão

[21] Então Pedro se aproximou de Jesus e perguntou: "Senhor, quantas vezes devo perdoar alguém[d] que peca contra mim? Sete vezes?".

[22] Jesus respondeu: "Não sete vezes, mas setenta vezes sete.[e]

[23] "Portanto, o reino dos céus pode ser comparado a um senhor que decidiu pôr em dia as contas com os servos que lhe deviam. [24] No decorrer do processo, trouxeram diante dele um servo que lhe devia sessenta milhões de moedas.[f] [25] Uma vez que o homem não tinha como pagar, o senhor ordenou que ele, sua esposa, seus filhos e todos os seus bens fossem vendidos para quitar a dívida.

[26] "O homem se curvou diante do senhor e suplicou: 'Por favor, tenha paciência comigo, e eu pagarei tudo'. [27] O senhor teve compaixão dele, soltou-o e perdoou-lhe a dívida.

[28] "No entanto, quando o servo saiu da presença do senhor, foi procurar outro servo que trabalhava com ele e que lhe devia cem moedas de prata.[g] Agarrou-o pelo pescoço e exigiu que ele pagasse de imediato.

[29] "O servo se curvou diante dele e suplicou: 'Tenha paciência comigo, e eu pagarei tudo'. [30] O credor, porém, não estava disposto a esperar. Mandou que o homem fosse lançado na prisão até que tivesse pago toda a dívida.

[31] "Quando outros servos, companheiros dele, viram isso, ficaram muito tristes. Foram ao senhor e lhe contaram tudo que havia acontecido. [32] Então o senhor chamou o homem cuja dívida ele havia perdoado e disse: 'Servo mau! Eu perdoei sua imensa dívida

porque você me implorou. ³³Acaso não devia ter misericórdia de seu companheiro, como tive misericórdia de você?'. ³⁴E, irado, o senhor mandou o homem à prisão para ser torturado até que lhe pagasse toda a dívida.

³⁵"Assim também meu Pai celestial fará com vocês caso se recusem a perdoar de coração a seus irmãos".

Discussão sobre divórcio e casamento

19 Quando Jesus terminou de dizer essas coisas, deixou a Galileia e foi para a região da Judeia, a leste do rio Jordão. ²Grandes multidões o seguiram, e ele curou os enfermos.

³Alguns fariseus apareceram e tentaram apanhar Jesus numa armadilha, perguntando: "Deve-se permitir que um homem se divorcie de sua mulher por qualquer motivo?".

⁴"Vocês não leram as Escrituras?", respondeu Jesus. "Elas registram que, desde o princípio, o Criador 'os fez homem e mulher'ʰ ⁵e disse: 'Por isso o homem deixa pai e mãe e se une à sua mulher, e os dois se tornam um só'.ⁱ ⁶Uma vez que já não são dois, mas um só, que ninguém separe o que Deus uniu."

⁷Eles perguntaram: "Então por que Moisés disse na lei que o homem poderia dar à esposa um certificado de divórcio e mandá-la embora?".ᵃ

⁸Jesus respondeu: "Moisés permitiu o divórcio apenas como concessão, pois o coração de vocês é duro, mas não era esse o propósito original. ⁹E eu lhes digo o seguinte: quem se divorciar de sua esposa, o que só poderá fazer em caso de imoralidade, e se casar com outra, cometerá adultério".ᵇ

¹⁰Os discípulos de Jesus disseram: "Se essa é a condição do homem em relação à sua mulher, é melhor não casar!".

¹¹"Nem todos têm como aceitar esse ensino", disse Jesus. "Só aqueles que recebem a ajuda de Deus. ¹²Alguns nascem eunucos, alguns foram feitos eunucos por outros e alguns a si mesmos se fazem eunucos por causa do reino dos céus. Quem puder, que aceite isso."

Jesus abençoa as crianças

[13] Certo dia, trouxeram crianças para que Jesus pusesse as mãos sobre elas e orasse em seu favor, mas os discípulos repreendiam aqueles que as traziam.

[14] Jesus, porém, disse: "Deixem que as crianças venham a mim. Não as impeçam, pois o reino dos céus pertence aos que são como elas". [15] Então, antes de ir embora, pôs as mãos sobre a cabeça delas e as abençoou.

O homem rico

[16] Um homem veio a Jesus com a seguinte pergunta: "Mestre,[c] que boas ações devo fazer para obter a vida eterna?".

[17] "Por que você me pergunta sobre o que é bom?", perguntou Jesus. "Há somente um que é bom. Se você deseja entrar na vida eterna, guarde os mandamentos."

[18] "Quais?", perguntou o homem.

Jesus respondeu: "Não mate. Não cometa adultério. Não roube. Não dê falso testemunho. [19] Honre seu pai e sua mãe. Ame o seu próximo como a si mesmo".[a]

[20] "Tenho obedecido a todos esses mandamentos", disse o homem. "O que mais devo fazer?"

[21] Jesus respondeu: "Se você quer ser perfeito, vá, venda todos os seus bens e dê o dinheiro aos pobres. Então você terá um tesouro no céu. Depois, venha e siga-me".

[22] Quando o rapaz ouviu isso, foi embora triste, porque tinha muitos bens.

As recompensas do discipulado

[23] Então Jesus disse a seus discípulos: "Eu lhes digo a verdade: é muito difícil um rico entrar no reino dos céus. [24] Digo também: é mais fácil um camelo passar pelo buraco de uma agulha que um rico entrar no reino de Deus".

[25] Ao ouvir isso, os discípulos ficaram perplexos e perguntaram: "Então quem pode ser salvo?".

²⁶ Jesus olhou atentamente para eles e respondeu: "Para as pessoas isso é impossível, mas tudo é possível para Deus".

²⁷ Então Pedro disse: "Deixamos tudo para segui-lo. Qual será nossa recompensa?".

²⁸ Jesus respondeu: "Eu lhes garanto que, quando o mundo for renovado[b] e o Filho do Homem se sentar em seu trono glorioso, vocês, que foram meus seguidores, também se sentarão em doze tronos para julgar as doze tribos de Israel. ²⁹ E todos que tiverem deixado casa, irmãos, irmãs, pai, mãe, filhos ou propriedades por minha causa receberão em troca cem vezes mais e herdarão a vida eterna. ³⁰ Contudo, muitos primeiros serão os últimos, e muitos últimos serão os primeiros."

A parábola dos trabalhadores do vinhedo

20 "Pois o reino dos céus é como o dono de uma propriedade que saiu de manhã cedo a fim de contratar trabalhadores para seu vinhedo. ² Combinou de pagar uma moeda de prata[c] por um dia de serviço e os mandou trabalhar.

³ Às nove da manhã, estava passando pela praça e viu por ali alguns desocupados. ⁴ Contratou-os e disse-lhes que, no final do dia, pagaria o que fosse justo. ⁵ E eles foram trabalhar no vinhedo. Ao meio-dia e às três da tarde, fez a mesma coisa.

⁶ "Às cinco da tarde, estava outra vez na cidade e viu por ali mais algumas pessoas. 'Por que vocês não trabalharam hoje?', perguntou ele.

⁷ "'Porque ninguém nos contratou', responderam.

"Então o proprietário disse: 'Vão e trabalhem com os outros no meu vinhedo'.

⁸ "Ao entardecer, mandou o capataz chamar os trabalhadores e pagá-los, começando pelos que haviam sido contratados por último. ⁹ Os que foram contratados às cinco da tarde vieram e receberam uma moeda de prata. ¹⁰ Quando chegaram os que foram contratados primeiro, imaginaram que receberiam mais. Contudo, também receberam uma moeda de prata. ¹¹ Ao receber

o pagamento, queixaram-se ao proprietário: [12]"Aqueles trabalharam apenas uma hora e, no entanto, o senhor lhes pagou a mesma quantia que a nós, que trabalhamos o dia todo no calor intenso".

[13]"O proprietário respondeu a um deles: 'Amigo, não fui injusto. Você não concordou em trabalhar o dia inteiro por uma moeda de prata? [14]Pegue seu dinheiro e vá. Eu quis pagar ao último trabalhador o mesmo que paguei a você. [15]É contra a lei eu fazer o que quero com o meu dinheiro? Ou você está com inveja porque fui bondoso com os outros?'.

[16]"Assim, os últimos serão os primeiros, e os primeiros serão os últimos".[a]

Jesus prediz sua morte e ressurreição

[17]Enquanto subia para Jerusalém, Jesus chamou os doze discípulos e lhes disse, em particular, o que aconteceria com ele: [18]"Ouçam, estamos subindo para Jerusalém, onde o Filho do Homem será traído e entregue aos principais sacerdotes e aos mestres da lei. Eles o condenarão à morte [19]e o entregarão aos gentios, para que zombem dele, o açoitem e o crucifiquem. No terceiro dia, porém, ele ressuscitará".

Jesus ensina sobre servir a outros

[20]Então a mãe dos filhos de Zebedeu veio a Jesus com seus filhos. Ela se ajoelhou diante dele a fim de lhe pedir um favor.

[21]"O que você quer?", perguntou ele.

Ela respondeu: "Por favor, permita que, no seu reino, meus dois filhos se sentem em lugares de honra ao seu lado, um à sua direita e outro à sua esquerda".

[22]Jesus respondeu: "Vocês não sabem o que estão pedindo! São capazes de beber do cálice que estou prestes a beber?".

"Somos!", disseram eles.

[23]Então Jesus disse: "De fato, vocês beberão do meu cálice. Não cabe a mim, no entanto, dizer quem se sentará à minha direita

ou à minha esquerda. Meu Pai preparou esses lugares para aqueles que ele escolheu".

²⁴Quando os outros dez discípulos souberam o que os dois irmãos haviam pedido, ficaram indignados. ²⁵Então Jesus os reuniu e disse: "Vocês sabem que os governantes deste mundo têm poder sobre o povo, e que os oficiais exercem sua autoridade sobre os súditos. ²⁶Entre vocês, porém, será diferente. Quem quiser ser o líder entre vocês, que seja servo, ²⁷e quem quiser ser o primeiro entre vocês, que se torne escravo. ²⁸Pois nem mesmo o Filho do Homem veio para ser servido, mas para servir e dar sua vida em resgate por muitos".

Jesus cura dois cegos

²⁹Quando Jesus e seus discípulos saíam de Jericó, uma grande multidão os seguiu. ³⁰Dois cegos estavam sentados à beira do caminho e, quando souberam que Jesus vinha naquela direção, começaram a gritar: "Senhor, Filho de Davi, tenha misericórdia de nós!".

³¹"Calem-se!", diziam aos brados os que estavam na multidão.

Eles, porém, gritavam ainda mais alto: "Senhor, Filho de Davi, tenha misericórdia de nós!".

³²Ao ouvi-los, Jesus parou e perguntou: "O que vocês querem que eu lhes faça?".

³³Eles responderam: "Senhor, nós queremos enxergar!".

³⁴Jesus teve compaixão deles e tocou-lhes nos olhos. No mesmo instante, passaram a enxergar e o seguiram.

A entrada de Jesus em Jerusalém

21 Quando já se aproximavam de Jerusalém, Jesus e seus discípulos chegaram a Betfagé, no monte das Oliveiras. Jesus enviou na frente dois discípulos. ²"Vão àquele povoado adiante", disse ele. "Assim que entrarem, verão uma jumenta amarrada, com seu jumentinho ao lado. Desamarrem os animais e tragam--nos para mim. ³Se alguém lhes perguntar o que estão fazendo,

digam apenas: 'O Senhor precisa deles', e de imediato a pessoa deixará que vocês os levem."

⁴Isso aconteceu para cumprir o que foi dito por meio do profeta:

⁵"Digam ao povo de Sião:ª
'Vejam, seu Rei se aproxima.
Ele é humilde e vem montado num jumento,
 num jumentinho, cria de jumenta'".ᵇ

⁶Os dois discípulos fizeram como Jesus havia ordenado. ⁷Trouxeram a jumenta e o jumentinho e puseram seus mantos sobre o jumentinho, e Jesus montou nele.

⁸Grande parte da multidão estendeu seus mantos ao longo do caminho diante de Jesus, e outros cortaram ramos das árvores e os espalharam pelo chão. ⁹E as pessoas, tanto as que iam à frente como as que o seguiam, gritavam:

"Hosana,ᶜ Filho de Davi!
 Bendito é o que vem em nome do Senhor!
 Hosana no mais alto céu!".ᵈ

¹⁰Quando Jesus entrou em Jerusalém, toda a cidade estava em grande alvoroço. "Quem é este?", perguntavam.

¹¹A multidão respondia: "É Jesus, o profeta de Nazaré, da Galileia".

Jesus purifica o templo

¹²Então Jesus entrou no templo e começou a expulsar todos que ali estavam comprando e vendendo animais para os sacrifícios. Derrubou as mesas dos cambistas e as cadeiras dos que vendiam pombas, ¹³dizendo: "As Escrituras declaram: 'Meu templo será chamado casa de oração', mas vocês o transformaram num esconderijo de ladrões!".ᵉ

¹⁴Os cegos e os coxos vieram a Jesus no templo, e ele os curou. ¹⁵Quando os principais sacerdotes e mestres da lei viram esses milagres maravilhosos e ouviram até as crianças no templo gritar "Hosana, Filho de Davi", ficaram indignados. ¹⁶"Está ouvindo o que as crianças estão dizendo?", perguntaram a Jesus.

"Sim", respondeu ele. "Vocês nunca leram as Escrituras? Elas dizem: 'Ensinaste crianças e bebês a te dar louvor'."ᶠ ¹⁷Então ele voltou a Betânia, onde passou a noite.

Jesus amaldiçoa a figueira

¹⁸De manhã, enquanto voltava para Jerusalém, Jesus teve fome. ¹⁹Encontrando uma figueira à beira do caminho, foi ver se havia figos, mas só encontrou folhas. Então, disse à figueira: "Nunca mais dê frutos!". E, no mesmo instante, a figueira secou.

²⁰Quando os discípulos viram isso, ficaram admirados e perguntaram: "Como a figueira secou tão depressa?".

²¹Jesus respondeu: "Eu lhes digo a verdade: se vocês tiverem fé e não duvidarem, poderão fazer o mesmo que fiz com esta figueira, e muito mais. Poderão até dizer a este monte: 'Levante-se e atire-se no mar', e isso acontecerá. ²²Se crerem, receberão qualquer coisa que pedirem em oração".

A autoridade de Jesus é questionada

²³Quando Jesus voltou ao templo e começou a ensinar, os principais sacerdotes e líderes do povo vieram até ele e perguntaram: "Com que autoridade você faz essas coisas? Quem lhe deu esse direito?".

²⁴Jesus respondeu: "Eu lhes direi com que autoridade faço essas coisas se vocês responderem a uma pergunta: ²⁵A autoridade de João para batizar vinha do céu ou era apenas humana?".

Eles discutiram a questão entre si: "Se dissermos que vinha do céu, ele perguntará por que não cremos em João. ²⁶Mas, se dissermos que era apenas humana, seremos atacados pela multidão, pois todos pensam que João era profeta". ²⁷Por fim, responderam a Jesus: "Não sabemos".

E Jesus replicou: "Então eu também não direi com que autoridade faço essas coisas."

A parábola dos dois filhos

²⁸"O que acham disto? Um homem que tinha dois filhos disse ao mais velho: 'Filho, vá trabalhar no vinhedo hoje'. ²⁹O filho respondeu: 'Não vou', mas depois mudou de ideia e foi. ³⁰Então o pai disse ao outro filho: 'Vá você', e ele respondeu: 'Sim senhor, eu vou', mas não foi.

³¹"Qual dos dois obedeceu ao pai?"

Eles responderam: "O primeiro".

Então Jesus explicou: "Eu lhes digo a verdade: cobradores de impostos e prostitutas entrarão no reino de Deus antes de vocês. ³²Pois João veio e mostrou o caminho da justiça, mas vocês não creram nele, enquanto cobradores de impostos e prostitutas creram. E, mesmo depois de verem isso, vocês se recusaram a mudar de ideia e crer nele."

A parábola dos lavradores maus

³³"Agora, ouçam outra parábola. O dono de uma propriedade plantou um vinhedo. Construiu uma cerca ao redor, um tanque de prensar e uma torre para o guarda. Depois, arrendou o vinhedo a alguns lavradores e partiu para um lugar distante. ³⁴No tempo da colheita da uva, enviou seus servos a fim de receber sua parte da colheita. ³⁵Os lavradores agarraram os servos, espancaram um deles, mataram outro e apedrejaram o terceiro. ³⁶Então o dono da propriedade enviou um grupo maior de servos para receber a parte dele, mas o resultado foi o mesmo.

³⁷"Por fim, o dono enviou seu filho, pois pensou: 'Certamente respeitarão meu filho'.

³⁸"No entanto, quando os lavradores viram o filho, disseram uns aos outros: 'Aí vem o herdeiro da propriedade. Vamos matá-lo e

tomar posse desta terra!'. ³⁹Então o agarraram, o arrastaram para fora do vinhedo e o mataram.

⁴⁰"Quando o dono da terra voltar, o que vocês acham que ele fará com aqueles lavradores?", perguntou Jesus.

⁴¹Os líderes religiosos responderam: "Ele os matará cruelmente e arrendará o vinhedo para outros, que lhe darão sua parte depois de cada colheita".

⁴²Então Jesus disse: "Vocês nunca leram nas Escrituras:

'A pedra que os construtores rejeitaram
  se tornou a pedra angular.
Isso é obra do Senhor
  e é maravilhosa de ver'?ª

⁴³Eu lhes digo que o reino de Deus lhes será tirado e entregue a um povo que produzirá os devidos frutos. ⁴⁴Quem tropeçar nesta pedra será despedaçado, e aquele sobre quem ela cair será reduzido a pó".ᵇ

⁴⁵Quando os principais sacerdotes e fariseus ouviram essa parábola, perceberam que eles eram os lavradores maus a que Jesus se referia. ⁴⁶Queriam prendê-lo, mas tinham medo das multidões, pois elas o consideravam um profeta.

A parábola do banquete de casamento

22 Jesus lhes contou outras parábolas. Disse ele: ²"O reino dos céus pode ser ilustrado com a história de um rei que preparou um grande banquete de casamento para seu filho. ³Quando o banquete estava pronto, o rei enviou seus servos para avisar os convidados, mas todos se recusaram a vir.

⁴"Então ele enviou outros servos para lhes dizer: 'Já preparei o banquete; os bois e novilhos gordos foram abatidos, e tudo está pronto. Venham para a festa!'. ⁵Mas os convidados não lhes deram atenção e foram embora: um para sua fazenda, outro para seus

negócios. ⁶Outros, ainda, agarraram os mensageiros, os insultaram e os mataram.

⁷"O rei ficou furioso e enviou seu exército para destruir os assassinos e queimar a cidade deles. ⁸Disse a seus servos: 'O banquete de casamento está pronto, e meus convidados não são dignos dessa honra. ⁹Agora, saiam pelas esquinas e convidem todos que vocês encontrarem'. ¹⁰Então os servos trouxeram todos que encontraram, tanto bons como maus, e o salão do banquete se encheu de convidados.

¹¹"Quando o rei entrou para recebê-los, notou um homem que não estava vestido de forma apropriada para um casamento ¹²e perguntou-lhe: 'Amigo, como é que você se apresenta sem a roupa de casamento?'. O homem não teve o que responder. ¹³Então o rei disse: 'Amarrem-lhe as mãos e os pés e lancem-no para fora, na escuridão, onde haverá choro e ranger de dentes'.

¹⁴"Pois muitos são chamados, mas poucos são escolhidos".

Impostos para César

¹⁵Então os fariseus se reuniram para tramar um modo de levar Jesus a dizer algo que desse motivo para o prenderem. ¹⁶Enviaram alguns de seus discípulos, junto com os partidários de Herodes, para se encontrarem com ele. Disseram: "Mestre, sabemos como o senhor é honesto e ensina o caminho de Deus de acordo com a verdade. É imparcial e não demonstra favoritismo. ¹⁷Agora, diga-nos o que o senhor pensa a respeito disto: É certo pagar impostos a César ou não?".

¹⁸Jesus, porém, sabia de sua má intenção e disse: "Hipócritas! Por que vocês tentam me apanhar numa armadilha? ¹⁹Mostrem-me a moeda usada para pagar o imposto". Quando lhe deram uma moeda de prata,ª ²⁰ele disse: "De quem são a imagem e o título nela gravados?".

²¹"De César", responderam.

"Então deem a César o que pertence a César, e deem a Deus o que pertence a Deus", disse ele.

²²Sua resposta os deixou admirados, e eles foram embora.

Discussão sobre a ressurreição dos mortos

²³No mesmo dia, vieram a Jesus alguns saduceus, líderes religiosos que afirmam não haver ressurreição dos mortos, ²⁴e perguntaram: "Mestre, Moisés disse: 'Se um homem morrer sem deixar filhos, o irmão dele deve se casar com a viúva e ter um filho, que dará continuidade ao nome do irmão'.[b] ²⁵Numa família havia sete irmãos. O mais velho se casou e morreu sem deixar filhos, de modo que seu irmão se casou com a viúva. ²⁶O segundo irmão também morreu, e o terceiro irmão se casou com ela. E assim por diante, até o sétimo irmão. ²⁷Por fim, a mulher também morreu. ²⁸Diga-nos, de quem ela será esposa na ressurreição? Afinal, os sete se casaram com ela".

²⁹Jesus respondeu: "O erro de vocês está em não conhecerem as Escrituras nem o poder de Deus, ³⁰pois, quando os mortos ressuscitarem, não se casarão nem se darão em casamento. Nesse sentido, serão como os anjos do céu.

³¹"Agora, quanto a haver ressurreição dos mortos, vocês não leram a esse respeito nas Escrituras? Deus disse: ³²'Eu sou o Deus de Abraão, o Deus de Isaque e o Deus de Jacó'.[a] Portanto, ele é o Deus dos vivos, e não dos mortos".

³³Quando as multidões o ouviram, ficaram admiradas com seu ensino.

O mandamento mais importante

³⁴Sabendo os fariseus que Jesus tinha calado os saduceus com essa resposta, reuniram-se novamente para interrogá-lo. ³⁵Um deles, especialista na lei, tentou apanhá-lo numa armadilha com a seguinte pergunta: ³⁶"Mestre, qual é o mandamento mais importante da lei de Moisés?".

³⁷Jesus respondeu: "'Ame o Senhor, seu Deus, de todo o seu coração, de toda a sua alma e de toda a sua mente'.[b] ³⁸Este é o primeiro e o maior mandamento. ³⁹O segundo é igualmente

importante: 'Ame o seu próximo como a si mesmo'.[c] [40]Toda a lei e todas as exigências dos profetas se baseiam nesses dois mandamentos".

De quem o Cristo é filho?

[41]Então, rodeado pelos fariseus, Jesus lhes fez a seguinte pergunta: [42]"O que vocês pensam do Cristo? De quem ele é filho?".

Eles responderam: "É filho de Davi".

[43]Jesus perguntou: "Então por que Davi, falando por meio do Espírito, chama o Cristo de 'meu Senhor'? Pois Davi disse:

[44]'O Senhor disse ao meu Senhor:
  Sente-se no lugar de honra à minha direita
até que eu humilhe seus inimigos
  debaixo de seus pés'.[d]

[45]Portanto, se Davi chamou o Cristo de 'meu Senhor', como ele pode ser filho de Davi?".

[46]Ninguém conseguiu responder e, depois disso, não se atreveram a lhe fazer mais perguntas.

Jesus critica os líderes religiosos

23 Então Jesus disse às multidões e a seus discípulos: [2]"Os mestres da lei e os fariseus ocuparam o lugar de intérpretes oficiais da lei de Moisés.[a] [3]Portanto, pratiquem tudo que eles dizem e obedeçam-lhes, mas não sigam seu exemplo, pois eles não fazem o que ensinam. [4]Oprimem as pessoas com exigências insuportáveis e não movem um dedo sequer para aliviar seus fardos.

[5]"Tudo que fazem é para se exibir. Usam nos braços filactérios[b] mais largos que de costume e vestem mantos com franjas mais longas. [6]Gostam de sentar-se à cabeceira da mesa nos banquetes e de ocupar os lugares de honra nas sinagogas. [7]Gostam de receber saudações respeitosas enquanto andam pelas praças e de ser chamados de 'Rabi'.[c]

⁸"Não deixem que pessoa alguma os chame de 'Rabi', pois vocês têm somente um mestre, e todos vocês são irmãos. ⁹Não se dirijam a pessoa alguma aqui na terra como 'Pai', pois somente Deus no céu é seu Pai. ¹⁰Não deixem que pessoa alguma os chame de 'Mestre', pois vocês têm somente um mestre, o Cristo. ¹¹O mais importante entre vocês deve ser servo dos outros, ¹²pois os que se exaltam serão humilhados, e os que se humilham serão exaltados.

¹³"Que aflição os espera, mestres da lei e fariseus! Hipócritas! Fecham a porta do reino dos céus na cara das pessoas. Vocês mesmos não entram e não permitem que os outros entrem.

¹⁴"Que aflição os espera, mestres da lei e fariseus! Hipócritas! Tomam posse dos bens das viúvas de maneira desonesta e, depois, para dar a impressão de piedade, fazem longas orações em público. Por causa disso, serão duramente castigados.ᵈ

¹⁵"Que aflição os espera, mestres da lei e fariseus! Hipócritas! Atravessam terra e mar para converter alguém e depois o tornam um filho do inferno,ᵉ duas vezes pior que vocês.

¹⁶"Que aflição os espera, guias cegos! Vocês dizem não haver importância se alguém jura 'pelo templo de Deus', mas se jurar 'pelo ouro do templo' será obrigado a cumprir o juramento. ¹⁷Tolos cegos! O que é mais importante: o ouro ou o templo, que torna o ouro sagrado? ¹⁸Dizem também não haver importância se alguém jura 'pelo altar', mas se jurar 'pelas ofertas sobre o altar' será obrigado a cumprir o juramento. ¹⁹Cegos! O que é mais importante: a oferta sobre o altar ou o altar, que torna a oferta sagrada? ²⁰Quando juram 'pelo altar', juram por ele e por tudo que está sobre ele. ²¹Quando juram 'pelo templo', juram por ele e por Deus, que nele habita. ²²Quando juram 'pelo céu', juram pelo trono de Deus e por Deus, que se senta no trono.

²³"Que aflição os espera, mestres da lei e fariseus! Hipócritas! Têm o cuidado de dar o dízimo da hortelã, do endro e do cominho, mas negligenciam os aspectos mais importantes da lei: justiça, misericórdia e fé. Sim, vocês deviam fazer essas coisas, mas

sem descuidar das mais importantes. ²⁴Guias cegos! Coam a água para não engolir um mosquito, mas engolem um camelo!ª

²⁵"Que aflição os espera, mestres da lei e fariseus! Hipócritas! Têm o cuidado de limpar a parte exterior do copo e do prato, enquanto o interior está imundo, cheio de ganância e falta de domínio próprio. ²⁶Fariseus cegos! Lavem primeiro o interior do copo e do prato,[b] e o exterior também ficará limpo.

²⁷"Que aflição os espera, mestres da lei e fariseus! Hipócritas! São como túmulos pintados de branco: bonitos por fora, mas cheios de ossos e de toda espécie de impureza por dentro. ²⁸Por fora parecem justos, mas por dentro seu coração está cheio de hipocrisia e maldade.

²⁹"Que aflição os espera, mestres da lei e fariseus! Hipócritas! Constroem túmulos para os profetas, enfeitam os monumentos dos justos ³⁰e depois dizem: 'Se tivéssemos vivido no tempo de nossos antepassados, não teríamos participado com eles do derramamento de sangue dos profetas'.

³¹"Ao dizer isso, porém, testemunham contra si mesmos que são, de fato, descendentes dos que assassinaram os profetas. ³²Vão e terminem o que seus antepassados começaram. ³³Serpentes! Raça de víboras! Como escaparão do julgamento do inferno?

³⁴"Por isso eu lhes envio profetas, homens sábios e mestres da lei. Vocês crucificarão alguns e açoitarão outros nas sinagogas, perseguindo-os de cidade em cidade. ³⁵Como resultado, serão responsabilizados pelo assassinato de todos os justos de todos os tempos, desde o assassinato do justo Abel até o de Zacarias, filho de Baraquias, que vocês mataram no templo, entre o santuário e o altar. ³⁶Eu lhes digo a verdade: esse julgamento cairá sobre a presente geração."

O lamento de Jesus sobre Jerusalém

³⁷"Jerusalém, Jerusalém, cidade que mata profetas e apedreja os mensageiros de Deus! Quantas vezes eu quis juntar seus filhos como a galinha protege os pintinhos sob as asas, mas você não

deixou. ³⁸E, agora, sua casa foi abandonada e está deserta.ᶜ ³⁹Pois eu lhe digo: você nunca mais me verá, até que diga: 'Bendito é o que vem em nome do Senhor!'".ᵈ

Jesus fala de acontecimentos futuros

24 Quando Jesus saía da área do templo, seus discípulos lhe chamaram a atenção para as diversas construções do edifício. ²Ele, porém, disse: "Estão vendo todas estas construções? Eu lhes digo a verdade: elas serão completamente demolidas. Não restará pedra sobre pedra!".

³Mais tarde, Jesus sentou-se no monte das Oliveiras. Seus discípulos vieram até ele em particular e perguntaram: "Diga-nos, quando isso tudo vai acontecer? Que sinal indicará sua volta e o fim dos tempos?".ᵉ

⁴Jesus respondeu: "Não deixem que ninguém os engane, ⁵pois muitos virão em meu nome, dizendo: 'Eu sou o Cristo', e enganarão muitos. ⁶Vocês ouvirão falar de guerras e ameaças de guerras, mas não entrem em pânico. Sim, é necessário que essas coisas ocorram, mas ainda não será o fim. ⁷Uma nação guerreará contra a outra, e um reino contra o outro. Haverá fome e terremotos em várias partes do mundo. ⁸Tudo isso, porém, será apenas o começo das dores de parto.

⁹"Então vocês serão presos, perseguidos e mortos. Por minha causa, serão odiados em todo o mundo. ¹⁰Muitos se afastarão de mim, e trairão e odiarão uns aos outros. ¹¹Falsos profetas surgirão em grande número e enganarão muitos. ¹²O pecado aumentará e o amor de muitos esfriará, ¹³mas quem se mantiver firme até o fim será salvo. ¹⁴As boas-novas a respeito do reino serão anunciadas em todo o mundo, para que todas as naçõesᵃ as ouçam; então, virá o fim.

¹⁵"Chegará o dia em que vocês verão aquilo de que o profeta Daniel falou, a 'terrível profanação'ᵇ que será colocada no lugar santo. (Leitor, preste atenção!) ¹⁶Quem estiver na Judeia, fuja para os montes. ¹⁷Quem estiver no terraço no alto da casa, não desça

para pegar suas coisas. ¹⁸Quem estiver no campo, não volte nem para pegar o manto. ¹⁹Que terríveis serão aqueles dias para as grávidas e para as mães que estiverem amamentando! ²⁰Orem para que a fuga de vocês não seja no inverno nem no sábado, ²¹pois haverá mais angústia que em qualquer outra ocasião desde o começo do mundo, e nunca mais haverá angústia tão grande. ²²De fato, se o tempo de calamidade não tivesse sido limitado, ninguém sobreviveria, mas esse tempo foi limitado por causa dos escolhidos.

²³"Portanto, se alguém lhes disser: 'Vejam, aqui está o Cristo!' ou 'Ali está ele!', não acreditem, ²⁴pois falsos cristos e falsos profetas surgirão e realizarão grandes sinais e maravilhas a fim de enganar, se possível, até os escolhidos. ²⁵Vejam que eu os avisei disso de antemão.

²⁶"Portanto, se alguém lhes disser: 'Ele está no deserto!', nem se deem ao trabalho de sair para procurá-lo. E se disserem: 'Está escondido aqui!', não acreditem. ²⁷Porque, assim como o relâmpago lampeja no leste e brilha no oeste, assim será a vinda do Filho do Homem. ²⁸Onde estiver o cadáver, ali se ajuntarão os abutres.

²⁹"Imediatamente depois da angústia daqueles dias,

'o sol escurecerá,
  a lua não dará luz,
as estrelas cairão do céu
  e os poderes dos céus serão abalados'.[c]

³⁰Então, por fim, aparecerá no céu o sinal da vinda do Filho do Homem, e haverá grande lamentação entre todos os povos da terra. Eles verão o Filho do Homem vindo nas nuvens do céu com poder e grande glória.[d] ³¹Ele enviará seus anjos com um forte sopro de trombeta, e eles reunirão os escolhidos de todas as partes do mundo,[e] de uma extremidade à outra do céu.

³²"Agora, aprendam a lição da figueira. Quando os ramos surgem e as folhas começam a brotar, vocês sabem que o verão está

próximo. ³³Da mesma forma, quando virem todas essas coisas, saberão que o tempo está muito próximo, à porta. ³⁴Eu lhes digo a verdade: esta geração[a] certamente não passará até que todas essas coisas tenham acontecido. ³⁵O céu e a terra desaparecerão, mas as minhas palavras jamais desaparecerão.

³⁶"Contudo, ninguém sabe o dia nem a hora em que essas coisas acontecerão, nem mesmo os anjos no céu, nem o Filho.[b] Somente o Pai sabe.

³⁷"Quando o Filho do Homem voltar, será como no tempo de Noé. ³⁸Nos dias antes do dilúvio, o povo seguia sua rotina de banquetes, festas e casamentos, até o dia em que Noé entrou na arca. ³⁹Não perceberam o que estava para acontecer até que veio o dilúvio e levou todos. Assim será na vinda do Filho do Homem.

⁴⁰"Dois homens estarão trabalhando juntos no campo; um será levado, e o outro, deixado. ⁴¹Duas mulheres estarão moendo cereal no moinho; uma será levada, e a outra, deixada.

⁴²"Portanto, vigiem, pois não sabem em que ocasião o seu Senhor virá. ⁴³Entendam isto: se o dono da casa soubesse exatamente a que horas viria o ladrão, ficaria atento e não permitiria que a casa fosse arrombada. ⁴⁴Estejam também sempre preparados, pois o Filho do Homem virá quando menos esperam.

⁴⁵"O servo fiel e sensato é aquele a quem seu senhor encarrega de gerir os outros servos da casa e alimentá-los. ⁴⁶Se o senhor voltar e constatar que o servo fez um bom trabalho, haverá recompensa. ⁴⁷Eu lhes digo a verdade: ele colocará todos os seus bens sob os cuidados desse servo. ⁴⁸O que acontecerá, porém, se o servo for mau e pensar: 'Meu senhor não voltará tão cedo', ⁴⁹e começar a espancar os outros servos, a comer e a beber e se embriagar? ⁵⁰O senhor desse servo voltará em dia que não se espera e em hora que não se conhece, ⁵¹cortará o servo ao meio e lhe dará o mesmo destino dos hipócritas. Ali haverá choro e ranger de dentes."

A parábola das dez virgens

25 "Então o reino dos céus será como as dez virgens que pegaram suas lamparinas e saíram para encontrar-se com o noivo. ²Cinco delas eram insensatas, e cinco, prudentes. ³As cinco insensatas não levaram óleo suficiente para as lamparinas, ⁴mas as outras cinco tiveram o bom senso de levar óleo de reserva. ⁵Como o noivo demorou a chegar, todas ficaram sonolentas e adormeceram.

⁶"À meia-noite, foram acordadas pelo grito: 'Vejam, o noivo está chegando! Saiam para recebê-lo!'.

⁷"Todas as virgens se levantaram e prepararam suas lamparinas. ⁸Então as cinco insensatas pediram às outras: 'Por favor, deem-nos um pouco de óleo, pois nossas lamparinas estão se apagando'.

⁹"As outras, porém, responderam: 'Não temos o suficiente para todas. Vão e comprem óleo para vocês'.

¹⁰"Quando estavam fora comprando óleo, o noivo chegou. Então as cinco que estavam preparadas entraram com ele no banquete de casamento, e a porta foi trancada. ¹¹Mais tarde, quando as outras cinco voltaram, ficaram do lado de fora, chamando: 'Senhor! Senhor! Abra-nos a porta!'.

¹²"Mas ele respondeu: 'A verdade é que não as conheço'.

¹³"Portanto, vigiem, pois não sabem o dia nem a hora da volta."

A parábola dos três servos

¹⁴"O reino dos céus também pode ser ilustrado com a história de um homem que estava para fazer uma longa viagem. Ele reuniu seus servos e lhes confiou seu dinheiro, ¹⁵dividindo-o de forma proporcional à capacidade deles: ao primeiro entregou cinco talentos;ᶜ ao segundo, dois talentos; e ao último, um talento. Então foi viajar.

¹⁶"O servo que recebeu cinco talentos começou a investir o dinheiro e ganhou outros cinco. ¹⁷O servo que recebeu dois talentos também se pôs a trabalhar e ganhou outros dois. ¹⁸Mas o servo

que recebeu um talento cavou um buraco no chão e ali escondeu o dinheiro de seu senhor.

¹⁹"Depois de muito tempo, o senhor voltou de viagem e os chamou para prestarem contas de como haviam usado o dinheiro. ²⁰O servo ao qual ele havia confiado cinco talentos se apresentou com mais cinco: 'O senhor me deu cinco talentos para investir, e eu ganhei mais cinco'.

²¹"O senhor disse: 'Muito bem, meu servo bom e fiel. Você foi fiel na administração dessa quantia pequena, e agora lhe darei muitas outras responsabilidades. Venha celebrar comigo'.[a]

²²"O servo que havia recebido dois talentos se apresentou e disse: 'O senhor me deu dois talentos para investir, e eu ganhei mais dois'.

²³"O senhor disse: 'Muito bem, meu servo bom e fiel. Você foi fiel na administração dessa quantia pequena, e agora lhe darei muitas outras responsabilidades. Venha celebrar comigo'.

²⁴"Por último, o servo que havia recebido um talento veio e disse: 'Eu sabia que o senhor é homem severo, que colhe onde não plantou e ajunta onde não semeou. ²⁵Tive medo de perder seu dinheiro, por isso o escondi na terra. Aqui está ele'.

²⁶"O senhor, porém, respondeu: 'Servo mau e preguiçoso! Se você sabia que eu colho onde não plantei e ajunto onde não semeei, ²⁷por que não depositou meu dinheiro? Pelo menos eu teria recebido os juros.

²⁸"Em seguida, ordenou: 'Tirem o dinheiro deste servo e deem ao que tem os dez talentos. ²⁹Pois ao que tem, mais lhe será dado, e terá em grande quantia; mas do que nada tem, mesmo o que não tem lhe será tomado. ³⁰Agora lancem este servo inútil para fora, na escuridão, onde haverá choro e ranger de dentes.'"

O juízo final

³¹"Quando o Filho do Homem vier em sua glória, acompanhado de todos os anjos, ele se sentará em seu trono glorioso. ³²Todas as nações[b] serão reunidas em sua presença, e ele separará as pessoas

como um pastor separa as ovelhas dos bodes. ³³Colocará as ovelhas à sua direita e os bodes à sua esquerda.

³⁴"Então o Rei dirá aos que estiverem à sua direita: 'Venham, vocês que são abençoados por meu Pai. Recebam como herança o reino que ele lhes preparou desde a criação do mundo. ³⁵Pois tive fome e vocês me deram de comer. Tive sede e me deram de beber. Era estrangeiro e me convidaram para a sua casa. ³⁶Estava nu e me vestiram. Estava doente e cuidaram de mim. Estava na prisão e me visitaram'.

³⁷"Então os justos responderão: 'Senhor, quando foi que o vimos faminto e lhe demos de comer? Ou sedento e lhe demos de beber? ³⁸Ou como estrangeiro e o convidamos para a nossa casa? Ou nu e o vestimos? ³⁹Quando foi que o vimos doente ou na prisão e o visitamos?'.

⁴⁰"E o Rei dirá: 'Eu lhes digo a verdade: quando fizeram isso ao menor destes meus irmãos, foi a mim que o fizeram'.

⁴¹"Em seguida, o Rei se voltará para os que estiverem à sua esquerda e dirá: 'Fora daqui, malditos, para o fogo eterno preparado para o diabo e seus anjos. ⁴²Pois tive fome, e vocês não me deram de comer. Tive sede, e não me deram de beber. ⁴³Era estrangeiro, e não me convidaram para a sua casa. Estava nu, e não me vestiram. Estava doente e na prisão, e não me visitaram'.

⁴⁴"Então eles dirão: 'Senhor, quando o vimos faminto, sedento, como estrangeiro, nu, doente ou na prisão, e não o ajudamos?'.

⁴⁵"Ele responderá: 'Eu lhes digo a verdade: quando se recusaram a ajudar o menor destes meus irmãos e irmãs, foi a mim que se recusaram a ajudar'.

⁴⁶"E estes irão para o castigo eterno, mas os justos irão para a vida eterna".

A conspiração para matar Jesus

26 Quando Jesus terminou de falar todas essas coisas, disse a seus discípulos: ²"Como vocês sabem, a Páscoa começa daqui a dois dias, e o Filho do Homem será entregue para ser crucificado".

³Naquela mesma hora, os principais sacerdotes e líderes do povo estavam reunidos na residência de Caifás, o sumo sacerdote, ⁴tramando uma forma de prender Jesus em segredo e matá-lo. ⁵"Mas não durante a festa da Páscoa, para não haver tumulto entre o povo", concordaram entre eles.

Jesus é ungido em Betânia

⁶Enquanto isso, Jesus estava em Betânia, na casa de Simão, o leproso. ⁷Quando ele estava à mesa, uma mulher entrou com um frasco de alabastro contendo um perfume caro e derramou o perfume sobre a cabeça dele.

⁸Ao ver isso, os discípulos ficaram indignados. "Que desperdício!", disseram. ⁹"O perfume poderia ter sido vendido por um alto preço, e o dinheiro, dado aos pobres!"

¹⁰Jesus, sabendo do que falavam, disse: "Por que criticam esta mulher por ter feito algo tão bom para mim? ¹¹Vocês sempre terão os pobres em seu meio, mas nem sempre terão a mim. ¹²Ela derramou este perfume em mim a fim de preparar meu corpo para o sepultamento. ¹³Eu lhes garanto: onde quer que as boas-novas sejam anunciadas pelo mundo, o que esta mulher fez será contado, e dela se lembrarão".

Judas concorda em trair Jesus

¹⁴Então Judas Iscariotes, um dos Doze, foi aos principais sacerdotes ¹⁵e perguntou: "Quanto vocês me pagarão se eu lhes entregar Jesus?". E eles lhe deram trinta moedas de prata. ¹⁶Daquele momento em diante, Judas começou a procurar uma oportunidade para trair Jesus.

A última Páscoa

[17]No primeiro dia da Festa dos Pães sem Fermento, os discípulos vieram a Jesus e perguntaram: "Onde quer que preparemos a refeição da Páscoa?".

[18]Ele respondeu: "Assim que entrarem na cidade, verão determinado homem. Digam-lhe: 'O Mestre diz: Meu tempo chegou e comerei em sua casa a refeição da Páscoa, com meus discípulos'". [19]Então os discípulos fizeram como Jesus os havia instruído e ali prepararam a refeição da Páscoa.

[20]Ao anoitecer, Jesus estava à mesa com os Doze. [21]Enquanto comiam, disse: "Eu lhes digo a verdade: um de vocês vai me trair".

[22]Muito aflitos, eles protestaram, um após o outro: "Certamente não serei eu, Senhor!".

[23]Jesus respondeu: "Um de vocês que acabou de comer da mesma tigela comigo vai me trair. [24]O Filho do Homem deve morrer, como as Escrituras declararam há muito tempo. Mas que terrível será para aquele que o trair! Para esse homem seria melhor não ter nascido".

[25]Judas, aquele que o trairia, também disse: "Certamente não serei eu, Rabi!".

E Jesus respondeu: "É como você diz".

[26]Enquanto comiam, Jesus tomou o pão e o abençoou. Em seguida, partiu-o em pedaços e deu aos discípulos, dizendo: "Tomem e comam, porque este é o meu corpo".

[27]Então tomou o cálice de vinho e agradeceu a Deus. Depois, entregou-o aos discípulos e disse: "Cada um beba dele, [28]porque este é o meu sangue, que confirma a aliança.[a] Ele é derramado como sacrifício para perdoar os pecados de muitos. [29]Prestem atenção ao que eu lhes digo: não voltarei a beber vinho até aquele dia em que, com vocês, beberei vinho novo no reino de meu Pai".

[30]Então cantaram um hino e saíram para o monte das Oliveiras.

Jesus prediz a negação de Pedro

³¹No caminho, Jesus disse: "Esta noite todos vocês me abandonarão, pois as Escrituras dizem:

> 'Deus ferirá[b] o pastor,
> e as ovelhas do rebanho serão dispersas'.

³²Mas, depois de ressuscitar, irei adiante de vocês à Galileia".

³³Pedro declarou: "Pode ser que todos os outros o abandonem, mas eu jamais o abandonarei".

³⁴Jesus respondeu: "Eu lhe digo a verdade: esta mesma noite, antes que o galo cante, você me negará três vezes".

³⁵Pedro, no entanto, insistiu: "Mesmo que eu tenha de morrer ao seu lado, jamais o negarei!". E todos os outros discípulos disseram o mesmo.

Jesus ora no Getsêmani

³⁶Então Jesus foi com eles a um lugar chamado Getsêmani e disse: "Sentem-se aqui enquanto vou ali orar". ³⁷Levou consigo Pedro e os dois filhos de Zebedeu e começou a ficar triste e angustiado. ³⁸"Minha alma está profundamente triste, a ponto de morrer", disse ele. "Fiquem aqui e vigiem comigo."

³⁹Ele avançou um pouco, curvou-se com o rosto no chão e orou: "Meu Pai! Se for possível, afasta de mim este cálice. Contudo, que seja feita a tua vontade, e não a minha".

⁴⁰Depois, voltou aos discípulos e os encontrou dormindo. "Vocês não puderam vigiar comigo nem por uma hora?", disse ele a Pedro. ⁴¹"Vigiem e orem para que não cedam à tentação, pois o espírito está disposto, mas a carne é fraca."

⁴²Então os deixou pela segunda vez e orou: "Meu Pai! Se não for possível afastar de mim este cálice[a] sem que eu o beba, faça-se a tua vontade". ⁴³Quando voltou pela segunda vez, encontrou-os dormindo de novo, pois não conseguiam manter os olhos abertos.

⁴⁴Foi orar pela terceira vez, dizendo novamente as mesmas coisas. ⁴⁵Em seguida, voltou aos discípulos e lhes disse: "Como é que vocês ainda dormem e descansam? Vejam, chegou a hora. O Filho do Homem está para ser entregue nas mãos de pecadores. ⁴⁶Levantem-se e vamos. Meu traidor chegou".

Jesus é traído e preso

⁴⁷Enquanto Jesus ainda falava, Judas, um dos Doze, chegou com uma grande multidão armada de espadas e pedaços de pau. Tinham sido enviados pelos principais sacerdotes e líderes do povo. ⁴⁸O traidor havia combinado com eles um sinal: "Vocês saberão a quem devem prender quando eu o cumprimentar com um beijo". ⁴⁹Então Judas veio diretamente a Jesus. "Saudações, Rabi!", exclamou ele, e o beijou.

⁵⁰Jesus disse: "Amigo, faça de uma vez o que veio fazer".

Então os outros agarraram Jesus e o prenderam. ⁵¹Um dos que estavam com Jesus puxou a espada e feriu o servo do sumo sacerdote, cortando-lhe a orelha.

⁵²"Guarde sua espada", disse Jesus. "Os que usam a espada morrerão pela espada. ⁵³Você não percebe que eu poderia pedir a meu Pai milhares[b] de anjos para me proteger, e ele os enviaria no mesmo instante? ⁵⁴Se eu o fizesse, porém, como se cumpririam as Escrituras, que descrevem o que é necessário que agora aconteça?"

⁵⁵Em seguida, Jesus disse à multidão: "Por acaso sou um revolucionário perigoso para que venham me prender com espadas e pedaços de pau? Por que não me prenderam no templo? Ali estive todos os dias, ensinando. ⁵⁶Mas tudo isto está acontecendo para que se cumpram as palavras dos profetas registradas nas Escrituras". Nesse momento, todos os discípulos o abandonaram e fugiram.

O julgamento de Jesus diante do conselho

⁵⁷Então os que haviam prendido Jesus o levaram para a casa de Caifás, o sumo sacerdote, onde estavam reunidos os mestres da lei

e os líderes do povo. ⁵⁸Enquanto isso, Pedro seguia Jesus de longe, até chegar ao pátio do sumo sacerdote. Entrou ali, sentou-se com os guardas e esperou para ver o que aconteceria.

⁵⁹Lá dentro, os principais sacerdotes e todo o conselho dos líderes do povo[c] tentavam encontrar testemunhas que mentissem a respeito de Jesus, para que pudessem condená-lo à morte. ⁶⁰Embora muitos estivessem dispostos a dar falso testemunho, não puderam usar o depoimento de ninguém. Por fim, apresentaram-se dois homens, ⁶¹que declararam: "Este homem disse: 'Sou capaz de destruir o templo de Deus e reconstruí-lo em três dias'".

⁶²Então o sumo sacerdote se levantou e disse a Jesus: "Você não vai responder a essas acusações? O que tem a dizer em sua defesa?". ⁶³Jesus, porém, permaneceu calado. O sumo sacerdote lhe disse: "Exijo em nome do Deus vivo que nos diga se é o Cristo, o Filho de Deus".

⁶⁴Jesus respondeu: "É como você diz. Eu lhes digo que, no futuro, verão o Filho do Homem sentado à direita do Deus Poderoso[d] e vindo sobre as nuvens do céu".[e]

⁶⁵Então o sumo sacerdote rasgou as vestes e disse: "Blasfêmia! Que necessidade temos de outras testemunhas? Todos ouviram a blasfêmia. ⁶⁶Qual é o veredicto?".

"Culpado!", responderam. "Ele merece morrer!"

⁶⁷Então começaram a cuspir no rosto de Jesus e a dar-lhe socos. Alguns lhe davam tapas ⁶⁸e zombavam: "Profetize para nós, Cristo! Quem foi que lhe bateu desta vez?".

Pedro nega Jesus

⁶⁹Enquanto isso, Pedro estava sentado do lado de fora, no pátio. Uma criada foi até ele e disse: "Você é um dos que estavam com Jesus, o galileu".

⁷⁰Mas Pedro o negou diante de todos. "Não sei do que você está falando", disse.

⁷¹Mais tarde, junto ao portão, outra criada o viu e disse aos que estavam ali: "Este homem estava com Jesus de Nazaré".[a]

⁷²Novamente, Pedro o negou, dessa vez com juramento. "Nem mesmo conheço esse homem!", disse ele.

⁷³Pouco depois, alguns dos outros ali presentes vieram a Pedro e disseram: "Você deve ser um deles; percebemos pelo seu sotaque galileu".

⁷⁴Pedro jurou: "Que eu seja amaldiçoado se estiver mentindo. Não conheço esse homem!". Imediatamente, o galo cantou.

⁷⁵Então Pedro se lembrou das palavras de Jesus: "Antes que o galo cante, você me negará três vezes". E saiu dali, chorando amargamente.

Judas se enforca

27 De manhã cedo, os principais sacerdotes e líderes do povo se reuniram outra vez para planejar uma maneira de levar Jesus à morte. ²Então o amarraram, o levaram e o entregaram a Pilatos, o governador romano.

³Quando Judas, que o havia traído, viu que Jesus tinha sido condenado à morte, encheu-se de remorso e devolveu as trinta moedas de prata aos principais sacerdotes e líderes do povo, ⁴dizendo: "Pequei, pois traí um homem inocente".

"Que nos importa?", retrucaram eles. "Isso é problema seu."

⁵Então Judas jogou as moedas de prata no templo, saiu e se enforcou.

⁶Os principais sacerdotes juntaram as moedas e disseram: "Não seria certo colocar este dinheiro no tesouro do templo, pois é dinheiro manchado de sangue". ⁷Então resolveram comprar o campo do oleiro e transformá-lo num cemitério para estrangeiros. ⁸Por isso, até hoje ele se chama Campo de Sangue. ⁹Cumpriu-se, assim, a profecia de Jeremias que diz:

"Tomaram as trinta peças de prata,
  preço pelo qual ele foi avaliado pelo povo de Israel,
¹⁰e compraram[b] o campo do oleiro,
  conforme o Senhor ordenou".[c]

O julgamento de Jesus diante de Pilatos

¹¹Agora Jesus estava diante de Pilatos, o governador romano, que lhe perguntou: "Você é o rei dos judeus?".

Jesus respondeu: "É como você diz".

¹²No entanto, quando os principais sacerdotes e os líderes do povo fizeram acusações contra ele, Jesus permaneceu calado. ¹³Então Pilatos perguntou: "Você não ouve essas acusações que fazem contra você?". ¹⁴Mas, para surpresa do governador, Jesus nada disse.

¹⁵A cada ano, durante a festa da Páscoa, era costume do governador libertar um prisioneiro, qualquer um que a multidão escolhesse. ¹⁶Nesse ano, havia um prisioneiro, famoso por sua maldade, chamado Barrabás.[d] ¹⁷Quando a multidão se reuniu diante de Pilatos naquela manhã, ele perguntou: "Quem vocês querem que eu solte: Barrabás ou Jesus, chamado Cristo?". ¹⁸Pois ele sabia muito bem que os líderes religiosos judeus tinham prendido Jesus por inveja.

¹⁹Nesse momento, enquanto Pilatos estava sentado no tribunal, sua esposa lhe mandou o seguinte recado: "Deixe esse homem inocente em paz. Na noite passada, tive um sonho a respeito dele e fiquei muito perturbada".

²⁰Enquanto isso, os principais sacerdotes e os líderes do povo convenceram a multidão a pedir que Barrabás fosse solto e Jesus executado. ²¹Então o governador perguntou outra vez: "Qual dos dois vocês querem que eu lhes solte?".

A multidão gritou em resposta: "Barrabás!".

²²Pilatos perguntou: "E o que farei com Jesus, chamado Cristo?".

"Crucifique-o!", gritou a multidão.

²³"Por quê?", quis saber Pilatos. "Que crime ele cometeu?"

Mas a multidão gritou ainda mais alto: "Crucifique-o!".

²⁴Pilatos viu que de nada adiantava insistir e que um tumulto se iniciava. Assim, mandou buscar uma bacia com água, lavou as mãos diante da multidão e disse: "Estou inocente do sangue deste homem. A responsabilidade é de vocês".

²⁵Todo o povo gritou em resposta: "Que nós e nossos descendentes sejamos responsabilizados pela morte dele!".ᵃ

²⁶Então Pilatos lhes soltou Barrabás. E, depois de mandar açoitar Jesus, entregou-o para ser crucificado.

Os soldados zombam de Jesus

²⁷Alguns dos soldados do governador levaram Jesus ao quartelᵇ e chamaram todo o regimento. ²⁸Tiraram as roupas de Jesus e puseram nele um manto vermelho. ²⁹Teceram uma coroa de espinhos e a colocaram em sua cabeça. Em sua mão direita, puseram um caniço, como se fosse um cetro. Ajoelhavam-se diante dele e zombavam: "Salve, rei dos judeus!". ³⁰Cuspiam nele, tomavam-lhe o caniço da mão e com ele batiam em sua cabeça. ³¹Quando se cansaram de zombar dele, tiraram o manto e o vestiram novamente com suas roupas. Então o levaram para ser crucificado.

A crucificação

³²No caminho, encontraram um homem chamado Simão, de Cirene,ᶜ e os soldados o obrigaram a carregar a cruz. ³³Então saíram para um lugar chamado Gólgota (que quer dizer "Lugar da Caveira"). ³⁴Os soldados lhe deram para beber vinho misturado com fel, mas, quando Jesus o provou, recusou-se a beber.

³⁵Depois de pregá-lo na cruz, os soldados tiraram sortes para dividir suas roupas.ᵈ ³⁶Então, sentaram-se em redor e montaram guarda. ³⁷Acima de sua cabeça estava presa uma tabuleta com a acusação feita contra ele: "ESTE É JESUS, O REI DOS JUDEUS". ³⁸Dois criminosos foram crucificados com ele, um à sua direita e outro à sua esquerda.

³⁹O povo que passava por ali gritava insultos e sacudia a cabeça, em zombaria: ⁴⁰"Você disse que destruiria o templo e o reconstruiria em três dias. Pois bem, se é o Filho de Deus, salve a si mesmo e desça da cruz!".

⁴¹Os principais sacerdotes, os mestres da lei e os líderes do povo também zombavam de Jesus. ⁴²"Salvou os outros, mas não pode

salvar a si mesmo!", diziam. "Quer dizer que ele é o rei de Israel? Que desça da cruz agora mesmo e creremos nele! ⁴³Ele confiou em Deus, então que Deus o salve agora, se quiser. Pois ele disse: 'Eu sou o Filho de Deus.'" ⁴⁴Até os criminosos que tinham sido crucificados com ele o insultavam da mesma forma.

A morte de Jesus

⁴⁵Ao meio-dia, desceu sobre toda a terra uma escuridão que durou três horas. ⁴⁶Por volta das três da tarde, Jesus clamou em alta voz: "*Eli, Eli,*ᵉ *lamá sabactâni*?", que quer dizer: "Meu Deus, meu Deus, por que me abandonaste?".ᶠ

⁴⁷Alguns dos que estavam ali pensaram que ele chamava o profeta Elias. ⁴⁸Um deles correu, ensopou uma esponja com vinagre e a ergueu num caniço para que ele bebesse. ⁴⁹Os outros, porém, disseram: "Esperem! Vamos ver se Elias vem salvá-lo".ᵍ

⁵⁰Então Jesus clamou em alta voz novamente e entregou seu espírito. ⁵¹Naquele momento, a cortina do santuário do templo se rasgou em duas partes, de cima até embaixo. A terra estremeceu, rochas se partiram ⁵²e sepulturas se abriram. Muitos do povo santo que haviam morrido ressuscitaram. ⁵³Saíram do cemitério depois da ressurreição de Jesus, entraram na cidade santa de Jerusalém e apareceram a muita gente.

⁵⁴O oficial romanoʰ e os outros soldados que vigiavam Jesus ficaram aterrorizados com o terremoto e com tudo que havia acontecido, e disseram: "Este homem era verdadeiramente o Filho de Deus!".

⁵⁵Muitas mulheres que tinham vindo da Galileia com Jesus para servi-lo olhavam de longe. ⁵⁶Entre elas estavam Maria Madalena, Maria, mãe de Tiago e José, e a mãe dos filhos de Zebedeu.

O sepultamento de Jesus

⁵⁷Ao entardecer, José, um homem rico de Arimateia que tinha se tornado seguidor de Jesus, ⁵⁸foi a Pilatos e pediu o corpo de Jesus. Pilatos ordenou que lhe entregassem o corpo. ⁵⁹José tomou

o corpo e o envolveu num lençol limpo, feito de linho, ⁶⁰e o colocou num túmulo novo, de sua propriedade, escavado na rocha. Então rolou uma grande pedra na entrada do túmulo e foi embora. ⁶¹Maria Madalena e a outra Maria estavam ali, sentadas em frente ao túmulo.

Os guardas no túmulo

⁶²No dia seguinte, no sábado,[a] os principais sacerdotes e os fariseus foram a Pilatos ⁶³e disseram: "Senhor, lembramos que, quando ainda vivia, aquele mentiroso disse: 'Depois de três dias ressuscitarei'. ⁶⁴Por isso, pedimos que lacre o túmulo até o terceiro dia. Isso impedirá que seus discípulos roubem o corpo e depois digam a todos que ele ressuscitou. Se isso acontecer, estaremos em pior situação que antes".

⁶⁵Pilatos respondeu: "Levem soldados e guardem o túmulo como acharem melhor". ⁶⁶Então eles lacraram o túmulo e puseram guardas para protegê-lo.

A ressurreição

28 Depois do sábado, no primeiro dia da semana, bem cedo, Maria Madalena e a outra Maria foram visitar o túmulo.

²De repente, houve um grande terremoto, pois um anjo do Senhor desceu do céu, rolou a pedra da entrada e sentou-se sobre ela. ³Seu rosto brilhava como um relâmpago, e suas roupas eram brancas como a neve. ⁴Quando os guardas viram o anjo, tremeram de medo e caíram desmaiados, como mortos.

⁵Então o anjo falou com as mulheres. "Não tenham medo", disse ele. "Sei que vocês procuram Jesus, que foi crucificado. ⁶Ele não está aqui! Ressuscitou, como tinha dito que aconteceria. Venham, vejam onde seu corpo estava. ⁷Agora vão depressa e contem aos discípulos que ele ressuscitou e que vai adiante de vocês para a Galileia. Lá vocês o verão. Lembrem-se do que eu lhes disse!"

⁸As mulheres saíram apressadas do túmulo e, assustadas mas cheias de alegria, correram para transmitir aos discípulos a

mensagem do anjo. ⁹No caminho, Jesus as encontrou e as cumprimentou. Elas correram para ele, abraçaram seus pés e o adoraram. ¹⁰Então Jesus lhes disse: "Não tenham medo! Vão e digam a meus irmãos que se dirijam à Galileia. Lá eles me verão".

O relato dos guardas

¹¹Enquanto as mulheres estavam a caminho, alguns dos guardas entraram na cidade e contaram aos principais sacerdotes o que havia acontecido. ¹²Eles convocaram uma reunião com os líderes do povo e decidiram subornar os guardas com uma grande soma de dinheiro. ¹³Instruíram os soldados: "Vocês devem dizer o seguinte: 'Os discípulos de Jesus vieram durante a noite, enquanto dormíamos, e roubaram o corpo'. ¹⁴Se o governador ficar sabendo disso, nós os defenderemos, para que não se compliquem". ¹⁵Os guardas aceitaram o suborno e falaram conforme tinham sido instruídos. Essa versão se espalhou entre os judeus, que continuam a contá-la até hoje.

A Grande Comissão

¹⁶Então os onze discípulos partiram para a Galileia e foram ao monte que Jesus havia indicado. ¹⁷Quando o viram, o adoraram; alguns deles, porém, duvidaram.

¹⁸Jesus se aproximou deles e disse: "Toda a autoridade no céu e na terra me foi dada. ¹⁹Portanto, vão e façam discípulos de todas as nações,[a] batizando-os em nome do Pai, do Filho e do Espírito Santo. ²⁰Ensinem esses novos discípulos a obedecerem a todas as ordens que eu lhes dei. E lembrem-se disto: estou sempre com vocês, até o fim dos tempos".

Lendo MARCOS

O evangelho sobre o sofrimento do Filho de Deus

Às vezes as melhores histórias têm reviravoltas surpreendentes em suas tramas. No clássico mistério de assassinato *E não sobrou nenhum*, de Agatha Christie, (Ed. Globo Livros, 2014), o assassino acaba sendo alguém que você nunca suspeitaria (eu não vou estragar para você). Em *Um conto de duas cidades* (Ed. Lebooks Editora, 2019), de Charles Dickens, o egoísta e desgostoso de si Sydney Carton sacrifica de forma chocante sua própria vida por um homem que ele diz odiar (Charles Darnay), tomando seu lugar na forca. Em *Star Wars*, Darth Vader acaba por ser (*alerta de spoiler*) o pai de Luke Skywalker! O enredo do evangelho de Marcos é semelhantemente construído em torno de uma reviravolta chocante na história. Desvendar essa reviravolta surpreendente nos ajudará a entender o tema central de Marcos e o propósito do seu texto.

O Poderoso Messias e Filho de Deus (MARCOS 1.1–8.29). O evangelho de Marcos começa com surpreendente velocidade e energia. Ao contrário dos outros evangelhos, Marcos não perde tempo com longos prólogos, genealogias ou histórias de nascimento. Dentro de alguns breves parágrafos, Jesus entra em cena e começa Seu ministério público. Em um curto capítulo, Ele é batizado por João, tentado por Satanás, anuncia o reino de Deus, chama os discípulos, cura os doentes e expulsa os demônios. Marcos gosta da palavra grega *euthus*, geralmente traduzida como "imediatamente", que ele usa diversas vezes ao longo de seu livro. Embora a palavra nem sempre signifique "só então", ela serve para levar a narrativa adiante em velocidade vertiginosa, à medida que um acontecimento surge após o outro. Esse é um evangelho cheio de cafeína!

A ideia-chave aqui é "autoridade". Jesus ensina com extraordinária autoridade. Com autoridade, Ele anuncia o reino de Deus. Com autoridade, Ele chama pescadores para serem Seus discípulos, e estes largam tudo para segui-lo. Ele ordena que demônios partam e eles devem obedecer (1.1-26). Ele cura os doentes com uma palavra (1.40-42). As pessoas estão maravilhadas com o Seu poder. À medida que a narrativa avança, o poder e a autoridade de Jesus entram em ação. Jesus não apenas cura os doentes; Ele ressuscita os mortos (5.21-43). Ele controla a natureza ao ordenar que a tempestade cesse, e ela o obedece (4.35-39)! Ele agora expulsa não apenas um demônio, mas uma "legião" deles (5.1-20). Ele alimenta 5.000 pessoas (6.30-44) e, depois, 4.000, com alguns pães e peixes (8.1-10).

O propósito dessas demonstrações de poder e autoridade é esclarecer o mistério de Jesus, a fim de confirmar Sua identidade. Uma das perguntas mais frequentes no evangelho de Marcos é *"Quem Ele pensa que é / Quem é este?"*. A primeira linha desse evangelho diz: "Este é o princípio das boas-novas a respeito de *Jesus Cristo, o Filho de Deus*" (1.1 – ÊNFASE ADICIONADA). Tudo o que Jesus estava fazendo confirmava que Ele é de fato o poderoso Messias e Filho de Deus.

A identidade de Jesus é confirmada a Seus discípulos no ponto central da história (8.27-38). O evento ocorre quando Jesus leva os discípulos a um retiro espiritual para Cesareia de Filipe, ao norte da Galileia. No caminho, Ele pergunta: "Quem as pessoas dizem que eu sou?". E eles dão as respostas mais populares: "Alguns dizem que o senhor é João Batista; outros, que é Elias ou um dos profetas". Mas então Ele pergunta o que *eles* pensam. Pedro responde por todos: "O senhor é o Cristo!". Essa é a resposta correta! As palavras e ações autorizadas de Jesus confirmaram para Pedro que Jesus é na verdade o Messias. No entanto, Pedro está apenas meio certo. De sua perspectiva, o Messias estava aqui para conquistar as legiões romanas e estabelecer um reino terreno em Jerusalém. No entanto, Jesus tinha um plano diferente e enfrentava inimigos muito maiores. Ele veio para conquistar não os romanos, mas *Satanás, o pecado e a morte*. Em uma reviravolta surpreendente, Jesus anuncia o propósito do Messias:

Então Jesus começou a lhes ensinar que era necessário que o Filho do Homem sofresse muitas coisas e fosse rejeitado pelos líderes do povo, pelos principais sacerdotes e pelos mestres da lei. Seria morto, mas três dias depois ressuscitaria. —MARCOS 8.31

A virada: *O servo sofredor do Senhor* (MARCOS 8.31–16.8). Em resposta à confissão de Pedro, Jesus prediz que Ele sofrerá e morrerá! Pedro se desanima com essa colocação negativa e critica Jesus. O Senhor, por Sua vez, repreende Pedro de volta e o acusa de falar inspirado por Satanás (8.32,33). O papel do Messias é sofrer e morrer como um sacrifício para pagar pelos pecados do mundo. Se Jesus não for a Jerusalém para morrer, o mundo permanecerá escravizado por Satanás, pelo pecado e pela morte.

O restante da história desenrola essa mudança dramática... visto que Jesus agora se propõe a cumprir o papel de sofrimento do Messias. No caminho, Jesus três vezes prediz Sua morte — as "predições da paixão" (8.31; 9.31; 10.33,34). A cada vez, os discípulos falham em entender, e, em cada vez, Jesus ensina o que significa ser um líder-servo.

O terceiro desses episódios representa um auge fundamental para o evangelho. Quando os discípulos disputam os melhores assentos no reino, Jesus responde ensinando o que significa ser um líder-servo ("Quem quiser ser o primeiro, que se torne o último e seja servo de todos") e então aponta para si mesmo como modelo: *Pois nem mesmo o Filho do Homem veio para ser servido, mas para servir e dar sua vida em resgate por muitos* (10.45 – ÊNFASE ADICIONADA). O "resgate" aqui significa o pagamento pelo pecado. Em um último ato de serviço, Jesus "o único" morrerá pelos pecados dos "muitos" para que possam ser salvos. Essa declaração ecoa a profecia de Isaías 53, onde o "Servo" do Senhor (= Messias), "foi ferido por causa de nossa rebeldia e esmagado por causa de nossos pecados. Sofreu o castigo para que fôssemos restaurados e recebeu açoites para que fôssemos curados [...]. E, por causa de tudo que meu *servo justo* passou, ele fará que muitos sejam *considerados justos*, pois levará sobre si os pecados deles" (vv.5,11 – ÊNFASE ADICIONADA).

Jesus é o "servo justo" que "justificará muitos" ao levar sobre si os pecados deles — removendo a barreira que os separava de Deus.

O propósito de Marcos e seu público. O tema central de Marcos — Jesus o poderoso Messias e Filho de Deus que sofre como o Servo do Senhor — ajusta-se bem ao seu propósito de escrever. A tradição da Igreja Primitiva nos diz que Marcos escreveu seu evangelho em Roma à igreja perseguida lá e que ele estava especialmente preservando a pregação de Pedro sobre as boas-novas.

Os leitores de Marcos teriam duas grandes preocupações, que esse escritor aborda ao longo de sua narrativa. Por um lado, os cristãos em Roma estavam tentando convencer seus vizinhos de que Jesus era de fato o Messias e Salvador, apesar de ter sofrido a crucificação, uma morte excruciante e humilhante, reservada apenas aos piores criminosos. Em resposta, Marcos mostra que a notável *autoridade* de Jesus prova, sem sombra de dúvida, que Ele era o Messias e Filho de Deus. Sua morte não foi a de um criminoso, nem foi uma tragédia; foi durante todo o tempo parte do plano de Deus para nos salvar de nossos pecados.

Segundo, a igreja em Roma estava sofrendo severa perseguição e até mesmo martírio por sua fé. Marcos, portanto, aponta para Jesus como o modelo de perseverança a ser seguido. Assim como Cristo permaneceu fiel a Deus mesmo em meio ao sofrimento e morte, todos os crentes também são chamados a estarem dispostos a sofrer com Ele. Como Jesus diz após a primeira predição da Sua morte: "Se alguém quer ser meu seguidor, negue a si mesmo, tome sua cruz e siga-me" (8.34). O verdadeiro seguidor de Jesus é aquele que o segue fielmente através do sofrimento e até da morte. O evangelho de Marcos não é apenas uma defesa do Messias crucificado, é também um chamado ao discipulado.

MARCOS

João Batista prepara o caminho

1 Este é o princípio das boas-novas a respeito de Jesus Cristo,[a] o Filho de Deus.[b] ²Iniciou-se como o profeta Isaías escreveu:

"Envio meu mensageiro adiante de ti,
  e ele preparará teu caminho.[c]
³Ele é uma voz que clama no deserto:
  'Preparem o caminho para a vinda do Senhor![d]
  Abram a estrada para ele!'".[e]

⁴Esse mensageiro era João Batista. Ele apareceu no deserto, pregando o batismo como sinal de arrependimento para o perdão dos pecados. ⁵Gente de toda a Judeia, incluindo os moradores de Jerusalém, saía para ver e ouvir João. Quando confessavam seus pecados, ele os batizava no rio Jordão. ⁶João vestia roupas tecidas com pelos de camelo, usava um cinto de couro e alimentava-se de gafanhotos e mel silvestre.

⁷João anunciava: "Depois de mim virá alguém mais poderoso que eu, alguém tão superior que não sou digno de me abaixar e desamarrar as correias de suas sandálias. ⁸Eu os batizo com[f] água, mas ele os batizará com o Espírito Santo!".

O batismo e a tentação de Jesus

⁹Certo dia, Jesus veio de Nazaré da Galileia, e João o batizou no rio Jordão. ¹⁰Enquanto saía da água, viu o céu se abrir e o Espírito Santo descer sobre ele como uma pomba. ¹¹E uma voz do céu disse: "Você é meu Filho amado, que me dá grande alegria".

¹²Em seguida, o Espírito conduziu Jesus ao deserto, ¹³onde ele foi tentado por Satanás durante quarenta dias. Estava entre animais selvagens, e anjos o serviam.

¹⁴Depois que João foi preso, Jesus foi para a Galileia, onde anunciou as boas-novas de Deus.[g] ¹⁵"Enfim chegou o tempo prometido!", proclamava. "O reino de Deus está próximo! Arrependam-se e creiam nas boas-novas!"

Os primeiros discípulos

¹⁶Enquanto andava à beira do mar da Galileia, Jesus viu Simão[h] e seu irmão André. Jogavam redes ao mar, pois viviam da pesca. ¹⁷Jesus lhes disse: "Venham! Sigam-me, e eu farei de vocês pescadores de gente". ¹⁸No mesmo instante, deixaram suas redes e o seguiram.

¹⁹Pouco mais adiante, Jesus viu Tiago e João, filhos de Zebedeu, consertando redes num barco. ²⁰Chamou-os de imediato e eles também o seguiram, deixando seu pai, Zebedeu, no barco com os empregados.

Jesus expulsa um espírito impuro

²¹Jesus e seus seguidores foram à cidade de Cafarnaum. Quando chegou o sábado, entrou na sinagoga e começou a ensinar. ²²O povo ficou admirado com seu ensino, pois ele falava com verdadeira autoridade, diferentemente dos mestres da lei.

²³De repente, um homem ali na sinagoga, possuído por um espírito impuro, gritou: ²⁴"Por que vem nos importunar, Jesus de Nazaré? Veio para nos destruir? Sei quem é você: o Santo de Deus!".

²⁵"Cale-se!", repreendeu-o Jesus. "Saia deste homem!" ²⁶Então o espírito impuro soltou um grito, sacudiu o homem violentamente e saiu dele.

²⁷Todos os presentes ficaram admirados e começaram a discutir o que tinha acontecido. "Que ensinamento novo é esse?", perguntavam. "Como tem autoridade! Até os espíritos impuros

obedecem às ordens dele!" ²⁸As notícias a respeito de Jesus se espalharam rapidamente por toda a região da Galileia.

Jesus cura muitas pessoas

²⁹Depois que Jesus saiu da sinagoga com Tiago e João, foram à casa de Simão e André. ³⁰A sogra de Simão estava de cama, com febre. Imediatamente, falaram a seu respeito para Jesus. ³¹Ele foi até ela, tomou-a pela mão e ajudou-a a levantar-se. A febre a deixou, e ela passou a servi-los.

³²Ao entardecer, depois que o sol se pôs, trouxeram a Jesus muitos enfermos e possuídos por demônios. ³³Toda a cidade se reuniu à porta da casa para observar. ³⁴Então Jesus curou muitas pessoas que sofriam de diversas enfermidades e expulsou muitos demônios. Não permitia, porém, que os demônios falassem, pois sabiam quem ele era.

Jesus anuncia sua mensagem na Galileia

³⁵No dia seguinte, antes do amanhecer, Jesus se levantou e foi a um lugar isolado para orar. ³⁶Mais tarde, Simão e os outros saíram para procurá-lo. ³⁷Quando o encontraram, disseram: "Todos estão à sua procura!".

³⁸Jesus respondeu: "Devemos prosseguir para outras cidades e lá também anunciar minha mensagem. Foi para isso que vim". ³⁹Então ele viajou por toda a região da Galileia, pregando nas sinagogas e expulsando demônios.

Jesus cura um leproso

⁴⁰Um leproso veio e ajoelhou-se diante de Jesus, implorando para ser curado: "Se o senhor quiser, pode me curar e me deixar limpo".

⁴¹Cheio de compaixão, Jesus estendeu a mão e tocou nele. "Eu quero", respondeu. "Seja curado e fique limpo!" ⁴²No mesmo instante, a lepra desapareceu e o homem foi curado. ⁴³Então Jesus se despediu dele com uma forte advertência: ⁴⁴"Não conte isso a ninguém. Vá e apresente-se ao sacerdote para que ele o examine.

Leve a oferta que a lei de Moisés exige pela sua purificação.[a] Isso servirá como testemunho".

⁴⁵O homem, porém, saiu e começou a contar a todos o que havia acontecido. Por isso, em pouco tempo, grandes multidões cercaram Jesus, e ele já não conseguia entrar publicamente em cidade alguma. E, embora se mantivesse em lugares isolados, gente de toda parte vinha até ele.

Jesus cura um paralítico

2 Dias depois, quando Jesus retornou a Cafarnaum, a notícia de que ele tinha voltado se espalhou rapidamente. ²Em pouco tempo, a casa onde estava hospedado ficou tão cheia que não havia lugar nem do lado de fora da porta. Enquanto ele anunciava a palavra de Deus, ³quatro homens vieram carregando um paralítico numa maca. ⁴Por causa da multidão, não tinham como levá-lo até Jesus. Então abriram um buraco no teto, acima de onde Jesus estava. Em seguida, baixaram o homem na maca, bem na frente dele. ⁵Ao ver a fé que eles tinham, Jesus disse ao paralítico: "Filho, seus pecados estão perdoados".

⁶Alguns dos mestres da lei que estavam ali sentados pensaram: ⁷"O que ele está dizendo? Isso é blasfêmia! Somente Deus pode perdoar pecados!".

⁸Jesus logo percebeu o que eles estavam pensando e perguntou: "Por que vocês questionam essas coisas em seu coração? ⁹O que é mais fácil dizer ao paralítico: 'Seus pecados estão perdoados' ou 'Levante-se, pegue sua maca e ande'? ¹⁰Mas eu lhes mostrarei que o Filho do Homem tem autoridade na terra para perdoar pecados". Então disse ao paralítico: ¹¹"Levante-se, pegue sua maca e vá para casa".

¹²O homem se levantou de um salto, pegou sua maca e saiu andando diante de todos. A multidão ficou admirada e louvava a Deus, exclamando: "Nunca vimos nada igual!".

Jesus chama Levi

¹³Em seguida, Jesus saiu outra vez para a beira do mar e ensinou as multidões que vinham até ele. ¹⁴Enquanto caminhava por ali, viu Levi,[a] filho de Alfeu, sentado no lugar onde se coletavam os impostos. "Siga-me", disse-lhe Jesus, e Levi se levantou e o seguiu.

¹⁵Mais tarde, na casa de Levi, Jesus e seus discípulos estavam à mesa, acompanhados de um grande número de cobradores de impostos e outros pecadores, pois eram muitos os que o seguiam. ¹⁶Quando alguns fariseus, mestres da lei,[b] viram Jesus comer com cobradores de impostos e outros pecadores, perguntaram a seus discípulos: "Por que ele come com cobradores de impostos e pecadores?".

¹⁷Ao ouvir isso, Jesus lhes disse: "As pessoas saudáveis não precisam de médico, mas sim os doentes. Não vim para chamar os justos, mas sim os pecadores".

Discussão sobre o jejum

¹⁸Certa vez, quando os discípulos de João e os fariseus estavam jejuando, algumas pessoas vieram a Jesus e perguntaram: "Por que seus discípulos não têm o hábito de jejuar como os discípulos de João e os discípulos dos fariseus?".

¹⁹Jesus respondeu: "Por acaso os convidados de um casamento jejuam enquanto festejam com o noivo? Não podem jejuar enquanto o noivo está com eles. ²⁰Um dia, porém, o noivo lhes será tirado, e então jejuarão.

²¹"Além disso, ninguém remendaria uma roupa velha usando pano novo. O pano novo encolheria a roupa velha e a rasgaria, deixando um buraco ainda maior.

²²"E ninguém colocaria vinho novo em velhos recipientes de couro. O vinho os arrebentaria, e tanto o vinho como os recipientes se estragariam. Vinho novo precisa de recipientes novos".

Discussão sobre o sábado

²³Num sábado, enquanto Jesus caminhava pelos campos de cereal, seus discípulos começaram a colher espigas. ²⁴Os fariseus lhe perguntaram: "Por que seus discípulos desobedecem à lei colhendo cereal no sábado?".

²⁵Jesus respondeu: "Vocês não leram nas Escrituras o que fez Davi quando ele e seus companheiros tiveram fome? ²⁶Ele entrou na casa de Deus, nos dias em que Abiatar era sumo sacerdote, comeu os pães sagrados que só os sacerdotes tinham permissão de comer e os deu também a seus companheiros".

²⁷Então Jesus disse: "O sábado foi feito por causa do homem, e não o homem por causa do sábado. ²⁸Portanto, o Filho do Homem é senhor até mesmo do sábado".

Jesus cura no sábado

3 Em outra ocasião, Jesus entrou na sinagoga e notou que havia ali um homem com uma das mãos deformada. ²Os inimigos de Jesus o observavam atentamente. Se ele curasse a mão do homem, planejavam acusá-lo, pois era sábado.

³Jesus disse ao homem com a mão deformada: "Venha e fique diante de todos". ⁴Em seguida, voltou-se para seus críticos e perguntou: "O que a lei permite fazer no sábado? O bem ou o mal? Salvar uma vida ou destruí-la?". Eles ficaram em silêncio.

⁵Jesus olhou para os que estavam ao seu redor, irado e muito triste pelo coração endurecido deles. Então disse ao homem: "Estenda a mão". O homem estendeu a mão, e ela foi restaurada. ⁶No mesmo instante, os fariseus saíram e se reuniram com os membros do partido de Herodes para tramar um modo de matá-lo.

Multidões seguem Jesus

⁷Jesus saiu para o mar com seus discípulos, e uma grande multidão os seguiu. Vinham de todas as partes da Galileia, da Judeia, ⁸de Jerusalém, da Idumeia, do leste do rio Jordão e até de lugares

distantes ao norte, como Tiro e Sidom. A notícia de seus milagres havia se espalhado para longe, e um grande número de pessoas vinha vê-lo.

⁹Jesus instruiu seus discípulos a prepararem um barco para evitar que a multidão o esmagasse. ¹⁰Havia curado muitos naquele dia, e os enfermos se empurravam para chegar até ele e tocá-lo. ¹¹E, sempre que o viam, os espíritos impuros se atiravam no chão na frente dele e gritavam: "Você é o Filho de Deus!". ¹²Jesus, porém, lhes dava ordens severas para que não revelassem quem ele era.

Jesus escolhe os doze apóstolos

¹³Depois, Jesus subiu a um monte e chamou aqueles que ele desejava que o acompanhassem, e eles foram. ¹⁴Escolheu doze e os chamou seus apóstolos,[a] para que o seguissem e fossem enviados para anunciar sua mensagem, ¹⁵e lhes deu autoridade para expulsar demônios. ¹⁶Estes foram os doze que ele escolheu:

Simão, a quem ele chamou Pedro,
¹⁷Tiago e João, filhos de Zebedeu, aos quais deu o nome de
  Boanerges, que significa "filhos do trovão",
¹⁸André,
Filipe,
Bartolomeu,
Mateus,
Tomé,
Tiago, filho de Alfeu,
Tadeu,
Simão, o cananeu,
¹⁹Judas Iscariotes, que depois o traiu.

A fonte do poder de Jesus

²⁰Certo dia, Jesus entrou numa casa, e as multidões começaram a se juntar outra vez. Logo, ele e seus discípulos não tinham tempo nem para comer. ²¹Quando os familiares de Jesus souberam o

que estava acontecendo, tentaram impedi-lo de continuar. "Está fora de si", diziam.

²²Então os mestres da lei, que tinham vindo de Jerusalém, disseram: "Está possuído por Belzebu, príncipe dos demônios. É dele que recebe poder para expulsar demônios".

²³Jesus os chamou e respondeu com uma comparação: "Como é possível Satanás expulsar Satanás?", perguntou. ²⁴"Um reino dividido internamente será destruído. ²⁵Da mesma forma, uma família dividida contra si mesma se desintegrará. ²⁶E, se Satanás está dividido e luta contra si mesmo, não pode se manter de pé; está acabado. ²⁷Quem tem poder para entrar na casa de um homem forte e saquear seus bens? Somente alguém ainda mais forte, alguém capaz de amarrá-lo e saquear sua casa.

²⁸"Eu lhes digo a verdade: todo pecado e toda blasfêmia podem ser perdoados, ²⁹mas quem blasfemar contra o Espírito Santo jamais será perdoado. Esse é um pecado com consequências eternas." ³⁰Ele disse isso porque afirmavam: "Está possuído por um espírito impuro".

A verdadeira família de Jesus

³¹Então a mãe e os irmãos de Jesus foram vê-lo. Ficaram do lado de fora e mandaram alguém avisá-lo para sair e falar com eles. ³²Havia muitas pessoas sentadas ao seu redor, e alguém disse: "Sua mãe e seus irmãos[a] estão lá fora e o procuram".

³³Jesus respondeu: "Quem é minha mãe? Quem são meus irmãos?". ³⁴Então olhou para aqueles que estavam ao seu redor e disse: "Vejam, estes são minha mãe e meus irmãos. ³⁵Quem faz a vontade de Deus é meu irmão, minha irmã e minha mãe".

A parábola do semeador

4 Mais uma vez, Jesus começou a ensinar à beira-mar. Em pouco tempo, uma grande multidão se juntou ao seu redor. Então ele entrou num barco e sentou-se, enquanto o povo ficou

na praia. ²Ele os ensinou contando várias histórias na forma de parábolas, como esta:

³"Ouçam! Um lavrador saiu para semear. ⁴Enquanto espalhava as sementes pelo campo, algumas caíram à beira do caminho, e as aves vieram e as comeram. ⁵Outras sementes caíram em solo rochoso e, não havendo muita terra, germinaram rapidamente, ⁶mas as plantas logo murcharam sob o calor do sol e secaram, pois não tinham raízes profundas. ⁷Outras sementes caíram entre espinhos, que cresceram e sufocaram os brotos, sem nada produzirem. ⁸Ainda outras caíram em solo fértil e germinaram, cresceram e produziram uma colheita trinta, sessenta e até cem vezes maior que a quantidade semeada". ⁹Então ele disse: "Quem tem ouvidos para ouvir, ouça com atenção!".

¹⁰Mais tarde, quando Jesus estava sozinho com os Doze e os outros que estavam reunidos ao seu redor, perguntaram-lhe qual era o significado das parábolas.

¹¹Ele respondeu: "A vocês é permitido entender o segredo[b] do reino de Deus, mas uso parábolas para falar aos de fora, ¹²de modo que:

'Mesmo que vejam o que faço,
    não perceberão,
e ainda que ouçam o que digo,
    não compreenderão.
Do contrário, poderiam voltar-se para mim,
    e ser perdoados'".[c]

¹³Então Jesus disse: "Se vocês não entendem o significado desta parábola, como entenderão as demais? ¹⁴O lavrador lança sementes ao anunciar a mensagem. ¹⁵As sementes que caíram à beira do caminho representam os que ouvem a mensagem, mas Satanás logo vem e a toma deles. ¹⁶As que caíram no solo rochoso representam aqueles que ouvem a mensagem e, sem demora, a recebem com alegria. ¹⁷Contudo, uma vez que não têm raízes profundas,

não duram muito. Assim que enfrentam problemas ou são perseguidos por causa da mensagem, cedo desanimam. [18]As que caíram entre os espinhos representam outros que ouvem a mensagem, [19]mas logo ela é sufocada pelas preocupações desta vida, pela sedução da riqueza e pelo desejo por outras coisas, não produzindo fruto. [20]E as que caíram em solo fértil representam os que ouvem e aceitam a mensagem e produzem uma colheita trinta, sessenta ou até cem vezes maior que a quantidade semeada".

A parábola da lâmpada

[21]Em seguida, Jesus lhes perguntou: "Alguém acenderia uma lâmpada e a colocaria sob um cesto ou uma cama? Claro que não! A lâmpada é colocada num pedestal, de onde sua luz brilhará. [22]Da mesma forma, tudo que está escondido será revelado, e tudo que está oculto virá à luz. [23]Quem tem ouvidos para ouvir, ouça com atenção!".

[24]Então acrescentou: "Prestem muita atenção ao que vão ouvir. Com o mesmo padrão de medida que adotarem, vocês serão medidos, e mais ainda lhes será acrescentado. [25]Pois ao que tem, mais lhe será dado; mas do que não tem, até o que tem lhe será tirado".

A parábola da semente que cresce

[26]Jesus também disse: "O reino de Deus é como um lavrador que lança sementes sobre a terra. [27]Noite e dia, esteja ele dormindo ou acordado, as sementes germinam e crescem, mas ele não sabe como isso acontece. [28]A terra produz as colheitas por si própria. Primeiro aparece uma folha, depois se formam as espigas de trigo e, por fim, o cereal amadurece. [29]E, assim que o cereal está maduro, o lavrador vem e o corta com a foice, pois chegou o tempo da colheita".

A parábola da semente de mostarda

[30]Jesus disse ainda: "Como posso descrever o reino de Deus? Que comparação devo usar para ilustrá-lo? [31]É como uma semente de

mostarda plantada na terra. É a menor das sementes, ³²mas se torna a maior de todas as hortaliças, com ramos tão grandes que as aves fazem ninhos à sua sombra".

³³Jesus usou muitas histórias e ilustrações semelhantes para ensinar o povo, conforme tinham condições de entender. ³⁴Na verdade, só usava parábolas para ensinar em público. Depois, quando estava sozinho com seus discípulos, explicava tudo para eles.

Jesus acalma a tempestade

³⁵Ao anoitecer, Jesus disse a seus discípulos: "Vamos atravessar para o outro lado do mar". ³⁶Com ele a bordo, partiram e deixaram a multidão para trás, embora outros barcos os seguissem. ³⁷Logo uma forte tempestade se levantou. As ondas arrebentavam sobre o barco, que começou a encher-se de água.

³⁸Jesus dormia na parte de trás do barco, com a cabeça numa almofada. Os discípulos o acordaram, clamando: "Mestre, vamos morrer! O senhor não se importa?".

³⁹Jesus despertou, repreendeu o vento e disse ao mar: "Silêncio! Aquiete-se!". De repente, o vento parou, e houve grande calmaria. ⁴⁰Então Jesus lhes perguntou: "Por que estão com medo? Ainda não têm fé?".

⁴¹Apavorados, os discípulos diziam uns aos outros: "Quem é este homem? Até o vento e o mar lhe obedecem!".

Jesus exerce autoridade sobre demônios

5 Assim, chegaram ao outro lado do mar, à região dos gerasenos.ᵃ ²Quando Jesus desembarcou, imediatamente um homem possuído por um espírito impuro saiu do cemitério e veio ao seu encontro. ³Esse homem morava entre as cavernas usadas como túmulos e ninguém conseguia detê-lo, nem mesmo com correntes. ⁴Sempre que era acorrentado e algemado, quebrava as algemas dos pulsos e despedaçava as correntes dos pés. Ninguém era forte o suficiente para dominá-lo. ⁵Dia e noite, vagava entre os túmulos e pelos montes, gritando e cortando-se com pedras.

⁶Quando o homem viu Jesus, ainda a certa distância, correu ao seu encontro e se curvou diante dele. ⁷Então soltou um forte grito: "Por que vem me importunar, Jesus, Filho do Deus Altíssimo? Em nome de Deus, suplico que não me torture!". ⁸Pois Jesus já havia falado ao espírito: "Saia deste homem, espírito impuro!".

⁹Jesus lhe perguntou: "Qual é o seu nome?".

Ele respondeu: "Meu nome é Legião, porque há muitos de nós dentro deste homem". ¹⁰E os espíritos impuros suplicaram repetidamente que ele não os enviasse a algum lugar distante.

¹¹Havia uma grande manada de porcos pastando num monte ali perto. ¹²"Mande-nos para aqueles porcos", imploraram os espíritos. "Deixe que entremos neles."

¹³Jesus lhes deu permissão. Os espíritos impuros saíram do homem e entraram nos porcos, e toda a manada, cerca de dois mil porcos, se atirou pela encosta íngreme do monte para dentro do mar e se afogou.

¹⁴Os que cuidavam dos porcos fugiram para uma cidade próxima e para seus arredores, espalhando a notícia. O povo correu para ver o que havia ocorrido. ¹⁵Chegaram até onde Jesus estava e viram o homem que tinha sido possuído pela legião de demônios. Estava sentado ali, vestido e em perfeito juízo, e todos tiveram medo. ¹⁶Então os que presenciaram os acontecimentos contaram aos outros o que havia ocorrido com o homem possuído por demônios e com os porcos. ¹⁷A multidão começou a suplicar que Jesus fosse embora da região.

¹⁸Quando Jesus entrava no barco, o homem que tinha sido possuído por demônios implorou para ir com ele. ¹⁹Jesus, porém, não permitiu e disse: "Volte para sua casa e para sua família e conte-lhes tudo que o Senhor fez por você e como ele foi misericordioso". ²⁰Então o homem partiu e começou a anunciar pela região das Dez Cidades[a] quanto Jesus havia feito por ele, e todos se admiravam do que ele dizia.

Jesus cura em resposta à fé

²¹Jesus entrou novamente no barco e voltou para o outro lado do mar, onde uma grande multidão se juntou ao seu redor na praia. ²²Então chegou um dos líderes da sinagoga local, chamado Jairo. Quando viu Jesus, prostrou-se a seus pés e ²³suplicou repetidas vezes: "Minha filhinha está morrendo. Por favor, venha e ponha as mãos sobre ela; cure-a para que ela viva!".

²⁴Jesus foi com ele, e todo o povo o seguiu, apertando-se ao seu redor. ²⁵No meio da multidão estava uma mulher que havia doze anos sofria de hemorragia. ²⁶Tinha passado por muitas dificuldades nas mãos de vários médicos e, ao longo dos anos, gastou tudo que possuía, sem melhorar. Na verdade, havia piorado. ²⁷Tendo ouvido falar de Jesus, aproximou-se por trás dele no meio da multidão e tocou em seu manto, ²⁸pois pensava: "Se eu apenas tocar em seu manto, serei curada". ²⁹No mesmo instante, a hemorragia parou, e ela sentiu em seu corpo que tinha sido curada da enfermidade.

³⁰Jesus imediatamente percebeu que dele havia saído poder; por isso, virou-se para a multidão e perguntou: "Quem tocou em meu manto?".

³¹Seus discípulos disseram: "Veja a multidão que o aperta de todos os lados. Como o senhor ainda pergunta: 'Quem tocou em mim?'".

³²Jesus, porém, continuou a olhar ao redor para ver quem havia feito aquilo. ³³Então a mulher, assustada e tremendo pelo que lhe tinha acontecido, veio e, ajoelhando-se diante dele, contou o que havia feito. ³⁴Jesus lhe disse: "Filha, sua fé a curou. Vá em paz. Seu sofrimento acabou".

³⁵Enquanto Jesus ainda falava com a mulher, chegaram mensageiros da casa de Jairo, o líder da sinagoga, e lhe disseram: "Sua filha morreu. Para que continuar incomodando o mestre?".

³⁶Jesus, porém, ouviu[b] essas palavras e disse a Jairo: "Não tenha medo. Apenas creia".

³⁷Então Jesus deteve a multidão e não deixou que ninguém o acompanhasse, exceto Pedro, Tiago e João, irmão de Tiago. ³⁸Quando chegaram à casa do líder da sinagoga, Jesus viu um grande tumulto, com muito choro e lamentação. ³⁹Então entrou e perguntou: "Por que todo esse tumulto e choro? A criança não morreu; está apenas dormindo".

⁴⁰A multidão riu de Jesus. Ele, porém, fez todos saírem e levou o pai e a mãe da menina e os três discípulos para o quarto onde ela estava deitada. ⁴¹Segurando-a pela mão, disse-lhe: "*Talita cumi!*", que quer dizer "Menina, levante-se!". ⁴²A menina, que tinha doze anos, levantou-se de imediato e começou a andar. Todos ficaram muito admirados. ⁴³Jesus deu ordens claras para que não contassem a ninguém o que havia acontecido e depois mandou que dessem alguma coisa para a menina comer.

Jesus é rejeitado em Nazaré

6 Jesus deixou essa região e voltou com seus discípulos para Nazaré, cidade onde tinha morado. ²No sábado seguinte, começou a ensinar na sinagoga, e muitos dos que o ouviam se admiraram e perguntavam: "De onde vem tanta sabedoria e poder para realizar esses milagres? ³Não é esse o carpinteiro, filho de Maria e irmão de Tiago, José,ᵃ Judas e Simão? Suas irmãs moram aqui, entre nós". E sentiam-se muito ofendidos.

⁴Então Jesus lhes disse: "Um profeta recebe honra em toda parte, menos em sua cidade e entre seus parentes e sua própria família". ⁵Por isso, não pôde realizar milagres ali, exceto pôr as mãos sobre alguns enfermos e curá-los. ⁶E ficou admirado com a incredulidade daquele povo.

Jesus envia os doze apóstolos

Então Jesus percorreu diversos povoados, ensinando a seus moradores. ⁷Reuniu os Doze e começou a enviá-los de dois em dois, dando-lhes autoridade para expulsar espíritos impuros. ⁸Instruiu-os a não levar coisa alguma na viagem, exceto um cajado. Não poderiam levar alimento, nem bolsa de viagem, nem dinheiro.[a] ⁹Poderiam calçar sandálias, mas não levar uma muda de roupa extra.

¹⁰Disse ele: "Onde quer que forem, fiquem na mesma casa até partirem da cidade. ¹¹Mas, se algum povoado se recusar a recebê-los ou a ouvi-los, ao saírem, sacudam a poeira dos pés como sinal de reprovação".

¹²Então eles partiram, dizendo a todos que encontravam que se arrependessem. ¹³Expulsaram muitos demônios e curaram muitos enfermos, ungindo-os com óleo.

A morte de João Batista

¹⁴Logo o rei Herodes ouviu falar de Jesus, pois todos comentavam a seu respeito. Alguns diziam:[b] "João Batista ressuscitou dos mortos. Por isso tem poder para fazer esses milagres". ¹⁵Outros diziam: "É Elias". Ainda outros diziam: "É um profeta, como os profetas de antigamente".

¹⁶Quando Herodes ouviu falar de Jesus, disse: "João, o homem a quem decapitei, voltou dos mortos!".

¹⁷O rei havia mandado prender e encarcerar João para agradar Herodias. Ela era esposa de seu irmão, Filipe, mas Herodes tinha se casado com ela. ¹⁸João dizia a Herodes: "É contra a lei que o senhor viva com a esposa de seu irmão". ¹⁹Por isso Herodias guardava rancor de João e queria matá-lo, mas não podia fazê-lo, ²⁰pois Herodes o respeitava e o protegia, sabendo que ele era um homem justo e santo. Herodes ficava muito perturbado sempre que falava com João, mas mesmo assim gostava de ouvi-lo.

²¹Finalmente, no aniversário de Herodes, Herodias teve a oportunidade que procurava. Ele deu uma festa para os membros do alto escalão do governo, para seus oficiais militares e para os cidadãos mais importantes da Galileia. ²²Sua filha, também chamada Herodias,[a] entrou e apresentou uma dança que agradou muito Herodes e seus convidados. "Peça-me qualquer coisa que deseje,

e eu lhe darei", disse o rei à moça. ²³E prometeu, sob juramento: "Eu lhe darei o que pedir, até metade do meu reino!".

²⁴Ela saiu e perguntou à mãe: "O que devo pedir?".

A mãe lhe disse: "Peça a cabeça de João Batista!".

²⁵A moça voltou depressa ao rei e disse: "Quero a cabeça de João Batista agora mesmo num prato!".

²⁶O rei muito se entristeceu com isso, mas, por causa do juramento que havia feito na frente dos convidados, não pôde negar o pedido. ²⁷Assim, enviou no mesmo instante um carrasco com ordens de cortar a cabeça de João e trazê-la. Ele decapitou João na prisão, ²⁸trouxe a cabeça num prato e a entregou à moça, que a levou à sua mãe. ²⁹Quando os discípulos de João souberam o que havia acontecido, foram buscar o corpo e o colocaram numa sepultura.

A primeira multiplicação dos pães

³⁰Os apóstolos voltaram de sua missão e contaram a Jesus tudo que tinham feito e ensinado. ³¹Jesus lhes disse: "Vamos sozinhos até um lugar tranquilo para descansar um pouco", pois tanta gente ia e vinha que eles não tinham tempo nem para comer.

³²Então saíram de barco para um lugar isolado, a fim de ficarem a sós. ³³Contudo, muitos os reconheceram e os viram partir, e pessoas de várias cidades correram e chegaram antes deles. ³⁴Quando Jesus saiu do barco, viu a grande multidão e teve compaixão dela, pois eram como ovelhas sem pastor. Então começou a lhes ensinar muitas coisas.

³⁵Ao entardecer, os discípulos foram até ele e disseram: "Este lugar é isolado, e já está tarde. ³⁶Mande as multidões embora, para que possam ir aos campos e povoados vizinhos e comprar algo para comer".

³⁷Jesus, porém, disse: "Providenciem vocês mesmos alimento para eles".

"Precisaríamos de muito dinheiro[b] para comprar comida para todo esse povo!", responderam.

³⁸"Quantos pães vocês têm?", perguntou ele. "Vão verificar." Eles voltaram e informaram: "Cinco pães e dois peixes".

³⁹Então Jesus ordenou que fizessem a multidão sentar-se em grupos na grama verde. ⁴⁰Assim, eles se sentaram em grupos de cinquenta e de cem.

⁴¹Jesus tomou os cinco pães e os dois peixes, olhou para o céu e os abençoou. Então, à medida que ia partindo os pães, entregava-os aos discípulos para que os distribuíssem ao povo. Também dividiu os peixes para que todos recebessem uma porção. ⁴²Todos comeram à vontade, ⁴³e os discípulos recolheram doze cestos com os pães e peixes que sobraram. ⁴⁴Os que comeram[a] foram cinco mil homens.

Jesus anda sobre o mar

⁴⁵Logo em seguida, Jesus insistiu com seus discípulos que voltassem ao barco e atravessassem o mar até Betsaida, enquanto ele mandava o povo para casa. ⁴⁶Depois de se despedir de todos, subiu sozinho ao monte para orar.

⁴⁷Durante a noite, os discípulos estavam no barco, no meio do mar, e Jesus, sozinho em terra. ⁴⁸Ele viu que estavam em apuros, remando com força e lutando contra o vento e as ondas. Por volta das três da madrugada,[b] Jesus foi até eles caminhando sobre o mar. Sua intenção era passar por eles, ⁴⁹mas, quando o avistaram caminhando sobre as águas, gritaram de pavor, pensando que fosse um fantasma. ⁵⁰Ficaram todos aterrorizados ao vê-lo.

Imediatamente, porém, Jesus lhes disse: "Não tenham medo! Coragem, sou eu!". ⁵¹Em seguida, subiu no barco e o vento parou. Os discípulos ficaram admirados, ⁵²pois ainda não tinham entendido o milagre dos pães. O coração deles estava endurecido.

Jesus cura os enfermos

⁵³Depois de atravessarem o mar, chegaram a Genesaré. Levaram o barco até a margem ⁵⁴e desceram. As pessoas reconheceram Jesus assim que o viram. ⁵⁵Quando ouviam que Jesus estava em

algum lugar, corriam por toda a região, levando os enfermos em macas para onde sabiam que ele estava. ⁵⁶Aonde quer que ele fosse — aos povoados, às cidades ou aos campos ao redor —, levavam os enfermos para as praças. Suplicavam que ele os deixasse pelo menos tocar na borda de seu manto, e todos que o tocavam eram curados.

Ensino sobre a pureza interior

7 Certo dia, alguns fariseus e mestres da lei chegaram de Jerusalém para ver Jesus. ²Observaram que alguns de seus discípulos comiam sua refeição com as mãos impuras, ou seja, sem lavá-las. ³(Pois todos os judeus, sobretudo os fariseus, não comem sem antes lavar cuidadosamente as mãos, como exige a tradição dos líderes religiosos. ⁴Quando chegam do mercado, não comem coisa alguma sem antes mergulhar as mãos em água. Essa é apenas uma das muitas tradições às quais se apegam, como a lavagem de copos, jarras e panelas.ᶜ)

⁵Então os fariseus e mestres da lei lhe perguntaram: "Por que seus discípulos não seguem a tradição dos líderes religiosos? Eles comem sem antes realizar a cerimônia de lavar as mãos!".

⁶Jesus respondeu: "Hipócritas! Isaías tinha razão quando profetizou a seu respeito, pois escreveu:

'Este povo me honra com os lábios,
 mas o coração está longe de mim.
⁷Sua adoração é uma farsa,
 pois ensinam doutrinas humanas
 como se fossem mandamentos de Deus'.ᵈ

⁸Vocês desprezam a lei de Deus e a substituem por sua própria tradição".

⁹Disse ainda: "Vocês se esquivam com habilidade da lei de Deus para se apegar à sua própria tradição. ¹⁰Por exemplo, Moisés deu esta lei: 'Honre seu pai e sua mãe'ᵉ e 'Quem insultar seu pai ou sua

mãe será executado".[f] [11]Vocês, porém, ensinam que alguém pode dizer a seus pais: 'Não posso ajudá-los. Jurei entregar como oferta a Deus aquilo que eu teria dado a vocês'.[g] [12]Com isso, desobrigam as pessoas de cuidarem dos pais, [13]anulando a palavra de Deus a fim de transmitir sua própria tradição. E esse é apenas um exemplo entre muitos outros".

[14]Jesus chamou a multidão para perto de si e disse: "Ouçam, todos vocês, e procurem entender. [15]Não é o que entra no corpo que os contamina; vocês se contaminam com o que sai do coração. [16]Quem tem ouvidos para ouvir, ouça com atenção!".[a]

[17]Então Jesus entrou numa casa para se afastar da multidão, e seus discípulos lhe perguntaram o que ele queria dizer com a parábola que havia acabado de contar. [18]"Vocês também ainda não entendem?", perguntou. "Não percebem que a comida que entra no corpo não pode contaminá-los? [19]O alimento não vai para o coração, mas apenas passa pelo estômago e vai parar no esgoto." (Ao dizer isso, declarou que todo tipo de comida é aceitável.)

[20]Em seguida, acrescentou: "Aquilo que vem de dentro é que os contamina. [21]Pois, de dentro, do coração da pessoa, vêm maus pensamentos, imoralidade sexual, roubo, homicídio, [22]adultério, cobiça, perversidade, engano, paixões carnais, inveja, calúnias, orgulho e insensatez. [23]Todas essas coisas desprezíveis vêm de dentro; são elas que os contaminam".

A mulher siro-fenícia demonstra fé

[24]Então Jesus deixou a Galileia e se dirigiu para o norte, para a região de Tiro.[b] Não queria que ninguém soubesse onde ele estava hospedado, mas não foi possível manter segredo. [25]De imediato, uma mulher que tinha ouvido falar dele veio e caiu a seus pés. A filha dela estava possuída por um espírito impuro, [26]e ela implorou que ele expulsasse o demônio que estava na menina.

Sendo ela grega, nascida na região da Fenícia, na Síria, [27]Jesus lhe disse: "Primeiro devem-se alimentar os filhos. Não é certo tirar comida das crianças e jogá-la aos cachorros".

²⁸"Senhor, é verdade", disse a mulher. "No entanto, até os cachorros, debaixo da mesa, comem as migalhas dos pratos dos filhos."

²⁹"Boa resposta!", disse Jesus. "Vá para casa, pois o demônio já deixou sua filha." ³⁰E, quando ela chegou à sua casa, sua filha estava deitada na cama, e o demônio a havia deixado.

Jesus cura um surdo

³¹Jesus saiu de Tiro e subiu para Sidom antes de voltar ao mar da Galileia e à região das Dez Cidades.ᶜ ³²Algumas pessoas lhe trouxeram um homem surdo e com dificuldade de fala, e lhe pediram que pusesse as mãos sobre ele e o curasse.

³³Jesus o afastou da multidão para ficar a sós com ele. Pôs os dedos nos ouvidos do homem e, em seguida, cuspiu nos dedos e tocou a língua dele. ³⁴Olhando para o céu, suspirou e disse: "*Efatá!*", que significa "Abra-se!". ³⁵No mesmo instante, o homem passou a ouvir perfeitamente; sua língua ficou livre, e ele começou a falar com clareza.

³⁶Jesus ordenou à multidão que não contasse a ninguém, mas, quanto mais ele os proibia, mais divulgavam o que havia acontecido. ³⁷Estavam muito admirados e diziam repetidamente: "Tudo que ele faz é maravilhoso! Ele até faz o surdo ouvir e o mudo falar!".

A segunda multiplicação dos pães

8 Naqueles dias, outra grande multidão se reuniu e, mais uma vez, o povo ficou sem comida. Jesus chamou os discípulos e disse: ²"Tenho compaixão dessa gente. Estão aqui comigo há três dias e não têm mais nada para comer. ³Se eu os mandar embora com fome, desmaiarão no caminho. Alguns vieram de longe".

⁴Os discípulos disseram: "Como conseguiremos comida suficiente neste lugar deserto para alimentá-los?".

⁵Jesus perguntou: "Quantos pães vocês têm?".

"Sete", responderam eles.

⁶Então Jesus mandou todo o povo sentar-se no chão. Tomou os sete pães, agradeceu a Deus e os partiu em pedaços. Em seguida, entregou-os aos discípulos, que os distribuíram à multidão. ⁷Eles encontraram, ainda, alguns peixinhos; Jesus também os abençoou e mandou que os discípulos os distribuíssem.

⁸Todos comeram à vontade. Depois, os discípulos recolheram sete cestos grandes com as sobras. ⁹Naquele dia, havia cerca de quatro mil homens na multidão. Após comerem, Jesus os mandou para casa. ¹⁰Em seguida, entrou com seus discípulos num barco e atravessou para a região de Dalmanuta.

Os fariseus exigem um sinal

¹¹Alguns fariseus vieram ao encontro de Jesus e começaram a discutir com ele. Para pô-lo à prova, exigiram que lhes mostrasse um sinal do céu.

¹²Ao ouvir isso, Jesus suspirou profundamente e disse: "Por que este povo insiste em pedir um sinal? Eu lhes digo a verdade: não darei sinal algum aos homens desta geração". ¹³Então ele os deixou, entrou de volta no barco e atravessou para o outro lado do mar.

O fermento dos fariseus e de Herodes

¹⁴Os discípulos, porém, se esqueceram de levar comida. Tinham no barco apenas um pão. ¹⁵Enquanto atravessavam o mar, Jesus os advertiu: "Fiquem atentos! Tenham cuidado com o fermento dos fariseus e de Herodes".

¹⁶Os discípulos começaram a discutir entre si porque não tinham trazido pão. ¹⁷Ao saber do que estavam falando, Jesus disse: "Por que discutem sobre a falta de pão? Ainda não sabem ou não entenderam? Seu coração está tão endurecido que não compreendem? ¹⁸Vocês têm olhos, mas não veem? Têm ouvidos, mas não ouvem?[a] Não se lembram de nada? ¹⁹Quando reparti os cinco pães entre os cinco mil, quantos cestos cheios de sobras vocês recolheram?".

"Doze", responderam eles.

²⁰"E quando reparti os sete pães entre os quatro mil, quantos cestos grandes cheios de sobras vocês recolheram?"

"Sete", responderam.

²¹"E vocês ainda não entendem?", perguntou.

Jesus cura um cego

²²Quando chegaram a Betsaida, algumas pessoas trouxeram um cego a Jesus e lhe pediram que o tocasse. ²³Ele tomou o cego pela mão e o levou para fora do povoado. Em seguida, cuspiu nos olhos do homem, pôs as mãos sobre ele e perguntou: "Vê alguma coisa?".

²⁴Recuperando aos poucos a vista, o homem respondeu: "Vejo pessoas, mas não as enxergo claramente. Parecem árvores andando".

²⁵Jesus pôs as mãos sobre os olhos do homem mais uma vez, e sua visão foi completamente restaurada; ele passou a ver tudo com nitidez. ²⁶Então Jesus se despediu dele e disse: "Ao voltar para casa, não entre no povoado".

Pedro declara sua fé

²⁷Jesus e seus discípulos deixaram a Galileia e foram para os povoados perto de Cesareia de Filipe. Enquanto caminhavam, Jesus lhes perguntou: "Quem as pessoas dizem que eu sou?".

²⁸Eles responderam: "Alguns dizem que o senhor é João Batista; outros, que é Elias ou um dos profetas".

²⁹"E vocês?", perguntou ele. "Quem vocês dizem que eu sou?"

Pedro respondeu: "O senhor é o Cristo!".

³⁰Mas Jesus os advertiu de que não falassem a ninguém a seu respeito.

Jesus prediz sua morte

³¹Então Jesus começou a lhes ensinar que era necessário que o Filho do Homem sofresse muitas coisas e fosse rejeitado pelos líderes do povo, pelos principais sacerdotes e pelos mestres da lei.

Seria morto, mas três dias depois ressuscitaria. ³²Enquanto falava abertamente sobre isso com os discípulos, Pedro o chamou de lado e o repreendeu por dizer tais coisas.

³³Jesus se virou, olhou para seus discípulos e repreendeu Pedro. "Afaste-se de mim, Satanás!", disse ele. "Você considera as coisas apenas do ponto de vista humano, e não da perspectiva de Deus."

³⁴Depois, chamou a multidão e os discípulos e disse: "Se alguém quer ser meu seguidor, negue a si mesmo, tome sua cruz e siga-me. ³⁵Se tentar se apegar à sua vida, a perderá. Mas, se abrir mão de sua vida por minha causa e por causa das boas-novas, a salvará. ³⁶Que vantagem há em ganhar o mundo inteiro, mas perder a vida? ³⁷E o que daria o homem em troca de sua vida? ³⁸Se alguém se envergonhar de mim e de minha mensagem nesta época de adultério e pecado, o Filho do Homem se envergonhará dele quando vier na glória de seu Pai com os santos anjos".

9 Jesus prosseguiu: "Eu lhes digo a verdade: alguns que estão aqui neste momento não morrerão antes de ver o reino de Deus vindo com grande poder!".

A transfiguração

²Seis dias depois, Jesus levou consigo Pedro, Tiago e João até um monte alto, para estarem a sós. Ali, diante de seus olhos, a aparência de Jesus foi transformada. ³Suas roupas ficaram brancas e resplandecentes, muito mais claras do que qualquer lavandeiro seria capaz de deixá-las. ⁴Então Elias e Moisés apareceram e começaram a falar com Jesus.

⁵Pedro exclamou: "Rabi, é maravilhoso estarmos aqui! Vamos fazer três tendas: uma será sua, uma de Moisés e outra de Elias". ⁶Disse isso porque não sabia o que mais falar, pois estavam todos apavorados.

⁷Então uma nuvem os cobriu, e uma voz que vinha da nuvem disse: "Este é meu Filho amado. Ouçam-no!". ⁸De repente, quando olharam em volta, só Jesus estava com eles.

⁹Enquanto desciam o monte, Jesus ordenou que não contassem a ninguém o que tinham visto, até que o Filho do Homem tivesse ressuscitado dos mortos. ¹⁰Eles guardaram segredo, mas conversavam entre si com frequência sobre o que ele queria dizer com "ressuscitar dos mortos".

¹¹Então eles perguntaram a Jesus: "Por que os mestres da lei afirmam que é necessário que Elias volte antes que o Cristo venha?".[a]

¹²Jesus respondeu: "De fato, Elias vem primeiro para restaurar tudo. Então por que as Escrituras dizem que é necessário o Filho do Homem sofrer muito e ser tratado com desprezo? ¹³Eu, porém, lhes digo: Elias já veio e eles preferiram maltratá-lo, conforme as Escrituras haviam previsto".

Jesus cura um menino possuído por demônio

¹⁴Ao voltarem para junto dos outros discípulos, viram que estavam cercados por uma grande multidão e que alguns mestres da lei discutiam com eles. ¹⁵Quando a multidão viu Jesus, ficou muito admirada e correu para cumprimentá-lo.

¹⁶"Sobre o que discutem?", perguntou Jesus.

¹⁷Um dos homens na multidão respondeu: "Mestre, eu lhe trouxe meu filho, que está possuído por um espírito impuro que não o deixa falar. ¹⁸Sempre que o espírito se apodera dele, joga-o no chão, e ele espuma pela boca, range os dentes e fica rígido.[b] Pedi a seus discípulos que expulsassem o espírito impuro, mas eles não conseguiram".

¹⁹Jesus lhes disse:[c] "Geração incrédula! Até quando estarei com vocês? Até quando terei de suportá-los? Tragam o menino para cá".

²⁰Então o trouxeram. Quando o espírito impuro viu Jesus, causou uma convulsão intensa no menino e ele caiu no chão, contorcendo-se e espumando pela boca.

²¹Jesus perguntou ao pai do menino: "Há quanto tempo isso acontece com ele?".

"Desde que ele era pequeno", respondeu o pai. ²²"Muitas vezes o espírito o lança no fogo ou na água e tenta matá-lo. Tenha misericórdia de nós e ajude-nos, se puder."

²³"Se puder?", perguntou Jesus. "Tudo é possível para aquele que crê."

²⁴No mesmo instante, o pai respondeu: "Eu creio, mas ajude-me a superar minha incredulidade".

²⁵Quando Jesus viu que a multidão aumentava, repreendeu o espírito impuro, dizendo: "Espírito que impede este menino de ouvir e falar, ordeno que saia e nunca mais entre nele!".

²⁶O espírito gritou, causou outra convulsão intensa no menino e saiu dele. O menino parecia morto. Um murmúrio correu pela multidão: "Ele morreu". ²⁷Mas Jesus o tomou pela mão e o ajudou a se levantar, e ele ficou em pé.

²⁸Depois, quando Jesus estava em casa com seus discípulos, eles perguntaram: "Por que não conseguimos expulsar aquele espírito impuro?".

²⁹Jesus respondeu: "Essa espécie só sai com oração".ᵈ

Jesus prediz sua morte pela segunda vez

³⁰Ao deixarem aquela região, viajaram pela Galileia. Jesus não queria que ninguém soubesse que ele estava lá, ³¹pois queria ensinar a seus discípulos. Ele lhes dizia: "O Filho do Homem será traído e entregue em mãos humanas. Será morto, mas três dias depois ressuscitará". ³²Eles, porém, não entendiam essas coisas e tinham medo de lhe perguntar.

O maior no reino

³³Depois que chegaram a Cafarnaum e se acomodaram numa casa, Jesus perguntou a seus discípulos: "Sobre o que vocês discutiam no caminho?". ³⁴Eles não responderam, pois tinham discutido sobre qual deles era o maior. ³⁵Jesus se sentou, chamou os Doze e disse: "Quem quiser ser o primeiro, que se torne o último e seja servo de todos".

³⁶Então colocou uma criança no meio deles, tomou-a nos braços e disse: ³⁷"Quem recebe uma criança pequena como esta em meu nome recebe a mim, e quem me recebe não recebe apenas a mim, mas também ao Pai, que me enviou".

Diversos ensinamentos de Jesus

³⁸João disse a Jesus: "Mestre, vimos alguém usar seu nome para expulsar demônios; nós o proibimos, pois ele não era do nosso grupo".

³⁹"Não o proíbam!", disse Jesus. "Ninguém que faça milagres em meu nome falará mal de mim a seguir. ⁴⁰Quem não é contra nós é a favor de nós. ⁴¹Eu lhes digo a verdade: se alguém lhes der um simples copo de água porque vocês são seguidores do Cristo, essa pessoa certamente será recompensada.

⁴²"Mas, se alguém fizer um destes pequeninos que confiam em mim cair em pecado, seria melhor que lhe amarrassem ao pescoço uma grande pedra de moinho e fosse jogado ao mar. ⁴³Se sua mão o leva a pecar, corte-a fora. É melhor entrar na vida eterna com apenas uma das mãos que ser lançado no fogo inextinguível do inferno[a] com as duas mãos. ⁴⁴Lá os vermes nunca morrem e o fogo nunca se apaga.[b] ⁴⁵Se seu pé o leva a pecar, corte-o fora. É melhor entrar na vida eterna com apenas um pé que ser lançado no inferno com os dois pés. ⁴⁶Lá os vermes nunca morrem e o fogo nunca se apaga.[c] ⁴⁷E, se seu olho o leva a pecar, lance-o fora. É melhor entrar no reino de Deus com apenas um dos olhos que ter os dois olhos e ser lançado no inferno. ⁴⁸Lá os vermes nunca morrem e o fogo nunca se apaga.[d]

⁴⁹"Pois cada um será provado com fogo.[e] ⁵⁰O sal é bom para temperar, mas, se perder o sabor, como torná-lo salgado outra vez? Tenham entre vocês as qualidades do bom sal e vivam em paz uns com os outros."

Discussão sobre divórcio e casamento

10 Então Jesus deixou Cafarnaum e foi para a região da Judeia, a leste do rio Jordão. Mais uma vez, multidões se juntaram ao seu redor e, como de costume, ele as ensinava.

²Alguns fariseus vieram e tentaram apanhar Jesus numa armadilha com a seguinte pergunta: "Deve-se permitir que um homem se divorcie de sua mulher?".

³Jesus respondeu: "O que Moisés disse na lei a respeito do divórcio?".

⁴"Ele o permitiu", responderam os fariseus. "Disse que um homem poderia dar à esposa um certificado de divórcio e mandá-la embora."ᶠ

⁵Jesus, porém, disse: "Moisés escreveu esse mandamento porque vocês têm o coração duro, ⁶mas 'Deus os fez homem e mulher'ᵍ desde o princípio da criação. ⁷'Por isso o homem deixa pai e mãe e se une à sua mulher,ʰ ⁸e os dois se tornam um só.'ⁱ Uma vez que já não são dois, mas um só, ⁹que ninguém separe o que Deus uniu".

¹⁰Mais tarde, quando Jesus estava em casa com seus discípulos, eles tocaram no assunto outra vez. ¹¹Jesus respondeu: "Quem se divorcia de sua esposa e se casa com outra mulher comete adultério contra ela. ¹²E, se a mulher se divorcia do marido e se casa com outro homem, comete adultério".

Jesus abençoa as crianças

¹³Certo dia, trouxeram crianças para que Jesus pusesse as mãos sobre elas, mas os discípulos repreendiam aqueles que as traziam.

¹⁴Ao ver isso, Jesus ficou indignado com os discípulos e disse: "Deixem que as crianças venham a mim. Não as impeçam, pois o reino de Deus pertence aos que são como elas. ¹⁵Eu lhes digo a verdade: quem não receber o reino de Deus como uma criança de modo algum entrará nele". ¹⁶Então tomou as crianças nos braços, pôs as mãos sobre a cabeça delas e as abençoou.

O homem rico

¹⁷Quando Jesus saía para Jerusalém, um homem veio correndo em sua direção, ajoelhou-se diante dele e perguntou: "Bom mestre, que devo fazer para herdar a vida eterna?".

¹⁸"Por que você me chama de bom?", perguntou Jesus. "Apenas Deus é verdadeiramente bom. ¹⁹Você conhece os mandamentos: 'Não mate. Não cometa adultério. Não roube. Não dê falso testemunho. Não engane ninguém. Honre seu pai e sua mãe.'"[a]

²⁰O homem respondeu: "Mestre, tenho obedecido a todos esses mandamentos desde a juventude".

²¹Com amor, Jesus olhou para o homem e disse: "Ainda há uma coisa que você não fez. Vá, venda todos os seus bens e dê o dinheiro aos pobres. Então você terá um tesouro no céu. Depois, venha e siga-me".

²²Ao ouvir isso, o homem ficou desapontado e foi embora triste, pois tinha muitos bens.

As recompensas do discipulado

²³Jesus olhou ao redor e disse a seus discípulos: "Como é difícil os ricos entrarem no reino de Deus!". ²⁴Os discípulos se admiraram de suas palavras. Mas Jesus disse outra vez: "Filhos, entrar no reino de Deus é muito difícil.[b] ²⁵É mais fácil um camelo passar pelo buraco de uma agulha que um rico entrar no reino de Deus".

²⁶Perplexos, os discípulos perguntaram: "Então quem pode ser salvo?".

²⁷Jesus olhou atentamente para eles e respondeu: "Para as pessoas isso é impossível, mas não para Deus. Para Deus, tudo é possível".

²⁸Então Pedro começou a falar: "Deixamos tudo para segui-lo".

²⁹Jesus respondeu: "Eu lhes garanto que todos que deixaram casa, irmãos, irmãs, mãe, pai, filhos ou propriedades por minha causa e por causa das boas-novas ³⁰receberão em troca, neste mundo, cem vezes mais casas, irmãos, irmãs, mães, filhos e propriedades, com perseguição, e, no mundo futuro, terão a vida

eterna. ³¹Contudo, muitos primeiros serão os últimos, e muitos últimos serão os primeiros".

Jesus prediz sua morte e ressurreição

³²Por esse tempo, subiam para Jerusalém, e Jesus ia à frente. Os discípulos estavam muito admirados, e o povo que os seguia tinha grande temor. Jesus chamou os Doze à parte e, mais uma vez, começou a descrever tudo que estava prestes a lhe acontecer.

³³"Ouçam", disse ele. "Estamos subindo para Jerusalém, onde o Filho do Homem será traído e entregue aos principais sacerdotes e aos mestres da lei. Eles o condenarão à morte e o entregarão aos gentios. ³⁴Zombarão dele, cuspirão nele, o açoitarão e o matarão, mas depois de três dias ele ressuscitará."

Jesus ensina sobre servir a outros

³⁵Então Tiago e João, filhos de Zebedeu, vieram e falaram com ele: "Mestre, queremos que nos faça um favor".

³⁶"Que favor é esse?", perguntou ele.

³⁷Eles responderam: "Quando o senhor se sentar em seu trono glorioso, queremos nos sentar em lugares de honra ao seu lado, um à sua direita e outro à sua esquerda".

³⁸Jesus lhes disse: "Vocês não sabem o que estão pedindo! São capazes de beber do cálice que beberei? São capazes de ser batizados com o batismo com que serei batizado?".

³⁹"Somos!", responderam eles.

Então Jesus disse: "De fato, vocês beberão do meu cálice e serão batizados com o meu batismo. ⁴⁰Não cabe a mim, no entanto, dizer quem se sentará à minha direita ou à minha esquerda. Esses lugares serão daqueles para quem eles foram preparados".

⁴¹Quando os outros dez discípulos ouviram o que Tiago e João haviam pedido, ficaram indignados. ⁴²Então Jesus os reuniu e disse: "Vocês sabem que os que são considerados líderes neste mundo têm poder sobre o povo, e que os oficiais exercem sua autoridade sobre os súditos. ⁴³Entre vocês, porém, será diferente.

Quem quiser ser o líder entre vocês, que seja servo, ⁴⁴e quem quiser ser o primeiro entre vocês, que se torne escravo de todos. ⁴⁵Pois nem mesmo o Filho do Homem veio para ser servido, mas para servir e dar sua vida em resgate por muitos".

Jesus cura o cego Bartimeu

⁴⁶Então chegaram a Jericó. Quando Jesus e seus discípulos saíam da cidade, uma grande multidão os seguiu. Um mendigo cego chamado Bartimeu, filho de Timeu, estava sentado à beira do caminho. ⁴⁷Quando Bartimeu soube que Jesus de Nazaré estava perto, começou a gritar: "Jesus, Filho de Davi, tenha misericórdia de mim!".

⁴⁸Muitos lhe diziam aos brados: "Cale-se!".

Ele, porém, gritava ainda mais alto: "Filho de Davi, tenha misericórdia de mim!".

⁴⁹Quando Jesus o ouviu, parou e disse: "Falem para ele vir aqui".

Então chamaram o cego. "Anime-se!", disseram. "Venha, ele o está chamando!" ⁵⁰Bartimeu jogou sua capa para o lado, levantou-se de um salto e foi até Jesus.

⁵¹"O que você quer que eu lhe faça?", perguntou Jesus.

O cego respondeu: "Rabi,[a] quero enxergar".

⁵²Jesus lhe disse: "Vá, pois sua fé o curou". No mesmo instante, o homem passou a ver e seguiu Jesus pelo caminho.

A entrada de Jesus em Jerusalém

11 Quando já se aproximavam de Jerusalém, Jesus e seus discípulos chegaram às cidades de Betfagé e Betânia, no monte das Oliveiras. Jesus enviou na frente dois discípulos. ²"Vão àquele povoado adiante", disse ele. "Assim que entrarem, verão amarrado ali um jumentinho, no qual ninguém jamais montou. Desamarrem-no e tragam-no para cá. ³Se alguém lhes perguntar: 'O que estão fazendo?', digam apenas: 'O Senhor precisa dele e o devolverá em breve.'"

⁴Os dois discípulos foram e encontraram o jumentinho na rua, amarrado junto a uma porta. ⁵Enquanto o desamarravam, algumas pessoas que estavam ali perguntaram: "O que vocês estão fazendo, desamarrando esse jumentinho?". ⁶Responderam conforme Jesus havia instruído, e os deixaram levar o animal. ⁷Os discípulos trouxeram o jumentinho, puseram seus mantos sobre o animal, e Jesus montou nele.

⁸Muitos da multidão espalharam seus mantos ao longo do caminho diante de Jesus, e outros espalharam ramos que haviam cortado nos campos. ⁹E as pessoas, tanto as que iam à frente como as que o seguiam, gritavam:

"Hosana![b]
Bendito é o que vem em nome do Senhor!
¹⁰Bendito é o reino que vem, o reino de nosso antepassado Davi!
Hosana no mais alto céu!".[a]

¹¹Jesus entrou em Jerusalém e foi ao templo. Depois de olhar tudo ao redor atentamente, voltou a Betânia com os Doze, porque já era tarde.

Jesus amaldiçoa a figueira

¹²Na manhã seguinte, quando saíam de Betânia, Jesus teve fome. ¹³Viu que, a certa distância, havia uma figueira cheia de folhas e foi ver se encontraria figos. No entanto, só havia folhas, pois ainda não era tempo de dar frutos. ¹⁴Então Jesus disse à árvore: "Nunca mais comam de seu fruto!". E os discípulos ouviram o que ele disse.

Jesus purifica o templo

¹⁵Quando voltaram a Jerusalém, Jesus entrou no templo e começou a expulsar os que compravam e vendiam animais para os sacrifícios. Derrubou as mesas dos cambistas e as cadeiras dos

que vendiam pombas, ¹⁶impediu todos de usarem o templo como mercado[b] ¹⁷e os ensinava, dizendo: "As Escrituras declaram: 'Meu templo será chamado casa de oração para todas as nações', mas vocês o transformaram num esconderijo de ladrões!".[c]

¹⁸Quando os principais sacerdotes e mestres da lei souberam o que Jesus tinha feito, começaram a tramar um modo de matá-lo. Contudo, tinham medo dele, pois o povo estava muito admirado com seu ensino.

¹⁹Ao entardecer, Jesus e seus discípulos saíram[d] da cidade.

Ensino sobre a figueira

²⁰Na manhã seguinte, quando os discípulos passaram pela figueira que Jesus tinha amaldiçoado, notaram que ela estava seca desde a raiz. ²¹Pedro se lembrou do que Jesus tinha dito à árvore e exclamou: "Veja, Rabi! A figueira que o senhor amaldiçoou secou!".

²²Então Jesus disse aos discípulos: "Tenham fé em Deus. ²³Eu lhes digo a verdade: vocês poderão dizer a este monte: 'Levante-se e atire-se no mar', e isso acontecerá. É preciso, no entanto, crer que acontecerá, e não ter nenhuma dúvida em seu coração. ²⁴Digo-lhes que, se crerem que já receberam, qualquer coisa que pedirem em oração lhes será concedido. ²⁵Quando estiverem orando, se tiverem alguma coisa contra alguém, perdoem-no, para que seu Pai no céu também perdoe seus pecados. ²⁶Mas, se vocês se recusarem a perdoar, seu Pai no céu não perdoará seus pecados".[e]

A autoridade de Jesus é questionada

²⁷Mais uma vez, voltaram a Jerusalém. Enquanto Jesus passava pelo templo, os principais sacerdotes, os mestres da lei e os líderes do povo vieram até ele ²⁸e perguntaram: "Com que autoridade você faz essas coisas? Quem lhe deu esse direito?".

²⁹Jesus respondeu: "Eu lhes direi com que autoridade faço essas coisas se vocês responderem a uma pergunta: ³⁰A autoridade de João para batizar vinha do céu ou era apenas humana? Respondam-me!".

³¹Eles discutiram a questão entre si: "Se dissermos que vinha do céu, ele perguntará por que não cremos em João. ³²Mas será que ousamos dizer que era apenas humana?". Tinham medo do que o povo faria, pois todos acreditavam que João era profeta. ³³Por fim, responderam: "Não sabemos".

E Jesus replicou: "Então eu também não direi com que autoridade faço essas coisas".

A parábola dos lavradores maus

12 Então Jesus começou a lhes ensinar por meio de parábolas: "Um homem plantou um vinhedo. Construiu uma cerca ao seu redor, um tanque de prensar e uma torre para o guarda. Depois, arrendou o vinhedo a alguns lavradores e partiu para um lugar distante. ²No tempo da colheita da uva, enviou um de seus servos para receber sua parte da produção. ³Os lavradores agarraram o servo, o espancaram e o mandaram de volta de mãos vazias. ⁴Então o dono da terra enviou outro servo, mas eles o insultaram e bateram na cabeça dele. ⁵O próximo servo que ele mandou foi morto. Outros servos que ele enviou foram espancados ou mortos, ⁶até que só restou um: seu filho muito amado. Por fim, o dono o enviou, pois pensou: 'Certamente respeitarão meu filho'.

⁷"Os lavradores, porém, disseram uns aos outros: 'Aí vem o herdeiro da propriedade. Vamos matá-lo e tomar posse desta terra!'. ⁸Então o agarraram, o mataram e jogaram seu corpo para fora do vinhedo.

⁹"O que vocês acham que o dono do vinhedo fará?", perguntou Jesus. "Ele virá, matará os lavradores e arrendará o vinhedo a outros. ¹⁰Vocês nunca leram nas Escrituras:

'A pedra que os construtores rejeitaram
 se tornou a pedra angular.
¹¹Isso é obra do Senhor
 e é maravilhosa de ver'?"[a]

¹²Os líderes religiosos[b] queriam prender Jesus, pois perceberam que eram eles os lavradores maus a que Jesus se referia. No entanto, por medo da multidão, deixaram-no e foram embora.

Impostos para César

¹³Mais tarde, os líderes enviaram alguns fariseus e membros do partido de Herodes com o objetivo de levar Jesus a dizer algo que desse motivo para o prenderem. ¹⁴Disseram: "Mestre, sabemos como o senhor é honesto. É imparcial e não demonstra favoritismo. Ensina o caminho de Deus de acordo com a verdade. Agora, diga-nos: É certo pagar impostos a César ou não? ¹⁵Devemos pagar ou não?".

Jesus percebeu a hipocrisia deles e disse: "Por que vocês tentam me apanhar numa armadilha? Mostrem-me uma moeda de prata,[c] e eu lhes direi". ¹⁶Quando lhe deram a moeda, ele disse: "De quem são a imagem e o título nela gravados?".

"De César", responderam.

¹⁷"Então deem a César o que pertence a César, e deem a Deus o que pertence a Deus", disse ele.

Sua resposta os deixou muito admirados.

Discussão sobre a ressurreição dos mortos

¹⁸Depois vieram a Jesus alguns saduceus, líderes religiosos que afirmam não haver ressurreição dos mortos, e perguntaram: ¹⁹"Mestre, Moisés nos deu uma lei segundo a qual se um homem morrer sem deixar filhos, o irmão dele deve se casar com a viúva e ter um filho que dará continuidade ao nome do irmão.[d] ²⁰Numa família havia sete irmãos. O mais velho se casou e morreu sem deixar filhos. ²¹O segundo irmão se casou com a viúva, mas também morreu sem deixar filhos. Então o terceiro irmão se casou com ela. ²²O mesmo aconteceu até o sétimo irmão, e nenhum deixou filhos. Por fim, a mulher também morreu. ²³Diga-nos, de quem ela será esposa na ressurreição? Afinal, os sete se casaram com ela".

²⁴Jesus respondeu: "O erro de vocês está em não conhecerem as Escrituras nem o poder de Deus. ²⁵Pois, quando os mortos ressuscitarem, não se casarão nem se darão em casamento. Nesse sentido, serão como os anjos do céu.

²⁶"Agora, quanto a haver ressurreição dos mortos, vocês não leram a esse respeito nos escritos de Moisés, no relato sobre o arbusto em chamas? Deus disse a Moisés: 'Eu sou o Deus de Abraão, o Deus de Isaque e o Deus de Jacó'.ᵉ ²⁷Portanto, ele é o Deus dos vivos, e não dos mortos. Vocês estão completamente enganados!".

O mandamento mais importante

²⁸Um dos mestres da lei estava ali ouvindo a discussão. Ao perceber que Jesus tinha respondido bem, perguntou: "De todos os mandamentos, qual é o mais importante?".

²⁹Jesus respondeu: "O mandamento mais importante é este: 'Ouça, ó Israel! O Senhor, nosso Deus, é o único Senhor. ³⁰Ame o Senhor, seu Deus, de todo o seu coração, de toda a sua alma, de toda a sua mente e de todas as suas forças'.ᶠ ³¹O segundo é igualmente importante: 'Ame o seu próximo como a si mesmo'.ᵍ Nenhum outro mandamento é maior que esses".

³²O mestre da lei respondeu: "Muito bem, mestre. O senhor falou a verdade ao dizer que há só um Deus, e nenhum outro. ³³E sei que é importante amá-lo de todo o meu coração, de todo o meu entendimento e de todas as minhas forças, e amar o meu próximo como a mim mesmo. É mais importante que oferecer todos os holocaustos e sacrifícios exigidos pela lei".

³⁴Ao perceber quanto o homem compreendia, Jesus disse: "Você não está longe do reino de Deus". Depois disso, ninguém se atreveu a lhe fazer mais perguntas.

De quem o Cristo é filho?

³⁵Mais tarde, enquanto ensinava o povo no templo, Jesus fez a seguinte pergunta: "Por que os mestres da lei afirmam que o

Cristo é filho de Davi? ³⁶O próprio Davi, falando por meio do Espírito Santo, disse:

'O Senhor disse ao meu Senhor:
Sente-se no lugar de honra à minha direita
até que eu humilhe seus inimigos
debaixo de seus pés'.ª

³⁷Uma vez que Davi chamou o Cristo de 'meu Senhor', como ele pode ser filho de Davi?".

E a grande multidão o ouvia com prazer.

Jesus critica os mestres da lei

³⁸Jesus também ensinou: "Cuidado com os mestres da lei! Eles gostam de se exibir com vestes longas e de receber saudações respeitosas quando andam pelas praças. ³⁹E como gostam de sentar-se nos lugares de honra nas sinagogas e à cabeceira da mesa nos banquetes! ⁴⁰No entanto, tomam posse dos bens das viúvas de maneira desonesta e, depois, para dar a impressão de piedade, fazem longas orações em público. Por causa disso, serão duramente castigados".

A oferta da viúva

⁴¹Jesus sentou-se perto da caixa de ofertas do templo e ficou observando o povo colocar o dinheiro. Muitos ricos contribuíam com grandes quantias. ⁴²Então veio uma viúva pobre e colocou duas moedas pequenas.ᵇ

⁴³Jesus chamou seus discípulos e disse: "Eu lhes digo a verdade: essa viúva depositou na caixa de ofertas mais que todos os outros. ⁴⁴Eles deram uma parte do que lhes sobrava, mas ela, em sua pobreza, deu tudo que tinha".

Jesus fala de acontecimentos futuros

13 Quando Jesus saía do templo, um de seus discípulos disse: "Mestre, olhe que construções magníficas! Que pedras impressionantes!".

²Jesus respondeu: "Está vendo estas grandes construções? Serão completamente destruídas. Não restará pedra sobre pedra!".

³Mais tarde, Jesus sentou-se no monte das Oliveiras, do outro lado do vale, de frente para o templo. Pedro, Tiago, João e André vieram e lhe perguntaram em particular: ⁴"Diga-nos, quando isso tudo vai acontecer? Que sinais indicarão que essas coisas estão prestes a se cumprir?".

⁵Jesus respondeu: "Não deixem que ninguém os engane, ⁶pois muitos virão em meu nome, dizendo: 'Eu sou o Cristo,'ª e enganarão muitos. ⁷Vocês ouvirão falar de guerras e ameaças de guerras, mas não entrem em pânico. Sim, é necessário que essas coisas ocorram, mas ainda não será o fim. ⁸Uma nação guerreará contra a outra, e um reino contra o outro. Haverá terremotos em vários lugares, e também fome. Tudo isso, porém, será apenas o começo das dores de parto.

⁹"Tenham cuidado! Vocês serão entregues aos tribunais e açoitados nas sinagogas. Por minha causa, serão julgados diante de governadores e reis. Essa será sua oportunidade de lhes falar a meu respeito.[b] ¹⁰É necessário, primeiro, que as boas-novas sejam anunciadas a todas as nações.[c] ¹¹Quando forem presos e julgados, não se preocupem com o que dirão. Falem apenas o que lhes for concedido naquele momento, pois não serão vocês que falarão, mas o Espírito Santo.

¹²"O irmão trairá seu irmão e o entregará à morte, e assim também o pai a seu próprio filho. Os filhos se rebelarão contra os pais e os matarão. ¹³Todos os odiarão por minha causa, mas quem se mantiver firme até o fim será salvo.

¹⁴"Chegará o dia em que vocês verão a 'terrível profanação'[d] no lugar onde não deveria estar. (Leitor, preste atenção!) Então, quem estiver na Judeia, fuja para os montes. ¹⁵Quem estiver na

parte de cima da casa, não desça nem entre para pegar coisa alguma. ¹⁶Quem estiver no campo, não volte nem para pegar o manto. ¹⁷Que terríveis serão aqueles dias para as grávidas e para as mães que estiverem amamentando! ¹⁸Orem para que a fuga de vocês não aconteça no inverno, ¹⁹pois haverá mais angústia naqueles dias que em qualquer outra ocasião desde que Deus criou o mundo, e nunca mais haverá angústia tão grande. ²⁰De fato, se o Senhor não tivesse limitado esse tempo, ninguém sobreviveria, mas, por causa de seus escolhidos, ele limitou aqueles dias.

²¹"Portanto, se alguém lhes disser: 'Vejam, aqui está o Cristo!' ou 'Vejam, ali está ele!', não acreditem, ²²pois falsos cristos e falsos profetas surgirão e realizarão sinais e maravilhas a fim de enganar, se possível, até os escolhidos. ²³Fiquem atentos! Eu os avisei a esse respeito de antemão.

²⁴"Naquele tempo, depois da angústia daqueles dias,

'o sol escurecerá,
 a lua não dará luz,
²⁵as estrelas cairão do céu,
 e os poderes dos céus serão abalados'.ᵉ

²⁶Então todos verão o Filho do Homem vindo nas nuvens com grande poder e glória.ᶠ ²⁷Ele enviará seus anjos para reunir seus escolhidos de todas as partes do mundo,ᵍ das extremidades da terra às extremidades do céu.

²⁸"Agora, aprendam a lição da figueira. Quando surgem seus ramos e suas folhas começam a brotar, vocês sabem que o verão está próximo. ²⁹Da mesma forma, quando virem todas essas coisas, saberão que o tempo está muito próximo, à porta. ³⁰Eu lhes digo a verdade: esta geraçãoʰ certamente não passará até que todas essas coisas tenham acontecido. ³¹O céu e a terra desaparecerão, mas as minhas palavras jamais desaparecerão.

³²"Contudo, ninguém sabe o dia nem a hora em que essas coisas acontecerão, nem mesmo os anjos no céu, nem o Filho. Somente

o Pai sabe. ³³E, uma vez que vocês não sabem quando virá esse tempo, vigiem! Fiquem atentos!ⁱ

³⁴"A vinda do Filho do Homem pode ser ilustrada pela história de um homem que partiu numa longa viagem. Quando saiu de casa, deu instruções a cada um de seus servos sobre o que fazer e disse ao porteiro que vigiasse, à espera de sua volta. ³⁵Vocês também devem vigiar! Pois não sabem quando o dono da casa voltará: à tarde, à meia-noite, de madrugada ou ao amanhecer. ³⁶Que ele não os encontre dormindo quando chegar sem aviso. ³⁷Eu lhes digo o que digo a todos: vigiem!".

A conspiração para matar Jesus

14 Faltavam dois dias para a Páscoa e para a Festa dos Pães sem Fermento. Os principais sacerdotes e mestres da lei ainda procuravam uma oportunidade de prender Jesus em segredo e matá-lo. ²"Mas não durante a festa da Páscoa, para não haver tumulto entre o povo", concordaram entre eles.

Jesus é ungido em Betânia

³Enquanto isso, Jesus estava em Betânia, na casa de Simão, o leproso. Quando ele estava à mesa, uma mulher entrou com um frasco de alabastro contendo um perfume caro, feito de essência de nardo. Ela quebrou o frasco e derramou o perfume sobre a cabeça dele.

⁴Alguns dos que estavam à mesa ficaram indignados. "Por que desperdiçar um perfume tão caro?", perguntaram. ⁵"Poderia ter sido vendido por trezentas moedas de prata,ᵃ e o dinheiro, dado aos pobres!" E repreenderam a mulher severamente.

⁶Jesus, porém, disse: "Deixem-na em paz. Por que a criticam por ter feito algo tão bom para mim? ⁷Vocês sempre terão os pobres em seu meio e poderão ajudá-los sempre que desejarem, mas nem sempre terão a mim. ⁸Ela fez o que podia e ungiu meu corpo de antemão para o sepultamento. ⁹Eu lhes digo a verdade:

onde quer que as boas-novas sejam anunciadas pelo mundo, o que esta mulher fez será contado, e dela se lembrarão".

Judas concorda em trair Jesus

¹⁰Então Judas Iscariotes, um dos Doze, foi aos principais sacerdotes para combinar de lhes entregar Jesus. ¹¹Quando souberam por que ele tinha vindo, ficaram muito satisfeitos e lhe prometeram dinheiro. Então ele começou a procurar uma oportunidade para trair Jesus.

A última ceia

¹²No primeiro dia da Festa dos Pães sem Fermento, quando o cordeiro pascal era sacrificado, os discípulos de Jesus lhe perguntaram: "Onde quer que lhe preparemos a refeição da Páscoa?".

¹³Então Jesus enviou dois deles a Jerusalém, com as seguintes instruções: "Ao entrarem na cidade, um homem carregando uma vasilha de água virá ao seu encontro. Sigam-no. ¹⁴Digam ao dono da casa em que ele entrar: 'O Mestre pergunta: Onde fica o aposento no qual comerei a refeição da Páscoa com meus discípulos?'. ¹⁵Ele os levará a uma sala grande no andar superior, que já estará arrumada. Preparem ali a refeição". ¹⁶Então os dois discípulos foram à cidade e encontraram tudo como Jesus tinha dito, e ali prepararam a refeição da Páscoa.

¹⁷Ao anoitecer, Jesus chegou com os Doze. ¹⁸Quando estavam à mesa, comendo, Jesus disse: "Eu lhes digo a verdade: um de vocês que está aqui comendo comigo vai me trair".

¹⁹Aflitos, eles protestaram: "Certamente não serei eu!".

²⁰Jesus respondeu: "É um dos Doze. É alguém que come comigo da mesma tigela. ²¹Pois o Filho do Homem deve morrer, como as Escrituras declararam há muito tempo. Mas que terrível será para aquele que o trair! Para esse homem seria melhor não ter nascido".

²²Enquanto comiam, Jesus tomou o pão e o abençoou. Em seguida, partiu-o em pedaços e deu aos discípulos, dizendo: "Tomem, porque este é o meu corpo".

²³Então tomou o cálice de vinho e agradeceu a Deus. Depois, entregou-o aos discípulos, e todos beberam. ²⁴Então Jesus disse: "Este é o meu sangue, que confirma a aliança.[b] Ele é derramado como sacrifício por muitos. ²⁵Eu lhes digo a verdade: não voltarei a beber vinho até aquele dia em que beberei um vinho novo no reino de Deus".

²⁶Então cantaram um hino e saíram para o monte das Oliveiras.

Jesus prediz a negação de Pedro

²⁷No caminho, Jesus disse: "Todos vocês me abandonarão, pois as Escrituras dizem:

'Deus ferirá[c] o pastor,
 e as ovelhas serão dispersas'.

²⁸Mas, depois de ressuscitar, irei adiante de vocês à Galileia".

²⁹Pedro declarou: "Mesmo que todos os outros o abandonem, eu jamais farei isso".

³⁰Jesus respondeu: "Eu lhe digo a verdade: esta mesma noite, antes que o galo cante duas vezes, você me negará três vezes".

³¹Pedro, no entanto, insistiu enfaticamente: "Mesmo que eu tenha de morrer ao seu lado, jamais o negarei!". E todos os outros discípulos disseram o mesmo.

Jesus ora no Getsêmani

³²Então foram a um lugar chamado Getsêmani, e Jesus disse a seus discípulos: "Sentem-se aqui enquanto vou orar". ³³Levou consigo Pedro, Tiago e João e começou a sentir grande pavor e angústia. ³⁴"Minha alma está profundamente triste, a ponto de morrer", disse ele. "Fiquem aqui e vigiem."

³⁵Ele avançou um pouco e curvou-se até o chão. Então orou para que, se possível, a hora que o esperava fosse afastada dele. ³⁶E clamou: "Aba,[a] Pai, tudo é possível para ti. Peço que afastes de mim este cálice. Contudo, que seja feita a tua vontade, e não a minha".

³⁷Depois, voltou aos discípulos e os encontrou dormindo. "Simão, você está dormindo?", disse ele a Pedro. "Não pode vigiar comigo nem por uma hora? ³⁸Vigiem e orem para que não cedam à tentação, pois o espírito está disposto, mas a carne é fraca."

³⁹Então os deixou novamente e fez a mesma oração de antes. ⁴⁰Quando voltou pela segunda vez, mais uma vez encontrou os discípulos dormindo, pois não conseguiam manter os olhos abertos. Eles não sabiam o que dizer.

⁴¹Ao voltar pela terceira vez, disse: "Vocês ainda dormem e descansam? Basta; chegou a hora. O Filho do Homem está para ser entregue nas mãos de pecadores. ⁴²Levantem-se e vamos. Meu traidor chegou".

Jesus é traído e preso

⁴³No mesmo instante, enquanto Jesus ainda falava, Judas, um dos Doze, chegou com uma multidão armada de espadas e pedaços de pau. Tinham sido enviados pelos principais sacerdotes, mestres da lei e líderes do povo. ⁴⁴O traidor havia combinado com eles um sinal: "Vocês saberão a quem devem prender quando eu o cumprimentar com um beijo. Então poderão levá-lo em segurança". ⁴⁵Assim que chegaram, Judas se aproximou de Jesus. "Rabi!", exclamou ele, e o beijou.

⁴⁶Os outros agarraram Jesus e o prenderam. ⁴⁷Mas um dos que estavam com Jesus puxou a espada e feriu o servo do sumo sacerdote, cortando-lhe a orelha.

⁴⁸Jesus perguntou: "Por acaso sou um revolucionário perigoso, para que venham me prender com espadas e pedaços de pau? ⁴⁹Por que não me prenderam no templo? Todos os dias estive ali, no meio de vocês, ensinando. Mas estas coisas estão acontecendo para que se cumpra o que dizem as Escrituras".

⁵⁰Então todos o abandonaram e fugiram. ⁵¹Um jovem que os seguia vestia apenas um lençol de linho. Quando a multidão tentou agarrá-lo, ⁵²ele deixou para trás o lençol e escapou nu.

O julgamento de Jesus diante do conselho

⁵³Levaram Jesus para a casa do sumo sacerdote, onde estavam reunidos os principais sacerdotes, os líderes do povo e os mestres da lei. ⁵⁴Pedro seguia Jesus de longe e entrou no pátio do sumo sacerdote. Ali, sentou-se com os guardas para se aquecer junto ao fogo.

⁵⁵Lá dentro, os principais sacerdotes e todo o conselho dos líderes do povo[b] tentavam, sem sucesso, encontrar provas contra Jesus, para que pudessem condená-lo à morte. ⁵⁶Muitas testemunhas falsas deram depoimentos, mas elas se contradiziam. ⁵⁷Por fim, alguns homens se levantaram e apresentaram o seguinte testemunho falso: ⁵⁸"Nós o ouvimos dizer: 'Destruirei este templo feito por mãos humanas e em três dias construirei outro, não feito por mãos humanas'". ⁵⁹Mas nem assim seus depoimentos eram coerentes.

⁶⁰Então o sumo sacerdote se levantou diante dos demais e perguntou a Jesus: "Você não vai responder a essas acusações? O que tem a dizer em sua defesa?". ⁶¹Jesus, no entanto, permaneceu calado e não deu resposta alguma. Então o sumo sacerdote perguntou: "Você é o Cristo, o Filho do Deus Bendito?".

⁶²"Eu sou", disse Jesus. "E vocês verão o Filho do Homem sentado à direita do Deus Poderoso[c] e vindo sobre as nuvens do céu."[d]

⁶³Então o sumo sacerdote rasgou as vestes e disse: "Que necessidade temos de outras testemunhas? ⁶⁴Todos ouviram a blasfêmia. Qual é o veredicto?".

E todos o julgaram culpado e o condenaram à morte.

⁶⁵Então alguns deles começaram a cuspir em Jesus. Vendaram seus olhos e lhe deram socos. "Profetize para nós!", zombavam. E os guardas lhe davam tapas enquanto o levavam.

Pedro nega Jesus

⁶⁶Enquanto isso, Pedro estava lá embaixo, no pátio. Uma das criadas que trabalhava para o sumo sacerdote passou por ali ⁶⁷e viu

Pedro se aquecendo junto ao fogo. Olhou bem para ele e disse: "Você é um dos que estavam com Jesus de Nazaré".[a]

[68] Ele, porém, negou. "Não faço a menor ideia do que você está falando!", disse, e caminhou em direção à saída. Naquele instante, o galo cantou.[b]

[69] Quando a criada o viu ali, começou a dizer aos outros: "Este homem com certeza é um deles!". [70] Mas Pedro negou novamente.

Um pouco mais tarde, alguns dos que estavam por lá confrontaram Pedro, dizendo: "Você deve ser um deles, pois é galileu".

[71] Ele, porém, começou a praguejar e jurou: "Não conheço esse homem de quem vocês estão falando!". [72] E, no mesmo instante, o galo cantou pela segunda vez.

Então Pedro se lembrou das palavras de Jesus: "Antes que o galo cante duas vezes, você me negará três vezes". E começou a chorar.

O julgamento de Jesus diante de Pilatos

15 De manhã bem cedo, os principais sacerdotes, os líderes do povo e os mestres da lei — todo o alto conselho[c] — se reuniram para discutir o que fariam em seguida. Então amarraram Jesus, o levaram e o entregaram a Pilatos.

[2] Pilatos lhe perguntou: "Você é o rei dos judeus?".

Jesus respondeu: "É como você diz".

[3] Os principais sacerdotes o acusaram de vários crimes, [4] e Pilatos perguntou: "Você não vai responder? O que diz de todas essas acusações?". [5] Mas, para surpresa de Pilatos, Jesus não disse coisa alguma.

[6] A cada ano, durante a festa da Páscoa, era costume libertar um prisioneiro, qualquer um que a multidão escolhesse. [7] Um dos prisioneiros era Barrabás, um revolucionário que havia cometido assassinato durante uma revolta. [8] A multidão foi a Pilatos e pediu que ele libertasse um prisioneiro, como de costume.

[9] Pilatos perguntou: "Querem que eu solte o 'rei dos judeus'?". [10] (Pois havia percebido que os principais sacerdotes tinham prendido Jesus por inveja.) [11] Nesse momento, os principais sacerdotes

instigaram a multidão a pedir a libertação de Barrabás em vez de Jesus. ¹²Pilatos lhes perguntou: "Então o que farei com este homem que vocês chamam de 'rei dos judeus'?".

¹³"Crucifique-o!", gritou a multidão.

¹⁴"Por quê?", quis saber Pilatos. "Que crime ele cometeu?" Mas a multidão gritou ainda mais alto: "Crucifique-o!".

¹⁵Para acalmar a multidão, Pilatos lhes soltou Barrabás. Então, depois de mandar açoitar Jesus, entregou-o aos soldados romanos para que fosse crucificado.

Os soldados zombam de Jesus

¹⁶Os soldados levaram Jesus para o palácio do governador (lugar conhecido como Pretório) e chamaram todo o regimento. ¹⁷Vestiram Jesus com um manto vermelho, teceram uma coroa de espinhos e a colocaram em sua cabeça. ¹⁸Então o saudavam, zombando: "Salve, rei dos judeus!". ¹⁹Batiam em sua cabeça com uma vara, cuspiam nele e ajoelhavam-se, fingindo adorá-lo. ²⁰Quando se cansaram de zombar dele, tiraram o manto vermelho e o vestiram com suas roupas. Então o levaram para ser crucificado.

A crucificação

²¹Um homem chamado Simão, de Cirene,[d] passava ali naquele momento, vindo do campo. Os soldados o obrigaram a carregar a cruz. (Simão era pai de Alexandre e Rufo.) ²²Levaram Jesus a um lugar chamado Gólgota (que quer dizer "Lugar da Caveira"). ²³Ofereceram-lhe vinho misturado com mirra, mas ele recusou.

²⁴Então os soldados o pregaram na cruz. Depois, dividiram as roupas dele e tiraram sortes para decidir quem ficava com cada peça. ²⁵Eram nove horas da manhã quando o crucificaram. ²⁶Uma tabuleta anunciava a acusação feita contra ele: "O Rei dos Judeus". ²⁷Dois criminosos foram crucificados com ele, um à sua direita e outro à sua esquerda. ²⁸Assim, cumpriram-se as Escrituras que diziam: "Ele foi contado entre os rebeldes".[a]

²⁹O povo que passava por ali gritava insultos e sacudia a cabeça em zombaria. "Olhe só!", gritavam. "Você disse que destruiria o templo e o reconstruiria em três dias. ³⁰Pois bem, salve a si mesmo e desça da cruz!"

³¹Os principais sacerdotes e os mestres da lei também zombavam de Jesus. "Salvou os outros, mas não pode salvar a si mesmo!", diziam. ³²"Que esse Cristo, o rei de Israel, desça da cruz agora mesmo para que vejamos e creiamos nele!" Até os homens crucificados com Jesus o insultavam.

A morte de Jesus

³³Ao meio-dia, desceu sobre toda a terra uma escuridão que durou três horas. ³⁴Por volta das três da tarde, Jesus clamou em alta voz: "*Eloí, Eloí, lamá sabactâni*?", que quer dizer: "Meu Deus, meu Deus, por que me abandonaste?".[b]

³⁵Alguns dos que estavam ali, ouvindo isso, disseram: "Ele está chamando Elias". ³⁶Um deles correu, ensopou uma esponja com vinagre e a ergueu num caniço para que ele bebesse. "Esperem!", disse ele. "Vamos ver se Elias vem tirá-lo daí."

³⁷Então Jesus clamou em alta voz e deu o último suspiro. ³⁸A cortina do santuário do templo se rasgou em duas partes, de cima até embaixo.

³⁹Quando o oficial romano[c] que estava diante dele[d] viu como ele havia morrido, exclamou: "Este homem era verdadeiramente o Filho de Deus!".

⁴⁰Algumas mulheres observavam de longe. Entre elas estavam Maria Madalena, Maria, mãe de Tiago, o mais jovem, e de José,[a] e Salomé. ⁴¹Eram seguidoras de Jesus e o haviam servido na Galileia. Também estavam ali muitas mulheres que foram com ele a Jerusalém.

O sepultamento de Jesus

⁴²Tudo isso aconteceu na sexta-feira, o dia da preparação, antes do sábado. Ao entardecer, ⁴³José de Arimateia foi corajosamente

a Pilatos e pediu o corpo de Jesus. (José era um membro respeitado do conselho dos líderes do povo e esperava a chegada do reino de Deus.) ⁴⁴Surpreso com o fato de Jesus já estar morto, Pilatos chamou o oficial romano e perguntou se fazia muito tempo que ele havia morrido. ⁴⁵O oficial confirmou que Jesus estava morto, e Pilatos disse a José que podia levar o corpo. ⁴⁶José comprou um lençol de linho, desceu o corpo de Jesus da cruz, envolveu-o no lençol e colocou-o num túmulo escavado na rocha. Então rolou uma grande pedra na entrada do túmulo. ⁴⁷Maria Madalena e Maria, mãe de José, viram onde o corpo de Jesus tinha sido sepultado.

A ressurreição

16 Ao entardecer do dia seguinte, terminado o sábado, Maria Madalena, Maria, mãe de Tiago, e Salomé foram comprar especiarias para ungir o corpo de Jesus. ²No domingo de manhã, bem cedo,[b] ao nascer do sol, elas foram ao túmulo. ³No caminho, perguntavam umas às outras: "Quem removerá para nós a pedra da entrada do túmulo?". ⁴Mas, quando chegaram, foram verificar e viram que a pedra, que era muito grande, já havia sido removida.

⁵Ao entrarem no túmulo, viram um jovem vestido de branco sentado do lado direito. Ficaram assustadas, ⁶mas ele disse: "Não tenham medo. Vocês procuram Jesus de Nazaré,[c] que foi crucificado. Ele não está aqui. Ressuscitou! Vejam, este é o lugar onde haviam colocado seu corpo. ⁷Agora vão e digam aos discípulos, incluindo Pedro, que Jesus vai adiante deles à Galileia. Vocês o verão lá, como ele lhes disse".

⁸Trêmulas e desnorteadas, as mulheres fugiram do túmulo e não disseram coisa alguma a ninguém, pois estavam assustadas demais.[d]

⁹Quando Jesus ressuscitou dos mortos, no domingo de manhã, bem cedo, a primeira pessoa que o viu foi Maria Madalena, a mulher de quem ele havia expulsado sete demônios. ¹⁰Ela foi aos discípulos, que lamentavam e choravam, e contou o que havia

acontecido. ¹¹Quando ela disse que Jesus estava vivo e que o tinha visto, eles não acreditaram.

¹²Depois, Jesus apareceu em outra forma a dois de seus seguidores, enquanto iam de Jerusalém para o campo. ¹³Voltaram correndo para contar aos outros, mas eles não acreditaram.

¹⁴Mais tarde, enquanto os onze discípulos comiam, Jesus lhes apareceu. Ele os repreendeu por sua incredulidade obstinada, pois se recusaram a crer naqueles que o tinham visto depois de sua ressurreição.

¹⁵Jesus lhes disse: "Vão ao mundo inteiro e anunciem as boas-novas a todos. ¹⁶Quem crer e for batizado será salvo, mas quem se recusar a crer será condenado. ¹⁷Os seguintes sinais acompanharão aqueles que crerem: em meu nome expulsarão demônios, falarão em novas línguas,ᵉ ¹⁸pegarão em serpentes sem correr perigo, se beberem algo venenoso, não lhes fará mal, e colocarão as mãos sobre os enfermos e eles serão curados".

¹⁹Quando o Senhor Jesus acabou de falar com eles, foi levado para o céu e sentou-se à direita de Deus. ²⁰Os discípulos foram a toda parte e anunciavam a mensagem, e o Senhor cooperava com eles, confirmando-a com muitos sinais.

Lendo LUCAS

*O evangelho do Salvador
para as pessoas perdidas em toda parte*

Você já assistiu a um filme ou leu um livro e ao final disse: "Tem que haver uma sequência!"? Algo sobre a história simplesmente não estava concluído; havia pontas soltas para amarrar, mais ângulos para explorar, um conflito ainda a ser resolvido. Uma das chaves mais importantes para entender o evangelho de Lucas é perceber que, quando chegamos ao fim do evangelho, a história ainda não está terminada.

Lucas–Atos, um trabalho de dois volumes. Lucas foi o único dos quatro escritores dos evangelhos a incluir um segundo volume que responde à pergunta "O que ocorreu depois?". Enquanto o evangelho de Lucas conta a história de Jesus desde a Sua concepção pelo Espírito Santo até a ascensão dele ao Céu, o livro de Atos narra como Seus discípulos, no poder do mesmo Espírito Santo, levaram Sua mensagem de salvação de Jerusalém até os lugares mais longínquos da Terra (ATOS 1.8). No início de Atos, Lucas se refere ao seu livro anterior como "tudo que Jesus *começou a fazer e a ensinar* até o dia em que foi levado para o céu..." (ATOS 1.1,2 – ÊNFASE ADICIONADA). O livro de Atos é, portanto, sobre o que Jesus continua a fazer e a ensinar por intermédio de Sua Igreja pelo poder e orientação do Espírito Santo.

O evangelho de Lucas e o livro de Atos são, portanto, mais do que apenas dois livros do mesmo autor. São duas partes de um único trabalho. A história que começa no evangelho não alcança sua conclusão narrativa até o final de Atos. Por causa dessa unidade teológica e literária, os estudiosos usam a designação de hifenização "Lucas–Atos" para descrever os dois livros.

Dois grandes movimentos: *de Jerusalém a Roma; de judeus a gentios*. Dois grandes movimentos conduzem a história de Lucas–Atos. O primeiro é um movimento geográfico, de Jerusalém a Roma. O evangelho começa no Templo em Jerusalém, no coração do judaísmo (1.8). Jerusalém desempenha um papel importante e bilateral em Lucas–Atos. Por um lado, é um papel positivo, uma vez que é o lugar do Templo sagrado de Deus onde habita a Sua presença. No Antigo Testamento, é profetizado que a palavra de Deus sairia de Jerusalém para o mundo (ISAÍAS 2.3). Israel deveria ser uma luz para as nações (ISAÍAS 49.6) e Jerusalém simbolizava essa luz. Certamente, em Atos a Igreja leva a mensagem da salvação "em Jerusalém [...] e nos lugares mais distantes da terra" (ATOS 1.8).

Ao mesmo tempo, Jerusalém desempenha um papel mais negativo e sombrio, representando a teimosa e rebelde nação de Israel. No passado, Jerusalém matou os profetas de Deus (LUCAS 11.47,48; 13.33,34; 19.40,41) e acabará por matar o Messias (ATOS 7.52). Por essa razão, a cidade experimentará o julgamento e a destruição de Deus (LUCAS 13.34; 19.43,44; 21.20,24).

A importância de Jerusalém fica evidente na "narrativa de viagem" de Lucas (ou "jornada a Jerusalém"), que é a característica estrutural mais original do evangelho de Lucas. No evangelho de Marcos, quando Jesus vai primeiro da Galileia a Jerusalém, leva menos de um capítulo para chegar lá (MARCOS 10.32–11.11). Em Lucas, Jesus se dirige a Jerusalém em 9:51, mas não chega nessa cidade por dez capítulos (19.45). Jesus vaga de um lugar para outro, mas sempre de olho em Jerusalém (9.53; 13.22,33; 17.11; 18.31; 19.11). O destino claramente tem significado teológico, simbolizando tanto a rejeição de Jesus por Seu próprio povo quanto a salvação que Ele realizará através de Sua morte e ressurreição.

O evangelho de Lucas é todo sobre o movimento da Galileia a Jerusalém a fim de *realizar a salvação de Deus,* mas o livro de Atos é sobre a deslocamento da Igreja para fora de Jerusalém a fim de proclamar essa salvação a um mundo perdido (ATOS 1.8). Este movimento geográfico é também étnico, de *judeus aos gentios.* O tempo todo foi o plano de Deus que a salvação, que começou em Israel, chegasse até os confins da Terra. A Igreja, composta de judeus e gentios, representa o povo de Deus na presente era de salvação.

Essa ênfase confirma um dos mais importantes temas do evangelho de Lucas: continuidade. Há continuidade entre o Antigo Testamento e o Novo; entre a promessa de Deus e seu cumprimento; entre Israel, o povo do antigo pacto, e a Igreja, o povo do novo. A Igreja de Jesus Cristo não é uma nova religião; é a continuação e cumprimento do propósito e plano de Deus por meio de Israel para trazer salvação ao mundo.

O tema do evangelho para todas as nações é central em Atos, mas já se manifesta de muitas maneiras no evangelho de Lucas. Considere estes exemplos: (1) Lucas data o ministério de Jesus por eventos na história mundial, como os reinados dos imperadores romanos (2.1; 3.1). (2) No final de Mateus, aprendemos que o evangelho chegará a "todas as nações" (MATEUS 28.18-20); em Lucas, sabemos disso no segundo capítulo (LUCAS 2.32). (3) Cada um dos evangelhos cita Isaías 40.3 para descrever João Batista como "uma voz [...] no deserto", mas Lucas estende a citação a Isaías 40.5 para mostrar que "todos verão a salvação enviada por Deus" (LUCAS 3.6 – ÊNFASE ADICIONADA). (4) Embora a genealogia de Mateus remonte a Abraão (1.1), o pai da nação judaica, Lucas volta até Adão (LUCAS 3.38), o pai de todas as pessoas. (5) Em Lucas, o tema do sermão introdutório de Jesus em Nazaré é que Deus deseja abençoar os gentios, assim como os judeus (mensagem que quase lhe custou a vida! 4.24-30). De muitas maneiras, Lucas mostra que Jesus é o Salvador para todas as pessoas em todos os lugares.

Lucas

O evangelho para os renegados: *buscando e salvando os perdidos.* Outra maneira que esse tema se apresenta no evangelho é com a ênfase consistente de Lucas sobre amor de Deus por aqueles que estão à margem. Jesus demonstra um cuidado especial com pessoas marginalizadas e as de baixo status social. Isso inclui os pobres, os doentes, os endemoninhados, os pecadores, as prostitutas, os cobradores de impostos, os leprosos, os samaritanos, as mulheres e as crianças. Jesus oferece perdão aos soldados que o estão crucificando (23.34) e ao criminoso crucificado ao lado dele (23.43). Muitas das parábolas mais conhecidas de Jesus aparecem na "narrativa de viagem" de Lucas (9.51–19.27) e dizem respeito ao amor de Deus pelos perdidos e marginalizados: o samaritano (10.30-35), o Grande banquete (14.15-24), a Ovelha perdida e a Moeda perdida, o Filho pródigo (15.1-32), o Rico e Lázaro (16.19-31), a Viúva persistente e o Fariseu e o coletor de impostos (18.1-14).

O ápice para essas histórias de "marginalizados" é o relato de Zaqueu, que ocorre pouco antes da chegada de Jesus a Jerusalém (19.1-10). Zaqueu não é apenas um desprezado cobrador de impostos, ele é o principal cobrador de impostos, o pior dos piores. No entanto, quando ele acolhe Jesus em sua casa e se arrepende de seu pecado, Jesus anuncia: "Hoje chegou a salvação a esta casa, pois este homem também é filho de Abraão". O verdadeiro povo de Deus são pessoas que se arrependem e se achegam a Ele em fé. A próxima declaração de Jesus não é apenas o culminar apropriado dessa história, mas também é o versículo-tema de todo esse evangelho: *"Porque o Filho do Homem veio buscar e salvar os perdidos"* (19.10 – ÊNFASE ADICIONADA). Da perspectiva de Lucas, Jesus é o Salvador das pessoas perdidas em todos os lugares.

LUCAS

Introdução

1 Muitos se propuseram a escrever uma narração dos acontecimentos que se cumpriram entre nós. ²Usaram os relatos que nos foram transmitidos por aqueles que, desde o princípio, foram testemunhas oculares e servos da palavra. ³Depois de investigar tudo detalhadamente desde o início, também decidi escrever-lhe um relato preciso, excelentíssimo Teófilo, ⁴para que tenha plena certeza de tudo que lhe foi ensinado.

O anúncio do nascimento de João Batista

⁵Quando Herodes era rei da Judeia, havia um sacerdote chamado Zacarias, que fazia parte do grupo sacerdotal de Abias. Sua esposa, Isabel, também pertencia à linhagem sacerdotal de Arão. ⁶Zacarias e Isabel eram justos aos olhos de Deus e obedeciam cuidadosamente a todos os mandamentos e estatutos do Senhor. ⁷Não tinham filhos, pois Isabel era estéril, e ambos já estavam bem velhos.

⁸Certo dia, Zacarias estava servindo diante de Deus no templo, pois seu grupo realizava o trabalho sacerdotal, conforme a escala. ⁹Foi escolhido por sorteio, como era costume dos sacerdotes, para entrar no santuário do Senhor e queimar incenso. ¹⁰Enquanto o incenso era queimado, uma grande multidão orava do lado de fora.

¹¹Então um anjo do Senhor lhe apareceu, à direita do altar de incenso. ¹²Ao vê-lo, Zacarias ficou muito abalado e assustado. ¹³O anjo, porém, lhe disse: "Não tenha medo, Zacarias! Sua oração foi ouvida. Isabel, sua esposa, lhe dará um filho, e você o chamará João. ¹⁴Você terá grande satisfação e alegria, e muitos se alegrarão com o nascimento do menino, ¹⁵pois ele será grande aos olhos do

Senhor. Nunca tomará vinho nem outra bebida forte. Será cheio do Espírito Santo, antes mesmo de nascer.[a] [16]Fará muitos israelitas voltarem ao Senhor, seu Deus. [17]Será um homem com o espírito e o poder de Elias, e preparará o povo para a vinda do Senhor. Fará o coração dos pais voltar para seus filhos[b] e levará os rebeldes a aceitarem a sabedoria dos justos".

[18]Zacarias disse ao anjo: "Como posso ter certeza de que isso acontecerá? Já sou velho, e minha mulher também é de idade avançada".

[19]O anjo respondeu: "Sou Gabriel, e estou sempre na presença de Deus. Foi ele quem me enviou para lhe trazer estas boas-novas. [20]Agora, porém, você ficará mudo até os dias em que essas coisas acontecerão, pois não acreditou em minhas palavras, que se cumprirão no devido tempo".

[21]Enquanto isso, o povo esperava Zacarias sair do santuário e se perguntava por que ele demorava tanto. [22]Quando finalmente saiu, não conseguia falar com eles, e perceberam por seus gestos e seu silêncio que ele havia tido uma visão no santuário.

[23]Ao fim de seus dias de serviço no templo, Zacarias voltou para casa. [24]Pouco tempo depois, sua esposa, Isabel, engravidou e não saiu de casa[c] por cinco meses. [25]"Como o Senhor foi bom para mim em minha velhice!", exclamou ela. "Tirou de mim a humilhação pública de não ter filhos!"

O anúncio do nascimento de Jesus

[26]No sexto mês da gestação de Isabel, Deus enviou o anjo Gabriel a Nazaré, uma cidade da Galileia, [27]a uma virgem de nome Maria. Ela estava prometida em casamento a um homem chamado José, descendente do rei Davi. [28]Gabriel apareceu a ela e lhe disse: "Alegre-se, mulher favorecida! O Senhor está com você!".[d]

[29]Confusa, Maria tentou imaginar o que o anjo quis dizer. [30]"Não tenha medo, Maria", disse o anjo, "pois você encontrou favor diante de Deus. [31]Ficará grávida e dará à luz um filho, e o chamará Jesus. [32]Ele será grande, e será chamado Filho do Altíssimo. O

Senhor Deus lhe dará o trono de seu antepassado Davi, [33]e ele reinará sobre Israel[e] para sempre; seu reino jamais terá fim!"

[34]Maria perguntou ao anjo: "Como isso acontecerá? Eu sou virgem!".

[35]O anjo respondeu: "O Espírito Santo virá sobre você, e o poder do Altíssimo a cobrirá com sua sombra. Portanto, o bebê que vai nascer será santo, e será chamado Filho de Deus. [36]Além disso, sua parenta, Isabel, ficou grávida em idade avançada. As pessoas diziam que ela era estéril, mas ela concebeu um filho e está no sexto mês de gestação. [37]Pois nada é impossível para Deus".[a]

[38]Maria disse: "Sou serva do Senhor. Que aconteça comigo tudo que foi dito a meu respeito". E o anjo a deixou.

Maria visita Isabel

[39]Alguns dias depois, Maria dirigiu-se apressadamente à região montanhosa da Judeia, à cidade [40]onde Zacarias morava. Ela entrou na casa e saudou Isabel. [41]Ao ouvir a saudação de Maria, o bebê de Isabel se agitou dentro dela, e Isabel ficou cheia do Espírito Santo.

[42]Em alta voz, Isabel exclamou: "Você é abençoada entre as mulheres, e abençoada é a criança em seu ventre! [43]Por que tenho a grande honra de receber a visita da mãe do meu Senhor? [44]Quando ouvi sua saudação, o bebê em meu ventre se agitou de alegria. [45]Você é abençoada, pois creu no que o Senhor disse que faria!".

Magnificat: o cântico de louvor de Maria

[46]Maria respondeu:

"Minha alma exalta ao Senhor!
 [47]Como meu espírito se alegra em Deus, meu Salvador!
[48]Pois ele observou sua humilde serva,

e, de agora em diante,
   todas as gerações me chamarão abençoada.
⁴⁹Pois o Poderoso é santo,
   e fez grandes coisas por mim.
⁵⁰Demonstra misericórdia a todos que o temem,
   geração após geração.
⁵¹Seu braço poderoso fez coisas tremendas!
   Dispersou os orgulhosos e os arrogantes.
⁵²Derrubou príncipes de seus tronos
   e exaltou os humildes.
⁵³Encheu de coisas boas os famintos
   e despediu de mãos vazias os ricos.
⁵⁴Ajudou seu servo Israel
   e lembrou-se de ser misericordioso.
⁵⁵Pois assim prometeu a nossos antepassados,
   a Abraão e a seus descendentes para sempre".

⁵⁶Maria ficou com Isabel cerca de três meses, e então voltou para casa.

O nascimento de João Batista

⁵⁷Chegado o tempo de seu bebê nascer, Isabel deu à luz um filho. ⁵⁸Vizinhos e parentes se alegraram ao tomar conhecimento de que o Senhor havia sido tão misericordioso com ela.

⁵⁹Quando o bebê estava com oito dias, eles vieram para a cerimônia de circuncisão. Queriam chamar o menino de Zacarias, como o pai, ⁶⁰mas Isabel disse: "Não! Seu nome é João!".

⁶¹Então eles lhe disseram: "Não há ninguém em sua família com esse nome", ⁶²e com gestos perguntaram ao pai como queria chamar o bebê. ⁶³Ele pediu que lhe dessem uma tabuinha e, para surpresa de todos, escreveu: "Seu nome é João". ⁶⁴No mesmo instante, Zacarias voltou a falar e começou a louvar a Deus.

⁶⁵Toda a vizinhança se encheu de temor, e a notícia do que havia acontecido se espalhou por toda a região montanhosa da Judeia.

⁶⁶Todos que ficavam sabendo meditavam sobre esses acontecimentos e perguntavam: "O que vai ser esse menino?". Pois a mão do Senhor estava sobre ele.

Benedictus: a profecia de Zacarias

⁶⁷Então seu pai, Zacarias, ficou cheio do Espírito Santo e profetizou:

⁶⁸"Seja bendito o Senhor, o Deus de Israel,
pois visitou e resgatou seu povo.
⁶⁹Ele nos enviou poderosa salvação
da linhagem real de seu servo Davi,
⁷⁰como havia prometido muito tempo atrás
por meio de seus santos profetas.
⁷¹Agora seremos salvos de nossos inimigos
e de todos que nos odeiam.
⁷²Ele foi misericordioso com nossos antepassados
ao lembrar-se de sua santa aliança,
⁷³o juramento solene
que fez com nosso antepassado Abraão.
⁷⁴Prometeu livrar-nos de nossos inimigos
para o servirmos sem medo,
⁷⁵em santidade e justiça,
enquanto vivermos.

⁷⁶"E você, meu filhinho,
será chamado profeta do Altíssimo,
pois preparará o caminho para o Senhor.[a]
⁷⁷Dirá a seu povo como encontrar salvação
por meio do perdão de seus pecados.
⁷⁸Graças à terna misericórdia de nosso Deus,
a luz da manhã, vinda do céu,
está prestes a raiar sobre nós,[b]
⁷⁹para iluminar aqueles que estão na escuridão

e na sombra da morte
e nos guiar ao caminho da paz".

⁸⁰João cresceu e se fortaleceu em espírito. E viveu no deserto até chegar o tempo de se apresentar ao povo de Israel.

O nascimento de Jesus

2 Naqueles dias, o imperador Augusto decretou um recenseamento em todo o império romano. ²(Esse foi o primeiro recenseamento realizado quando Quirino era governador da Síria.) ³Todos voltaram à cidade de origem para se registrar. ⁴Por ser descendente do rei Davi, José viajou da cidade de Nazaré da Galileia para Belém, na Judeia, terra natal de Davi, ⁵levando consigo Maria, sua noiva, que estava grávida.

⁶E, estando eles ali, chegou a hora de nascer o bebê. ⁷Ela deu à luz seu primeiro filho, um menino. Envolveu-o em faixas de pano e deitou-o numa manjedoura, porque não havia lugar para eles na hospedaria.

Os pastores e os anjos

⁸Naquela noite, havia alguns pastores nos campos próximos, vigiando rebanhos de ovelhas. ⁹De repente, um anjo do Senhor apareceu entre eles, e o brilho da glória do Senhor os cercou. Ficaram aterrorizados, ¹⁰mas o anjo lhes disse: "Não tenham medo! Trago boas notícias, que darão grande alegria a todo o povo. ¹¹Hoje em Belém, a cidade de Davi, nasceu o Salvador, que é Cristo,[c] o Senhor! ¹²Vocês o reconhecerão por este sinal: encontrarão o bebê enrolado em faixas de pano, deitado numa manjedoura".

¹³De repente, juntou-se ao anjo uma grande multidão do exército celestial, louvando a Deus e dizendo:

¹⁴"Glória a Deus nos mais altos céus,
e paz na terra àqueles de que Deus se agrada!".

¹⁵Quando os anjos voltaram para o céu, os pastores disseram uns aos outros: "Vamos a Belém para ver esse acontecimento que o Senhor nos anunciou".

¹⁶Indo depressa ao povoado, encontraram Maria e José, e lá estava o bebê, deitado na manjedoura. ¹⁷Depois de o verem, os pastores contaram a todos o que o anjo tinha dito a respeito da criança, ¹⁸e todos que ouviam a história dos pastores ficavam admirados. ¹⁹Maria, porém, guardava todas essas coisas no coração e refletia sobre elas. ²⁰Os pastores voltaram, glorificando e louvando a Deus por tudo que tinham visto e ouvido. Tudo aconteceu como o anjo lhes havia anunciado.

Jesus é apresentado no templo

²¹Oito dias depois, quando o bebê foi circuncidado, chamaram-no Jesus, o nome que o anjo lhe tinha dado antes mesmo de ele ser concebido.

²²Então chegou o tempo da oferta de purificação, como era a exigência da lei de Moisés. Seus pais o levaram a Jerusalém para apresentá-lo ao Senhor, ²³pois a lei do Senhor dizia: "Se o primeiro filho for menino, será consagrado ao Senhor".ᵈ ²⁴Assim, ofereceram o sacrifício exigido pela lei do Senhor: "duas rolinhas ou dois pombinhos".ᵉ

A profecia de Simeão

²⁵Naquela época, vivia em Jerusalém um homem chamado Simeão. Ele era justo e devoto, e esperava ansiosamente pela restauração de Israel. O Espírito Santo estava sobre ele ²⁶e lhe havia revelado que ele não morreria enquanto não visse o Cristo enviado pelo Senhor. ²⁷Nesse dia, o Espírito o conduziu ao templo. Assim, quando Maria e José chegaram para apresentar o menino Jesus ao Senhor, como a lei exigia, ²⁸Simeão tomou a criança nos braços e louvou a Deus, dizendo:

²⁹"Soberano Deus, agora podes levar em paz o teu servo, como prometeste.

³⁰Vi a tua salvação,
 ³¹que preparaste para todos os povos.
³²Ele é uma luz de revelação às nações
 e é a glória do teu povo, Israel!".

³³Os pais de Jesus ficaram admirados com o que se dizia a respeito dele. ³⁴Então Simeão os abençoou e disse a Maria, a mãe do bebê: "Este menino está destinado a provocar a queda de muitos em Israel, mas também a ascensão de tantos outros. Foi enviado como sinal de Deus, mas muitos resistirão a ele. ³⁵Como resultado, serão revelados os pensamentos mais profundos de muitos corações, e você sentirá como se uma espada lhe atravessasse a alma".

A profecia de Ana

³⁶A profetisa Ana, filha de Fanuel, da tribo de Aser, também estava no templo. Era muito idosa e havia perdido o marido depois de sete anos de casados ³⁷e vivido como viúva até os 84 anos.ª Nunca deixava o templo, adorando a Deus dia e noite, em jejum e oração. ³⁸Chegou ali naquele momento e começou a louvar a Deus. Falava a respeito da criança a todos que esperavam a redenção de Jerusalém.

A infância de Jesus em Nazaré

³⁹Após cumprirem todas as exigências da lei do Senhor, os pais de Jesus voltaram para casa em Nazaré, na Galileia. ⁴⁰Ali o menino foi crescendo, saudável e forte. Era cheio de sabedoria, e o favor de Deus estava sobre ele.

Jesus conversa com os mestres da lei

⁴¹Todos os anos, os pais de Jesus iam a Jerusalém para a festa da Páscoa. ⁴²Quando Jesus completou doze anos, foram à festa, como de costume. ⁴³Terminada a celebração, partiram de volta para Nazaré, mas Jesus ficou para trás, em Jerusalém, sem que seus pais notassem sua falta. ⁴⁴Pensaram que ele estivesse entre

os demais viajantes, mas depois de caminharem um dia inteiro começaram a procurá-lo entre os parentes e amigos.

⁴⁵Como não o encontravam, voltaram a Jerusalém para procurá-lo. ⁴⁶Por fim, depois de três dias, acharam Jesus no templo, sentado entre os mestres da lei, ouvindo-os e fazendo perguntas. ⁴⁷Todos que o ouviam se admiravam de seu entendimento e de suas respostas.

⁴⁸Quando o viram, seus pais ficaram perplexos. Sua mãe lhe disse: "Filho, por que você fez isso conosco? Seu pai e eu estávamos aflitos, procurando você por toda parte".

⁴⁹"Mas por que me procuravam?", perguntou ele. "Não sabiam que eu devia estar na casa de meu Pai?"[b] ⁵⁰Não entenderam, porém, o que ele quis dizer.

⁵¹Então voltou com os pais para Nazaré, e lhes era obediente. Sua mãe guardava todas essas coisas no coração.

⁵²Jesus crescia em sabedoria, em estatura e no favor de Deus e das pessoas.

João Batista prepara o caminho

3 Era o décimo quinto ano do reinado do imperador Tibério César. Pôncio Pilatos era governador da Judeia; Herodes Antipas governava[c] a Galileia; seu irmão Filipe governava[d] a Itureia e Traconites; e Lisânias governava Abilene. ²Anás e Caifás eram os sumos sacerdotes. Nesse ano, veio uma mensagem de Deus a João, filho de Zacarias, que vivia no deserto. ³João percorreu os arredores do rio Jordão, pregando o batismo como sinal de arrependimento para o perdão dos pecados. ⁴O profeta Isaías se referia a João quando escreveu em seu livro:

"Ele é uma voz que clama no deserto:
 'Preparem o caminho para a vinda do Senhor![e]
 Abram uma estrada para ele!
⁵Os vales serão aterrados,
 e os montes e as colinas, nivelados.

As curvas serão endireitadas,
e os lugares acidentados, aplanados.
⁶Então todos verão
a salvação enviada por Deus'".ᶠ

⁷João dizia às multidões que vinham até ele para ser batizadas: "Raça de víboras! Quem os convenceu a fugir da ira que está por vir? ⁸Provem por suas ações que vocês se arrependeram. Não digam uns aos outros: 'Estamos a salvo, pois somos filhos de Abraão'. Isso não significa nada, pois eu lhes digo que até destas pedras Deus pode fazer surgir filhos de Abraão. ⁹Agora mesmo o machado do julgamento está pronto para cortar as raízes das árvores. Toda árvore que não produz bons frutos será cortada e lançada ao fogo".

¹⁰As multidões perguntavam: "O que devemos fazer?".

¹¹João respondeu: "Se tiverem duas vestimentas, deem uma a quem não tem. Se tiverem comida, dividam com quem passa fome".

¹²Cobradores de impostos também vinham para ser batizados e perguntavam: "Mestre, o que devemos fazer?".

¹³Ele respondeu: "Não cobrem impostos além daquilo que é exigido".

¹⁴"E nós?", perguntaram alguns soldados. "O que devemos fazer?"

João respondeu: "Não pratiquem extorsão nem façam acusações falsas. Contentem-se com seu salário".

¹⁵Todos esperavam que o Cristo viesse em breve, e estavam ansiosos para saber se João era ele. ¹⁶João respondeu às perguntas deles, dizendo: "Eu os batizo comᵃ água, mas em breve virá alguém mais poderoso que eu, alguém tão superior que não sou digno de desatar as correias de suas sandálias. Ele os batizará com o Espírito Santo e com fogo.ᵇ ¹⁷Ele já tem na mão a pá, e com ela separará a palha do trigo, a fim de limpar a área onde os cereais são debulhados. Juntará o trigo no celeiro, mas queimará a palha

num fogo que nunca se apaga". [18]João usou muitas advertências semelhantes ao anunciar as boas-novas ao povo.

[19]João também criticou publicamente Herodes Antipas, o governador da Galileia,[c] por ter se casado com Herodias, esposa de seu irmão, e por muitas outras maldades que havia cometido. [20]A essas maldades Herodes acrescentou outra, mandando prender João.

O batismo de Jesus

[21]Certo dia, quando as multidões estavam sendo batizadas, Jesus também foi batizado. Enquanto ele orava, o céu se abriu, [22]e o Espírito Santo desceu sobre ele em forma corpórea como uma pomba. E uma voz do céu disse: "Você é meu filho amado, que me dá grande alegria".

Os antepassados de Jesus

[23]Jesus estava com cerca de trinta anos quando começou seu ministério.

Jesus era conhecido como filho de José.
José era filho de Eli.
[24]Eli era filho de Matate.
Matate era filho de Levi.
Levi era filho de Melqui.
Melqui era filho de Janai.
Janai era filho de José.
[25]José era filho de Matatias.
Matatias era filho de Amós.
Amós era filho de Naum.
Naum era filho de Esli.
Esli era filho de Nagai.
[26]Nagai era filho de Maate.
Maate era filho de Matatias.
Matatias era filho de Semei.
Semei era filho de Joseque.

Lucas

Joseque era filho de Jodá.
²⁷Jodá era filho de Joanã.
Joanã era filho de Ressa.
Ressa era filho de Zorobabel.
Zorobabel era filho de Salatiel.
Salatiel era filho de Neri.
²⁸Neri era filho de Melqui.
Melqui era filho de Adi.
Adi era filho de Cosã.
Cosã era filho de Elmadã.
Elmadã era filho de Er.
²⁹Er era filho de Josué.
Josué era filho de Eliézer.
Eliézer era filho de Jorim.
Jorim era filho de Matate.
Matate era filho de Levi.
³⁰Levi era filho de Simeão.
Simeão era filho de Judá.
Judá era filho de José.
José era filho de Jonã.
Jonã era filho de Eliaquim.
³¹Eliaquim era filho de Meleá.
Meleá era filho de Mená.
Mená era filho de Matatá.
Matatá era filho de Natã.
Natã era filho de Davi.
³²Davi era filho de Jessé.
Jessé era filho de Obede.
Obede era filho de Boaz.
Boaz era filho de Salmom.[d]
Salmom era filho de Naassom.
³³Naassom era filho de Aminadabe.
Aminadabe era filho de Admim.
Admim era filho de Arni.[a]

Arni era filho de Esrom.
Esrom era filho de Perez.
Perez era filho de Judá.
³⁴Judá era filho de Jacó.
Jacó era filho de Isaque.
Isaque era filho de Abraão.
Abraão era filho de Terá.
Terá era filho de Naor.
³⁵Naor era filho de Serugue.
Serugue era filho de Ragaú.
Ragaú era filho de Faleque.
Faleque era filho de Éber.
Éber era filho de Salá.
³⁶Salá era filho de Cainã.
Cainã era filho de Arfaxade.
Arfaxade era filho de Sem.
Sem era filho de Noé.
Noé era filho de Lameque.
³⁷Lameque era filho de Matusalém.
Matusalém era filho de Enoque.
Enoque era filho de Jarede.
Jarede era filho de Maalaleel.
Maalaleel era filho de Cainã.
³⁸Cainã era filho de Enos.
Enos era filho de Sete.
Sete era filho de Adão.
Adão era filho de Deus.

A tentação de Jesus

4 Jesus, cheio do Espírito Santo, voltou do rio Jordão e foi conduzido pelo Espírito no deserto,ᵇ ²onde foi tentado pelo diabo durante quarenta dias. Não comeu nada durante todo esse tempo, e teve fome.

³Então o diabo lhe disse: "Se você é o Filho de Deus, ordene que esta pedra se transforme em pão".

⁴Jesus, porém, respondeu: "As Escrituras dizem: 'Uma pessoa não vive só de pão'".ᶜ

⁵Então o diabo o levou a um lugar alto e, num momento, lhe mostrou todos os reinos do mundo. ⁶"Eu lhe darei a glória destes reinos e autoridade sobre eles, pois são meus e posso dá-los a quem eu quiser", disse o diabo. ⁷"Eu lhe darei tudo se me adorar."

⁸Jesus respondeu: "As Escrituras dizem:

'Adore o Senhor, seu Deus, e sirva somente a ele'".ᵈ

⁹Então o diabo o levou a Jerusalém, até o ponto mais alto do templo, e disse: "Se você é o Filho de Deus, salte daqui. ¹⁰Pois as Escrituras dizem:

'Ele ordenará a seus anjos que o protejam.
¹¹Eles o sustentarão com as mãos,
    para que não machuque o pé em alguma pedra'".ᵃ

¹²Jesus respondeu: "As Escrituras dizem:

'Não ponha à prova o Senhor, seu Deus'".ᵇ

¹³Quando o diabo terminou de tentar Jesus, deixou-o até que surgisse outra oportunidade.

A volta à Galileia

¹⁴Então Jesus, cheio do poder do Espírito, voltou para a Galileia. Relatos a seu respeito se espalharam rapidamente por toda a região. ¹⁵Ele ensinava nas sinagogas, e todos o elogiavam.

Jesus é rejeitado em Nazaré

¹⁶Quando Jesus chegou a Nazaré, cidade de sua infância, foi à sinagoga no sábado, como de costume, e se levantou para ler as Escrituras. ¹⁷Entregaram-lhe o livro do profeta Isaías, e ele o abriu e encontrou o lugar onde estava escrito:

¹⁸"O Espírito do Senhor está sobre mim,
   pois ele me ungiu para trazer as boas-novas aos pobres.
Ele me enviou para anunciar que os cativos serão soltos,
   os cegos verão,
   os oprimidos serão libertos,
¹⁹e que é chegado o tempo do favor do Senhor".[c]

²⁰Jesus fechou o livro, devolveu-o ao assistente e sentou-se. Todos na sinagoga o olhavam atentamente. ²¹Então ele começou a dizer: "Hoje se cumpriram as Escrituras que vocês acabaram de ouvir".

²²Todos falavam bem dele e estavam admirados com as palavras de graça que saíam de seus lábios. Contudo, perguntavam: "Não é esse o filho de José?".

²³Então ele disse: "Sem dúvida, vocês citarão para mim o ditado: 'Médico, cure a si mesmo', ou seja, 'Faça aqui, em sua cidade, o mesmo que fez em Cafarnaum'. ²⁴Eu, porém, lhes digo a verdade: nenhum profeta é aceito em sua própria cidade.

²⁵"Por certo havia muitas viúvas necessitadas em Israel no tempo de Elias, quando o céu se fechou por três anos e meio e uma fome terrível devastou a terra. ²⁶E, no entanto, Elias não foi enviado a nenhuma delas, mas sim a uma estrangeira, uma viúva de Sarepta, na região de Sidom. ²⁷E havia muitos leprosos em Israel no tempo do profeta Eliseu, mas o único que ele curou foi Naamã, o sírio".

²⁸Quando ouviram isso, aqueles que estavam na sinagoga ficaram furiosos. ²⁹Levantaram-se, expulsaram Jesus da cidade e o arrastaram até a beira do monte sobre o qual a cidade tinha sido

construída. Pretendiam empurrá-lo precipício abaixo, ³⁰mas ele passou por entre a multidão e seguiu seu caminho.

Jesus expulsa um espírito impuro

³¹Então Jesus foi a Cafarnaum, uma cidade na Galileia, onde ensinava na sinagoga aos sábados. ³²Ali também o povo ficou admirado com seu ensino, pois ele falava com autoridade.

³³Certa ocasião, estando ele na sinagoga, um homem possuído por um demônio, um espírito impuro, gritou: ³⁴"Por que vem nos importunar, Jesus de Nazaré? Veio para nos destruir? Sei quem é você: o Santo de Deus!".

³⁵Jesus o repreendeu, dizendo: "Cale-se! Saia deste homem!". Então o espírito jogou o homem no chão à vista da multidão e saiu dele, sem machucá-lo.

³⁶Admirado, o povo exclamava: "Que autoridade e poder ele tem! Até os espíritos impuros lhe obedecem e saem quando ele ordena!". ³⁷E as notícias a respeito de Jesus se espalharam pelos povoados de toda a região.

Jesus cura muitas pessoas

³⁸Depois de sair da sinagoga naquele dia, Jesus foi à casa de Simão, onde encontrou a sogra dele muito doente, com febre alta. Quando os presentes suplicaram por ela, ³⁹Jesus se pôs ao lado da cama e repreendeu a febre, que a deixou. Ela se levantou de imediato e passou a servi-los.

⁴⁰Quando o sol se pôs, as pessoas trouxeram seus familiares enfermos até ele. Qualquer que fosse a doença, ao pôr as mãos sobre eles, Jesus curava a todos. ⁴¹Muitos estavam possuídos por demônios, que saíam gritando: "Você é o Filho de Deus!". Jesus, no entanto, os repreendia e não permitia que falassem, pois sabiam que ele era o Cristo.

Jesus continua a pregar na Galileia

⁴²Logo cedo na manhã seguinte, Jesus retirou-se para um lugar isolado. As multidões o procuravam por toda parte e, quando finalmente o encontraram, suplicaram que não as deixasse. ⁴³Ele, porém, disse: "Preciso anunciar as boas-novas do reino de Deus também em outras cidades, pois para isso fui enviado". ⁴⁴E continuou a anunciar sua mensagem nas sinagogas da Judeia.[a]

Os primeiros discípulos

5 Estando Jesus à beira do lago de Genesaré,[b] grandes multidões se apertavam em volta dele para ouvir a palavra de Deus. ²Ele notou que, junto à praia, havia dois barcos vazios, deixados por pescadores que lavavam suas redes. ³Entrou num dos barcos e pediu a Simão,[c] seu dono, que o afastasse um pouco da praia. Então sentou-se no barco e dali ensinou as multidões.

⁴Quando terminou de falar, disse a Simão: "Agora vá para onde é mais fundo e lancem as redes para pescar".

⁵Simão respondeu: "Mestre, trabalhamos duro a noite toda e não pegamos nada. Mas, por ser o senhor quem nos pede, vou lançar as redes novamente". ⁶Dessa vez, as redes ficaram tão cheias de peixes que começaram a se rasgar. ⁷Então pediram ajuda aos companheiros do outro barco, e logo os dois barcos estavam tão cheios de peixes que quase afundaram.

⁸Quando Simão Pedro se deu conta do que havia acontecido, caiu de joelhos diante de Jesus e disse: "Por favor, Senhor, afaste-se de mim, porque sou homem pecador". ⁹Pois ele e seus companheiros ficaram espantados com a quantidade de peixes que haviam pescado, ¹⁰assim como seus sócios, Tiago e João, filhos de Zebedeu.

Jesus respondeu a Simão: "Não tenha medo! De agora em diante, você será pescador de gente". ¹¹E, assim que chegaram à praia, deixaram tudo e seguiram Jesus.

Lucas

Jesus cura um leproso

¹²Num povoado, Jesus encontrou um homem coberto de lepra. Quando o homem viu Jesus, prostrou-se com o rosto em terra e suplicou para ser curado, dizendo: "Se o senhor quiser, pode me curar e me deixar limpo".

¹³Jesus estendeu a mão e o tocou. "Eu quero", respondeu. "Seja curado e fique limpo!" No mesmo instante, a lepra desapareceu. ¹⁴Então Jesus o instruiu a não contar a ninguém o que havia acontecido. "Vá e apresente-se ao sacerdote para que ele o examine", ordenou. "Leve a oferta que a lei de Moisés exige pela sua purificação. Isso servirá como testemunho."[d]

¹⁵Mas as notícias a seu respeito se espalhavam ainda mais, e grandes multidões vinham para ouvi-lo e para ser curadas de suas enfermidades. ¹⁶Ele, porém, se retirava para lugares isolados, a fim de orar.

Jesus cura um paralítico

¹⁷Certo dia, enquanto Jesus ensinava, alguns fariseus e mestres da lei estavam sentados por perto. Eles vinham de todos os povoados da Galileia, da Judeia e de Jerusalém. E o poder do Senhor para curar estava sobre Jesus.

¹⁸Alguns homens vieram carregando um paralítico numa maca. Tentaram levá-lo para dentro da casa, até Jesus, ¹⁹mas não conseguiram, por causa da multidão. Então subiram ao topo da casa e removeram uma parte do teto. Em seguida, baixaram o paralítico na maca até o meio da multidão, bem na frente dele. ²⁰Ao ver a fé que eles tinham, Jesus disse ao paralítico: "Homem, seus pecados estão perdoados".

²¹Mas os fariseus e mestres da lei pensavam: "Quem ele pensa que é? Isso é blasfêmia! Somente Deus pode perdoar pecados!".

²²Jesus, sabendo o que pensavam, perguntou: "Por que vocês questionam essas coisas em seu coração? ²³O que é mais fácil dizer: 'Seus pecados estão perdoados?' ou 'Levante-se e ande'? ²⁴Mas eu lhes mostrarei que o Filho do Homem tem autoridade na

terra para perdoar pecados". Então disse ao paralítico: "Levante-se, pegue sua maca e vá para casa".

²⁵De imediato, à vista de todos, o homem se levantou, pegou sua maca e foi para casa louvando a Deus. ²⁶Todos ficaram muitos admirados e, cheios de temor, louvaram a Deus, exclamando: "Hoje vimos coisas maravilhosas!".

Jesus chama Levi

²⁷Depois disso, Jesus saiu da cidade e viu um cobrador de impostos chamado Levi[a] sentado no local onde se coletavam impostos. "Siga-me", disse-lhe Jesus, ²⁸e Levi se levantou, deixou tudo e o seguiu.

²⁹Mais tarde, Levi ofereceu um banquete em sua casa, em honra de Jesus. Muitos cobradores de impostos e outros convidados comeram com eles, ³⁰mas os fariseus e mestres da lei se queixaram aos discípulos: "Por que vocês comem e bebem com cobradores de impostos e pecadores?".

³¹Jesus lhes respondeu: "As pessoas saudáveis não precisam de médico, mas sim os doentes. ³²Não vim para chamar os justos, mas sim os pecadores, para que se arrependam".

Discussão sobre o jejum

³³Algumas pessoas disseram a Jesus: "Os discípulos de João Batista jejuam e oram com frequência, e os discípulos dos fariseus também. Por que os seus vivem comendo e bebendo?".

³⁴Jesus respondeu: "Por acaso os convidados de um casamento jejuam enquanto festejam com o noivo? ³⁵Um dia, porém, o noivo lhes será tirado, e então jejuarão".

³⁶Jesus também lhes apresentou a seguinte ilustração: "Ninguém rasgaria um pedaço de tecido de uma roupa nova para remendar uma roupa velha. Se o fizesse, estragaria a roupa nova, e o remendo não se ajustaria à roupa velha.

³⁷"E ninguém colocaria vinho novo em velhos recipientes de couro. Os recipientes velhos se arrebentariam, deixando

vazar o vinho e estragando o recipiente. ³⁸Vinho novo deve ser guardado em recipientes novos. ³⁹E ninguém que bebe o vinho velho escolhe beber o vinho novo, pois diz: 'O vinho velho é melhor'".

Discussão sobre o sábado

6 Num sábado, enquanto Jesus caminhava pelos campos de cereal, seus discípulos colheram espigas, removeram a casca com as mãos e comeram os grãos. ²Alguns fariseus lhes disseram: "Por que vocês desobedecem à lei colhendo cereal no sábado?".

³Jesus respondeu: "Vocês não leram nas Escrituras o que fez Davi quando ele e seus companheiros tiveram fome? ⁴Ele entrou na casa de Deus, comeu os pães sagrados que só os sacerdotes tinham permissão de comer e os deu também a seus companheiros". ⁵E acrescentou: "O Filho do Homem é senhor até mesmo do sábado".

Jesus cura no sábado

⁶Em outro sábado, enquanto Jesus ensinava na sinagoga, estava ali um homem cuja mão direita era deformada. ⁷Os mestres da lei e os fariseus observavam Jesus atentamente. Se ele curasse aquele homem, eles o acusariam, pois era sábado.

⁸Jesus, porém, sabia o que planejavam e disse ao homem com a mão deformada: "Venha e fique aqui, diante de todos", e o homem foi à frente. ⁹Então Jesus lhes disse: "Tenho uma pergunta para vocês: O que a lei permite fazer no sábado? O bem ou o mal? Salvar uma vida ou destruí-la?".

¹⁰Depois, olhando para cada um ao redor, disse ao homem: "Estenda a mão". O homem estendeu a mão, e ela foi restaurada. ¹¹Com isso, os inimigos de Jesus ficaram furiosos e começaram a discutir o que fazer contra ele.

Jesus escolhe os doze apóstolos

[12]Certo dia, pouco depois, Jesus subiu a um monte para orar e passou a noite orando a Deus. [13]Quando amanheceu, reuniu seus discípulos e escolheu doze para serem apóstolos. Estes são seus nomes:

[14]Simão, a quem ele chamou Pedro,
André, irmão de Pedro,
Tiago,
João,
Filipe,
Bartolomeu,
[15]Mateus,
Tomé,
Tiago, filho de Alfeu,
Simão, apelidado de zelote,
[16]Judas, filho de Tiago,
Judas Iscariotes, que se tornou o traidor.

Multidões seguem Jesus

[17]Quando Jesus e os discípulos desceram do monte, pararam numa região plana e ampla. Havia ali muitos de seus seguidores e uma grande multidão vinda de todas as partes da Judeia, de Jerusalém e de lugares distantes ao norte, como o litoral de Tiro e Sidom. [18]Tinham vindo para ouvi-lo e para ser curados de suas enfermidades, e os que eram atormentados por espíritos impuros eram curados. [19]Todos procuravam tocar em Jesus, pois dele saía poder, e ele curava a todos.

Bênçãos e condenações

[20]Então Jesus se voltou para seus discípulos e disse:

"Felizes são vocês, pobres,
  pois o reino de Deus lhes pertence.

²¹Felizes são vocês que agora estão famintos,
 pois serão saciados.
Felizes são vocês que agora choram,
 pois no devido tempo rirão.

²²Felizes são vocês quando os odiarem e os excluírem, quando zombarem de vocês e os caluniarem como se fossem maus porque seguem o Filho do Homem. ²³Quando isso acontecer, alegrem-se e exultem, porque uma grande recompensa os espera no céu. E lembrem-se de que os antepassados deles trataram os profetas da mesma forma.

²⁴"Que aflição espera vocês, ricos,
 pois já receberam sua consolação!
²⁵Que aflição espera vocês que agora têm fartura,
 pois um terrível tempo de fome os espera!
Que aflição espera vocês que agora riem,
 pois em breve seu riso se transformará em lamento e
  tristeza!
²⁶Que aflição espera vocês que são elogiados por todos,
 pois os antepassados deles também elogiaram falsos
  profetas!"

Amor pelos inimigos

²⁷"Mas a vocês que me ouvem, eu digo: amem os seus inimigos, façam o bem a quem os odeia, ²⁸abençoem quem os amaldiçoa, orem por quem os maltrata. ²⁹Se alguém lhe der um tapa numa face, ofereça também a outra. Se alguém exigir de você a roupa do corpo, deixe que leve também a capa. ³⁰Dê a quem pedir e, quando tomarem suas coisas, não tente recuperá-las. ³¹Façam aos outros o que vocês desejam que eles lhes façam.

³²"Se vocês amam apenas aqueles que os amam, que mérito têm? Até os pecadores amam quem os ama. ³³E, se fazem o bem apenas aos que fazem o bem a vocês, que mérito têm? Até os pecadores

agem desse modo. ³⁴E, se emprestam dinheiro apenas aos que podem devolver, que mérito têm? Até os pecadores emprestam a outros pecadores, na expectativa de receber tudo de volta.

³⁵"Portanto, amem os seus inimigos, façam-lhes o bem e emprestem a eles sem esperar nada de volta. Então a recompensa que receberão do céu será grande e estarão agindo, de fato, como filhos do Altíssimo, pois ele é bondoso até mesmo com os ingratos e perversos. ³⁶Sejam misericordiosos, assim como seu Pai é misericordioso."

Não julguem os outros

³⁷"Não julguem e não serão julgados. Não condenem e não serão condenados. Perdoem e serão perdoados. ³⁸Deem e receberão. Sua dádiva lhes retornará em boa medida, compactada, sacudida para caber mais, transbordante e derramada sobre vocês. O padrão de medida que adotarem será usado para medi-los".

³⁹Jesus deu ainda a seguinte ilustração: "É possível um cego guiar outro cego? Não cairão os dois num buraco? ⁴⁰Os discípulos não são maiores que seu mestre. Mas o aluno bem instruído será como o mestre.

⁴¹"Por que você se preocupa com o cisco no olho de seu amigo[a] enquanto há um tronco em seu próprio olho? ⁴²Como pode dizer: 'Amigo, deixe-me ajudá-lo a tirar o cisco de seu olho', se não consegue ver o tronco em seu próprio olho? Hipócrita! Primeiro, livre-se do tronco em seu olho; então você verá o suficiente para tirar o cisco do olho de seu amigo."

A árvore e seus frutos

⁴³"Uma árvore boa não produz frutos ruins, e uma árvore ruim não produz frutos bons. ⁴⁴Uma árvore é identificada por seus frutos. Ninguém colhe figos de espinheiros, nem uvas de arbustos espinhosos. ⁴⁵A pessoa boa tira coisas boas do tesouro de um coração bom, e a pessoa má tira coisas más do tesouro de um coração mau. Pois a boca fala do que o coração está cheio."

Construir sobre um alicerce firme

⁴⁶"Por que vocês me chamam 'Senhor! Senhor!', se não fazem o que eu digo? ⁴⁷Eu lhes mostrarei como é aquele que vem a mim, ouve as minhas palavras e as pratica. ⁴⁸Ele é como a pessoa que está construindo uma casa e que cava fundo e coloca os alicerces em rocha firme. Quando a água das enchentes sobe e bate contra essa casa, ela permanece firme, pois foi bem construída. ⁴⁹Mas quem ouve e não obedece é como a pessoa que constrói uma casa sobre o chão, sem alicerces. Quando a água bater nessa casa, ela cairá, deixando uma pilha de ruínas".

Um oficial romano demonstra fé

7 Quando Jesus terminou de dizer tudo isso à multidão, entrou em Cafarnaum. ²Naquela ocasião, um escravo muito estimado de um oficial romano[a] estava enfermo, à beira da morte. ³Quando o oficial ouviu falar de Jesus, mandou alguns líderes judeus lhe pedirem que fosse curar seu escravo. ⁴Os líderes suplicaram insistentemente que Jesus socorresse o homem, dizendo: "Ele merece sua ajuda, ⁵pois ama o povo judeu e até nos construiu uma sinagoga".

⁶Jesus foi com eles, mas, antes de chegarem à casa, o oficial mandou alguns amigos para dizer: "Senhor, não se incomode em vir à minha casa, pois não sou digno de tamanha honra. ⁷Não sou digno sequer de ir ao seu encontro. Basta uma ordem sua, e meu servo será curado. ⁸Sei disso porque estou sob a autoridade de meus superiores e tenho autoridade sobre meus soldados. Só preciso dizer 'Vão', e eles vão, ou 'Venham', e eles vêm. E, se digo a meus escravos: 'Façam isto', eles fazem".

⁹Quando Jesus ouviu isso, ficou admirado. Voltou-se para a multidão que o seguia e disse: "Eu lhes digo a verdade: jamais vi fé como esta em Israel!". ¹⁰E, quando os amigos do oficial voltaram para a casa dele, encontraram o escravo em perfeita saúde.

Jesus ressuscita o filho de uma viúva

¹¹Logo depois, Jesus foi com seus discípulos à cidade de Naim, e uma grande multidão o seguiu. ¹²Quando ele se aproximou da porta da cidade, estava saindo o enterro do único filho de uma viúva, e uma grande multidão da cidade a acompanhava. ¹³Quando o Senhor a viu, sentiu profunda compaixão por ela. "Não chore!", disse ele. ¹⁴Então foi até o caixão, tocou nele e os carregadores pararam. E disse: "Jovem, eu lhe digo: levante-se!". ¹⁵O jovem que estava morto se levantou e começou a conversar, e Jesus o devolveu à sua mãe.

¹⁶Grande temor tomou conta da multidão, que louvava a Deus, dizendo: "Um profeta poderoso se levantou entre nós!" e "Hoje Deus visitou seu povo!". ¹⁷Essa notícia sobre Jesus se espalhou por toda a Judeia e seus arredores.

Jesus e João Batista

¹⁸Os discípulos de João Batista lhe contaram tudo que Jesus estava fazendo. Então João chamou dois de seus discípulos ¹⁹e os enviou ao Senhor, para lhe perguntar: "O senhor é aquele que haveria de vir, ou devemos esperar algum outro?".

²⁰Os dois discípulos de João encontraram Jesus e lhe disseram: "João Batista nos enviou para lhe perguntar: 'O senhor é aquele que haveria de vir, ou devemos esperar algum outro?'".

²¹Naquela mesma hora, Jesus curou muitas pessoas de suas doenças, enfermidades e espíritos impuros, e restaurou a visão a muitos cegos. ²²Em seguida, disse aos discípulos de João: "Voltem a João e contem a ele o que vocês viram e ouviram: os cegos veem, os aleijados andam, os leprosos são purificados, os surdos ouvem, os mortos são ressuscitados e as boas-novas são anunciadas aos pobres". ²³E disse ainda: "Felizes são aqueles que não se sentem ofendidos por minha causa".

²⁴Depois que os discípulos de João saíram, Jesus começou a falar a respeito dele para as multidões: "Que tipo de homem vocês foram ver no deserto? Um caniço que qualquer brisa agita?

²⁵Afinal, o que esperavam ver? Um homem vestido com roupas caras? Não, quem veste roupas caras e vive no luxo mora em palácios. ²⁶Acaso procuravam um profeta? Sim, ele é mais que profeta. ²⁷João é o homem ao qual as Escrituras se referem quando dizem:

'Envio meu mensageiro adiante de ti,
  e ele preparará teu caminho à tua frente'.[a]

²⁸Eu lhes digo: de todos que nasceram de mulher, nenhum é maior que João Batista. E, no entanto, até o menor no reino de Deus é maior que ele".

²⁹Todos que ouviram as palavras de Jesus, até mesmo os cobradores de impostos, concordaram que o caminho de Deus era justo,[b] pois tinham sido batizados por João. ³⁰Os fariseus e mestres da lei, no entanto, rejeitaram o propósito de Deus para eles, pois recusaram o batismo de João.

³¹"Assim, a que posso comparar o povo desta geração?", perguntou Jesus. ³²"Como posso descrevê-los? São como crianças que brincam na praça. Queixam-se a seus amigos:

'Tocamos flauta,
  e vocês não dançaram,
entoamos lamentos,
  e vocês não choraram'.

³³Quando João Batista apareceu, não costumava comer e beber em público, e vocês disseram: 'Está possuído por demônio'. ³⁴O Filho do Homem, por sua vez, come e bebe, e vocês dizem: 'É comilão e beberrão, amigo de cobradores de impostos e pecadores'. ³⁵Mas a sabedoria é comprovada pela vida daqueles que a seguem".[c]

Jesus é ungido por uma pecadora

³⁶Um dos fariseus convidou Jesus para jantar. Jesus foi à casa dele e tomou lugar à mesa. ³⁷Quando uma mulher daquela cidade, uma

pecadora, soube que ele estava jantando ali, trouxe um frasco de alabastro contendo um perfume caro. [38]Em seguida, ajoelhou-se aos pés de Jesus, chorando. As lágrimas caíram sobre os pés dele, e ela os secou com seu cabelo; e continuou a beijá-los e a derramar perfume sobre eles.

[39]Quando o fariseu que havia convidado Jesus viu isso, disse consigo: "Se este homem fosse profeta, saberia que tipo de mulher está tocando nele. Ela é uma pecadora!".

[40]Jesus disse ao fariseu: "Simão, tenho algo a lhe dizer".

"Diga, mestre", respondeu Simão.

[41]Então Jesus lhe contou a seguinte história: "Um homem emprestou dinheiro a duas pessoas: quinhentas moedas de prata[a] a uma delas e cinquenta à outra. [42]Como nenhum dos devedores conseguiu lhe pagar, ele generosamente perdoou ambos e cancelou suas dívidas. Qual deles o amou mais depois disso?".

[43]Simão respondeu: "Suponho que aquele de quem ele perdoou a dívida maior".

"Você está certo", disse Jesus. [44]Então voltou-se para a mulher e disse a Simão: "Veja esta mulher ajoelhada aqui. Quando entrei em sua casa, você não ofereceu água para eu lavar os pés, mas ela os lavou com suas lágrimas e os secou com seus cabelos. [45]Você não me cumprimentou com um beijo, mas, desde a hora em que entrei, ela não parou de beijar meus pés. [46]Você não me ofereceu óleo para ungir minha cabeça, mas ela ungiu meus pés com um perfume raro.

[47]"Eu lhe digo: os pecados dela, que são muitos, foram perdoados e, por isso, ela demonstrou muito amor por mim. Mas a pessoa a quem pouco foi perdoado demonstra pouco amor". [48]Então Jesus disse à mulher: "Seus pecados estão perdoados".

[49]Os homens que estavam à mesa diziam entre si: "Quem é esse que anda por aí perdoando pecados?".

[50]E Jesus disse à mulher: "Sua fé a salvou. Vá em paz".

Mulheres que seguiam Jesus

8 Pouco tempo depois, Jesus começou a percorrer as cidades e os povoados vizinhos, anunciando as boas-novas a respeito do reino de Deus. Iam com ele os Doze ²e também algumas mulheres que tinham sido curadas de espíritos impuros e enfermidades. Entre elas estavam Maria Madalena, de quem ele havia expulsado sete demônios; ³Joana, esposa de Cuza, administrador de Herodes; Susana, e muitas outras que contribuíam com seus próprios recursos para o sustento de Jesus e seus discípulos.

A parábola do semeador

⁴Certo dia, uma grande multidão, vinda de várias cidades, juntou-se para ouvir Jesus, e ele lhes contou uma parábola: ⁵"Um lavrador saiu para semear. Enquanto espalhava as sementes pelo campo, algumas caíram à beira do caminho, onde foram pisadas, e as aves vieram e as comeram. ⁶Outras caíram entre as pedras e começaram a crescer, mas as plantas logo murcharam por falta de umidade. ⁷Outras sementes caíram entre os espinhos, que cresceram com elas e sufocaram os brotos. ⁸Ainda outras caíram em solo fértil e produziram uma colheita cem vezes maior que a quantidade semeada". Quando ele terminou de dizer isso, declarou: "Quem é capaz de ouvir, ouça com atenção!".

⁹Seus discípulos lhe perguntaram o que a parábola significava. ¹⁰Ele respondeu: "A vocês é permitido entender os segredos[a] do reino de Deus, mas uso parábolas para ensinar os outros, a fim de que,

'Quando olharem, não vejam;
    quando escutarem, não entendam'.[b]

¹¹"Este é o significado da parábola: As sementes são a palavra de Deus. ¹²As sementes que caíram à beira do caminho representam os que ouvem a mensagem, mas o diabo vem e a arranca do coração deles e os impede de crer e ser salvos. ¹³As sementes no solo

rochoso representam os que ouvem a mensagem e a recebem com alegria. Uma vez, porém, que não têm raízes profundas, creem apenas por um tempo e depois desanimam quando enfrentam provações. [14]As que caíram entre os espinhos representam outros que ouvem a mensagem, mas logo ela é sufocada pelas preocupações, riquezas e prazeres desta vida, de modo que nunca amadurecem. [15]E as que caíram em solo fértil representam os que, com coração bom e receptivo, ouvem a mensagem, a aceitam e, com paciência, produzem uma grande colheita."

A parábola da lâmpada

[16]"Não faz sentido acender uma lâmpada e depois cobri-la com uma vasilha ou escondê-la debaixo da cama. Pelo contrário, ela é colocada num pedestal, de onde sua luz pode ser vista pelos que entram na casa. [17]Da mesma forma, tudo que está escondido será revelado, e tudo que está oculto virá à luz e será conhecido por todos.

[18]"Portanto, ouçam com atenção! Pois ao que tem, mais lhe será dado, mas do que não tem, até o que pensa ter lhe será tomado".

A verdadeira família de Jesus

[19]Então a mãe e os irmãos de Jesus foram vê-lo, mas não conseguiram chegar até ele por causa da multidão. [20]Alguém disse a Jesus: "Sua mãe e seus irmãos estão lá fora e querem vê-lo".

[21]Jesus respondeu: "Minha mãe e meus irmãos são aqueles que ouvem a palavra de Deus e a praticam".

Jesus acalma a tempestade

[22]Certo dia, Jesus disse a seus discípulos: "Vamos para o outro lado do mar". Assim, entraram num barco e partiram. [23]Durante a travessia, Jesus caiu no sono. Logo, porém, veio sobre o mar uma forte tempestade. O barco começou a se encher de água, colocando-os em grande perigo.

²⁴Os discípulos foram acordá-lo, clamando: "Mestre, Mestre, vamos morrer!".

Quando Jesus despertou, repreendeu o vento e as ondas violentas. A tempestade parou, e tudo se acalmou. ²⁵Então ele lhes perguntou: "Onde está a sua fé?".

Admirados e temerosos, os discípulos diziam entre si: "Quem é este homem? Quando ele ordena, até os ventos e o mar lhe obedecem!".

Jesus exerce autoridade sobre demônios

²⁶Então chegaram à região dos gadarenos,ᵃ do outro lado do mar da Galileia. ²⁷Quando Jesus desembarcou, um homem possuído por demônios veio ao seu encontro. Fazia muito tempo que ele não tinha casa nem roupas e vivia num cemitério fora da cidade.

²⁸Assim que viu Jesus, gritou e caiu diante dele. Então disse em alta voz: "Por que vem me importunar, Jesus, Filho do Deus Altíssimo? Suplico que não me atormente!". ²⁹Pois Jesus já havia ordenado que o espírito impuro saísse dele. Esse espírito tinha dominado o homem em várias ocasiões. Mesmo quando era colocado sob guarda, com os pés e as mãos acorrentados, ele quebrava as correntes e, sob controle do demônio, corria para o deserto.

³⁰Jesus lhe perguntou: "Qual é o seu nome?".

"Legião", respondeu ele, pois havia muitos demônios dentro do homem. ³¹E imploravam que Jesus não os mandasse para o abismo.ᵇ

³²Ali perto, uma grande manada de porcos pastava na encosta de uma colina, e os demônios suplicaram que ele os deixasse entrar nos porcos.

Jesus lhes deu permissão. ³³Os demônios saíram do homem e entraram nos porcos, e toda a manada se atirou pela encosta íngreme para dentro do mar e se afogou.

³⁴Quando os que cuidavam dos porcos viram isso, fugiram para uma cidade próxima e para seus arredores, espalhando a notícia. ³⁵O povo correu para ver o que havia ocorrido. Uma multidão se

juntou ao redor de Jesus, e eles viram o homem que havia sido liberto dos demônios. Estava sentado aos pés de Jesus, vestido e em perfeito juízo, e todos tiveram medo. ³⁶Os que presenciaram os acontecimentos contaram aos demais como o homem possuído por demônios tinha sido curado. ³⁷Todo o povo da região dos gadarenos suplicou que Jesus fosse embora, pois ficaram muito assustados.

Então ele voltou ao barco e partiu. ³⁸O homem que tinha sido liberto dos demônios suplicou para ir com ele, mas Jesus o mandou para casa, dizendo: ³⁹"Volte para sua família e conte a eles tudo que Deus fez por você". E o homem foi pela cidade inteira, anunciando tudo que Jesus tinha feito por ele.

Jesus cura em resposta à fé

⁴⁰Do outro lado do mar, as multidões receberam Jesus com alegria, pois o estavam esperando. ⁴¹Então um homem chamado Jairo, um dos líderes da sinagoga local, veio e se prostrou aos pés de Jesus, suplicando que ele fosse à sua casa. ⁴²Sua única filha, de cerca de doze anos, estava à beira da morte.

Jesus o acompanhou, cercado pela multidão. ⁴³Uma mulher no meio do povo sofria havia doze anos de uma hemorragia,[a] sem encontrar cura. ⁴⁴Ela se aproximou por trás de Jesus e tocou na borda de seu manto. No mesmo instante, a hemorragia parou.

⁴⁵"Quem tocou em mim?", perguntou Jesus.

Todos negaram, e Pedro disse: "Mestre, a multidão toda se aperta em volta do senhor".

⁴⁶Jesus, no entanto, disse: "Alguém certamente tocou em mim, pois senti que de mim saiu poder". ⁴⁷Quando a mulher percebeu que não poderia permanecer despercebida, começou a tremer e caiu de joelhos diante dele. Todos a ouviram explicar por que havia tocado nele e como havia sido curada de imediato. ⁴⁸Então ele disse: "Filha, sua fé a curou. Vá em paz".

⁴⁹Enquanto Jesus ainda falava com a mulher, chegou um mensageiro da casa de Jairo, o líder da sinagoga, a quem disse: "Sua filha morreu. Não incomode mais o mestre".

⁵⁰Ao ouvir isso, Jesus disse a Jairo: "Não tenha medo. Apenas creia, e ela será curada".

⁵¹Quando chegaram à casa de Jairo, Jesus não deixou que ninguém o acompanhasse, exceto Pedro, João, Tiago e o pai e a mãe da menina. ⁵²A casa estava cheia de gente chorando e se lamentando, mas ele disse: "Parem de chorar! Ela não está morta; está apenas dormindo".

⁵³A multidão riu dele, pois todos sabiam que ela havia morrido. ⁵⁴Então Jesus a tomou pela mão e disse em voz alta: "Menina, levante-se!". ⁵⁵Naquele momento, ela voltou à vida[b] e levantou-se de imediato. Então Jesus ordenou que dessem alguma coisa para ela comer. ⁵⁶Os pais dela ficaram maravilhados, mas Jesus insistiu que não contassem a ninguém o que havia acontecido.

Jesus envia os doze apóstolos

9 Jesus reuniu os Doze[c] e lhes deu poder e autoridade para expulsar todos os demônios e curar enfermidades. ²Depois, enviou-os para anunciar o reino de Deus e curar os enfermos. ³Ele os instruiu, dizendo: "Não levem coisa alguma em sua jornada. Não levem cajado, nem bolsa de viagem, nem comida, nem dinheiro,[d] nem mesmo uma muda de roupa extra. ⁴Aonde quer que forem, hospedem-se na mesma casa até partirem da cidade. ⁵E, se uma cidade se recusar a recebê-los, sacudam a poeira dos pés ao saírem, em sinal de reprovação".

⁶Então começaram a percorrer os povoados, anunciando as boas-novas e curando os enfermos.

A perplexidade de Herodes

⁷Quando Herodes Antipas[e] ouviu falar de tudo que Jesus fazia, ficou perplexo, pois alguns diziam que João Batista havia ressuscitado dos mortos. ⁸Outros acreditavam que Jesus era Elias, ou um dos antigos profetas que tinha voltado à vida.

⁹"Eu decapitei João", dizia Herodes. "Então quem é o homem sobre quem ouço essas histórias?" E procurava ver Jesus.

A primeira multiplicação dos pães

¹⁰Quando os apóstolos voltaram, contaram a Jesus tudo que tinham feito. Em seguida, Jesus se retirou para a cidade de Betsaida, a fim de estar a sós com eles. ¹¹As multidões descobriram seu paradeiro e o seguiram. Ele as recebeu, ensinou-lhes a respeito do reino de Deus e curou os que estavam enfermos.

¹²No fim da tarde, os Doze se aproximaram e lhe disseram: "Mande as multidões aos povoados e campos vizinhos, para que encontrem comida e abrigo para passar a noite, pois estamos num lugar isolado".

¹³Jesus, porém, disse: "Providenciem vocês mesmos alimento para eles".

"Temos apenas cinco pães e dois peixes", responderam. "Ou o senhor espera que compremos comida para todo esse povo?" ¹⁴Havia ali cerca de cinco mil homens.

Jesus respondeu: "Digam a eles que se sentem em grupos de cinquenta". ¹⁵Os discípulos seguiram sua instrução, e todos se sentaram. ¹⁶Jesus tomou os cinco pães e os dois peixes, olhou para o céu e os abençoou. Então, partiu-os em pedaços e os entregou aos discípulos para que distribuíssem ao povo. ¹⁷Todos comeram à vontade, e os discípulos encheram ainda doze cestos com as sobras.

Pedro declara sua fé

¹⁸Certo dia, Jesus orava em particular, acompanhado apenas dos discípulos. Ele lhes perguntou: "Quem as multidões dizem que eu sou?".

¹⁹Os discípulos responderam: "Alguns dizem que o senhor é João Batista; outros, que é Elias; e outros ainda, que é um dos profetas antigos que ressuscitou".

²⁰"E vocês?", perguntou ele. "Quem vocês dizem que eu sou?"
Pedro respondeu: "O senhor é o Cristo enviado por Deus!".

Jesus prediz sua morte

²¹Jesus advertiu severamente seus discípulos de que não dissessem a ninguém quem ele era. ²²"É necessário que o Filho do Homem sofra muitas coisas", disse. "Ele será rejeitado pelos líderes do povo, pelos principais sacerdotes e pelos mestres da lei. Será morto, mas no terceiro dia ressuscitará."

Ensino sobre discipulado

²³Disse ele à multidão: "Se alguém quer ser meu seguidor, negue a si mesmo, tome diariamente sua cruz e siga-me. ²⁴Se tentar se apegar à sua vida, a perderá. Mas, se abrir mão de sua vida por minha causa, a salvará. ²⁵Que vantagem há em ganhar o mundo inteiro, mas perder ou destruir a própria vida? ²⁶Se alguém se envergonhar de mim e de minha mensagem, o Filho do Homem se envergonhará dele quando vier em sua glória e na glória do Pai e dos santos anjos. ²⁷Eu lhes digo a verdade: alguns que aqui estão não morrerão antes de ver o reino de Deus!".

A transfiguração

²⁸Cerca de oito dias depois, Jesus levou consigo Pedro, João e Tiago a um monte para orar. ²⁹Enquanto ele orava, a aparência de seu rosto foi transformada, e suas roupas se tornaram brancas e resplandecentes. ³⁰De repente, Moisés e Elias apareceram e começaram a falar com Jesus. ³¹Tinham um aspecto glorioso e falavam sobre a partida de Jesus, que estava para se cumprir em Jerusalém.

³²Pedro e os outros lutavam contra o sono, mas acabaram despertando e viram a glória de Jesus e os dois homens que estavam com ele. ³³Quando Moisés e Elias iam se retirando, Pedro, sem saber o que dizia, falou: "Mestre, é maravilhoso estarmos aqui! Vamos fazer três tendas: uma será sua, uma de Moisés e outra de Elias". ³⁴Enquanto ele ainda falava, uma nuvem surgiu e os envolveu, enchendo-os de medo.

³⁵Então uma voz que vinha da nuvem disse: "Este é meu Filho, meu Escolhido.[a] Ouçam-no!". ³⁶Quando a voz silenciou, só Jesus

estava ali. Naquela ocasião, os discípulos não contaram a ninguém o que tinham visto.

Jesus cura um menino possuído por demônio

[37]No dia seguinte, quando desceram do monte, uma grande multidão veio ao encontro de Jesus. [38]Um homem na multidão gritou: "Mestre, suplico-lhe que veja meu filho, o único que tenho! [39]Um espírito impuro se apodera dele e o faz gritar. Lança-o em convulsões e o faz espumar pela boca. Sacode-o violentamente e quase nunca o deixa em paz. [40]Supliquei a seus discípulos que o expulsassem, mas eles não conseguiram".

[41]Jesus disse: "Geração incrédula e corrompida! Até quando estarei com vocês e terei de suportá-los?". Então disse ao homem: "Traga-me seu filho".

[42]Quando o menino se aproximou, o demônio o derrubou no chão, numa convulsão violenta. Jesus, porém, repreendeu o espírito impuro, curou o menino e o devolveu ao pai. [43]Todos se espantaram com a grandiosidade do poder de Deus.

Jesus prediz sua morte pela segunda vez

Enquanto todos se maravilhavam com seus feitos, Jesus disse aos discípulos: [44]"Ouçam-me e lembrem-se do que lhes digo: o Filho do Homem será traído e entregue em mãos humanas". [45]Eles, porém, não entendiam essas coisas. O significado estava escondido deles, de modo que não eram capazes de compreender e tinham medo de perguntar.

O maior no reino

[46]Os discípulos começaram a discutir sobre qual deles seria o maior. [47]Jesus, conhecendo seus pensamentos, trouxe para junto de si uma criança pequena [48]e disse: "Quem recebe uma criança como esta em meu nome recebe a mim, e quem me recebe também recebe aquele que me enviou. Portanto, o menor entre vocês será o maior".

O uso do nome de Jesus

⁴⁹João disse a Jesus: "Mestre, vimos alguém usar seu nome para expulsar demônios; nós o proibimos, pois ele não era do nosso grupo".

⁵⁰"Não o proíbam!", disse Jesus. "Quem não é contra vocês é a favor de vocês."

A oposição dos samaritanos

⁵¹Como se aproximava o tempo de ser elevado ao céu, Jesus partiu com determinação para Jerusalém. ⁵²Enviou mensageiros adiante até um povoado samaritano, a fim de fazerem os preparativos para sua chegada. ⁵³Contudo, os habitantes do povoado não receberam Jesus, porque parecia evidente que ele estava a caminho de Jerusalém. ⁵⁴Percebendo isso, Tiago e João disseram a Jesus: "Senhor, quer que mandemos cair fogo do céu para consumi-los?".ᵃ ⁵⁵Jesus, porém, se voltou para eles e os repreendeu.ᵇ ⁵⁶E seguiram para outro povoado.

O preço de seguir Jesus

⁵⁷Quando andavam pelo caminho, alguém disse a Jesus: "Eu o seguirei aonde quer que vá".

⁵⁸Jesus respondeu: "As raposas têm tocas onde morar e as aves têm ninhos, mas o Filho do Homem não tem sequer um lugar para recostar a cabeça".

⁵⁹E a outra pessoa ele disse: "Siga-me".

O homem, porém, respondeu: "Senhor, deixe-me primeiro sepultar meu pai".

⁶⁰Jesus respondeu: "Deixe que os mortos sepultem seus próprios mortos. Você, porém, deve ir e anunciar o reino de Deus".

⁶¹Outro, ainda, disse: "Senhor, eu o seguirei, mas deixe que antes me despeça de minha família".

⁶²Mas Jesus lhe disse: "Quem põe a mão no arado e olha para trás não está apto para o reino de Deus".

Jesus envia seus discípulos

10 Depois disso, o Senhor escolheu outros setenta e dois[c] discípulos e os enviou adiante, dois a dois, às cidades e aos lugares que ele planejava visitar. ²Estas foram suas instruções: "A colheita é grande, mas os trabalhadores são poucos. Orem ao Senhor da colheita; peçam que ele envie mais trabalhadores para seus campos. ³Agora vão e lembrem-se de que eu os envio como cordeiros no meio de lobos. ⁴Não levem dinheiro algum, nem bolsa de viagem, nem um par de sandálias extras. E não se detenham para cumprimentar ninguém pelo caminho.

⁵"Quando entrarem numa casa, digam primeiro: 'Que a paz de Deus esteja nesta casa'. ⁶Se os que vivem ali forem gente de paz, a bênção permanecerá; se não forem, a bênção voltará a vocês. ⁷Permaneçam naquela casa e comam e bebam o que lhes derem, pois quem trabalha merece seu salário. Não fiquem mudando de casa em casa.

⁸"Quando entrarem numa cidade e ela os receber bem, comam o que lhes oferecerem. ⁹Curem os enfermos e digam-lhes: 'Agora o reino de Deus chegou até vocês'.[d] ¹⁰Mas, se uma cidade se recusar a recebê-los, saiam pelas ruas e digam: ¹¹"Limpamos de nossos pés até o pó desta cidade em sinal de reprovação. E saibam disto: o reino de Deus chegou!'.[e] ¹²Eu lhes garanto que, no dia do juízo, até Sodoma será tratada com menos rigor que aquela cidade.

¹³"Que aflição as espera, Corazim e Betsaida! Porque, se nas cidades de Tiro e Sidom tivessem sido realizados os milagres que realizei em vocês, há muito tempo seus habitantes teriam se arrependido e demonstrado isso vestindo panos de saco e jogando cinzas sobre a cabeça. ¹⁴Eu lhes digo que, no dia do juízo, Tiro e Sidom serão tratadas com menos rigor que vocês. ¹⁵E você, Cafarnaum, será elevada até o céu? Não, descerá até o lugar dos mortos".[f]

¹⁶Então ele disse aos discípulos: "Quem aceita sua mensagem também me aceita, e quem os rejeita também me rejeita. E quem me rejeita também rejeita aquele que me enviou".

¹⁷Quando os setenta e dois discípulos voltaram, relataram com alegria: "Senhor, até os demônios nos obedecem pela sua autoridade!".

¹⁸Então ele lhes disse: "Vi Satanás caindo do céu como um relâmpago! ¹⁹Eu lhes dei autoridade para pisarem sobre cobras e escorpiões, e sobre todo o poder do inimigo. Nada lhes causará dano. ²⁰Mas não se alegrem porque os espíritos impuros lhes obedecem; alegrem-se porque seus nomes estão registrados no céu".

Jesus agradece ao Pai

²¹Naquele momento, Jesus foi tomado da alegria do Espírito Santo e disse: "Pai, Senhor dos céus e da terra, eu te agradeço porque escondeste estas coisas dos que se consideram sábios e inteligentes e as revelaste aos que são como crianças. Sim, Pai, foi do teu agrado fazê-lo assim.

²²"Meu Pai me confiou todas as coisas. Ninguém conhece verdadeiramente o Filho, a não ser o Pai, e ninguém conhece verdadeiramente o Pai, a não ser o Filho e aqueles a quem o Filho escolhe revelá-lo".

²³Então, em particular, ele se voltou para os discípulos e disse: "Felizes os olhos que veem o que vocês viram. ²⁴Eu lhes digo: muitos profetas e reis desejaram ver o que vocês têm visto e ouvir o que vocês têm ouvido, mas não puderam".

O mandamento mais importante

²⁵Certo dia, um especialista da lei se levantou para pôr Jesus à prova com esta pergunta: "Mestre, o que preciso fazer para herdar a vida eterna?".

²⁶Jesus respondeu: "O que diz a lei de Moisés? Como você a entende?".

²⁷O homem respondeu: "'Ame o Senhor, seu Deus, de todo o seu coração, de toda a sua alma, de toda a sua força e de toda a sua mente' e 'Ame o seu próximo como a si mesmo'".[a]

²⁸"Está correto!", disse Jesus. "Faça isso, e você viverá."

A parábola do bom samaritano

[29] O homem, porém, querendo justificar suas ações, perguntou a Jesus: "E quem é o meu próximo?".

[30] Jesus respondeu com uma história: "Certo homem descia de Jerusalém a Jericó, quando foi atacado por bandidos. Eles lhe tiraram as roupas, o espancaram e o deixaram quase morto à beira da estrada.

[31] "Por acaso, descia por ali um sacerdote. Quando viu o homem caído, atravessou para o outro lado da estrada. [32] Um levita fazia o mesmo caminho e viu o homem caído, mas também atravessou e passou longe.

[33] "Então veio um samaritano e, ao ver o homem, teve compaixão dele. [34] Foi até ele, tratou de seus ferimentos com óleo e vinho e os enfaixou. Depois, colocou o homem em seu jumento e o levou a uma hospedaria, onde cuidou dele. [35] No dia seguinte, deu duas moedas de prata[a] ao dono da hospedaria e disse: 'Cuide deste homem. Se você precisar gastar a mais com ele, eu lhe pagarei a diferença quando voltar'.

[36] "Qual desses três você diria que foi o próximo do homem atacado pelos bandidos?", perguntou Jesus.

[37] O especialista da lei respondeu: "Aquele que teve misericórdia dele".

Então Jesus disse: "Vá e faça o mesmo".

Jesus visita Marta e Maria

[38] Jesus e seus discípulos seguiram viagem e chegaram a um povoado onde uma mulher chamada Marta os recebeu em sua casa. [39] Sua irmã, Maria, sentou-se aos pés de Jesus e ouvia o que ele ensinava. [40] Marta, porém, estava ocupada com seus muitos afazeres. Foi a Jesus e disse: "Senhor, não o incomoda que minha irmã fique aí sentada enquanto eu faço todo o trabalho? Diga-lhe que venha me ajudar!".

[41] Mas o Senhor respondeu: "Marta, Marta, você se preocupa e se inquieta com todos esses detalhes. [42] Apenas uma coisa

é necessária. Quanto a Maria, ela fez a escolha certa, e ninguém tomará isso dela".

Ensino sobre a oração

11 Certo dia, Jesus estava orando em determinado lugar. Quando terminou, um de seus discípulos lhe disse: "Senhor, ensine-nos a orar, como João ensinou aos discípulos dele".

²Jesus disse: "Orem da seguinte forma:

"Pai,[b] santificado seja o teu nome.
Venha o teu reino.
³Dá-nos hoje o pão para este dia,[c]
⁴e perdoa nossos pecados,
assim como perdoamos aqueles que pecam contra nós.
E não nos deixes cair em tentação".[d]

⁵E ele prosseguiu: "Suponha que você fosse à casa de um amigo à meia-noite para pedir três pães, dizendo: ⁶'Um amigo meu acaba de chegar para me visitar e não tenho nada para lhe oferecer', ⁷e ele respondesse lá de dentro: 'Não me perturbe. A porta já está trancada, e minha família e eu já estamos deitados. Não posso ajudá-lo'. ⁸Eu lhes digo que, embora ele não o faça por amizade, se você continuar a bater à porta, ele se levantará e lhe dará o que precisa por causa da sua insistência.[e]

⁹"Portanto eu lhes digo: peçam, e receberão. Procurem, e encontrarão. Batam, e a porta lhes será aberta. ¹⁰Pois todos que pedem, recebem. Todos que procuram, encontram. E, para todos que batem, a porta é aberta.

¹¹"Vocês que são pais, respondam: Se seu filho lhe pedir[f] um peixe, você lhe dará uma cobra? ¹²Ou, se lhe pedir um ovo, você lhe dará um escorpião? ¹³Portanto, se vocês que são pecadores sabem como dar bons presentes a seus filhos, quanto mais seu Pai no céu dará o Espírito Santo aos que lhe pedirem!".

A fonte do poder de Jesus

[14]Certo dia, Jesus expulsou um demônio que deixava um homem mudo e, quando o demônio saiu, o homem começou a falar. A multidão ficou admirada, [15]mas alguns disseram: "É pelo poder de Belzebu, o príncipe dos demônios, que ele expulsa os demônios". [16]Outros exigiram que Jesus lhes desse um sinal do céu para provar sua autoridade.

[17]Jesus, conhecendo seus pensamentos, disse: "Todo reino dividido internamente está condenado à ruína. Uma família dividida contra si mesma se desintegrará. [18]Vocês dizem que eu expulso demônios pelo poder de Belzebu. Mas, se Satanás está dividido e luta contra si mesmo, como o seu reino sobreviverá? [19]E, se meu poder vem de Belzebu, o que dizer de seus discípulos? Eles também expulsam demônios, de modo que condenarão vocês pelo que acabaram de dizer. [20]Se, contudo, expulso demônios pelo poder de Deus,[a] então o reino de Deus já chegou a vocês. [21]Pois, quando um homem forte está bem armado e guarda seu palácio, seus bens estão seguros, [22]até que alguém ainda mais forte o ataque e o vença, tire dele suas armas e leve embora seus pertences.

[23]"Quem não está comigo opõe-se a mim, e quem não trabalha comigo trabalha contra mim.

[24]"Quando um espírito impuro sai de uma pessoa, anda por lugares secos à procura de descanso. Mas, não o encontrando, diz: 'Voltarei à casa da qual saí'. [25]Ele volta para sua antiga casa e a encontra vazia, varrida e arrumada. [26]Então o espírito busca outros sete espíritos, piores que ele, e todos entram na pessoa e passam a morar nela, e a pessoa fica pior que antes".

[27]Enquanto ele falava, uma mulher na multidão gritou: "Feliz é sua mãe, que o deu à luz e o amamentou!".

[28]Jesus, porém, respondeu: "Ainda mais felizes são os que ouvem a palavra de Deus e a praticam".

O sinal de Jonas

²⁹ Enquanto a multidão se apertava contra Jesus, ele disse: "Esta geração perversa insiste que eu lhe mostre um sinal, mas o único sinal que lhes darei será o de Jonas. ³⁰ O que aconteceu com ele foi um sinal para o povo de Nínive. O que acontecer com o Filho do Homem será um sinal para esta geração.

³¹ "A rainha de Sabá[b] se levantará contra esta geração no dia do juízo e a condenará, pois veio de uma terra distante para ouvir a sabedoria de Salomão; e vocês têm à sua frente alguém maior que Salomão! ³² Os habitantes de Nínive também se levantarão contra esta geração no dia do juízo e a condenarão, pois eles se arrependeram de seus pecados quando ouviram a mensagem anunciada por Jonas; e vocês têm à sua frente alguém maior que Jonas!"

Receber a luz

³³ "Não faz sentido acender uma lâmpada e depois escondê-la ou colocá-la sob um cesto.[c] Pelo contrário, ela é colocada num pedestal, de onde sua luz é vista por todos que entram na casa.

³⁴ "Seus olhos são como uma lâmpada que ilumina todo o corpo. Quando os olhos são bons, todo o corpo se enche de luz. Mas, quando são maus, o corpo se enche de escuridão. ³⁵ Portanto, tomem cuidado para que sua luz não seja, na verdade, escuridão. ³⁶ Se estiverem cheios de luz, sem nenhum canto escuro, sua vida inteira será radiante, como se uma lamparina os estivesse iluminando".

Jesus critica os líderes religiosos

³⁷ Quando Jesus terminou de falar, um dos fariseus o convidou para comer em sua casa. Ele foi e tomou lugar à mesa. ³⁸ Seu anfitrião ficou surpreso por ele não realizar primeiro a cerimônia de lavar as mãos, como era costume entre os judeus. ³⁹ Então o Senhor lhe disse: "Vocês, fariseus, têm o cuidado de limpar o exterior do copo e do prato, mas estão sujos por dentro, cheios de ganância e perversidade. ⁴⁰ Tolos! Acaso Deus não fez tanto o interior como

o exterior? ⁴¹Portanto, limpem o interior dando ofertas aos necessitados e ficarão limpos por completo.

⁴²"Que aflição os espera, fariseus! Vocês têm o cuidado de dar o dízimo da hortelã, da arruda e de todas as ervas, mas negligenciam a justiça e o amor de Deus. Sim, vocês deviam fazer essas coisas, mas sem descuidar das mais importantes.

⁴³"Que aflição os espera, fariseus! Pois gostam de sentar-se nos lugares de honra nas sinagogas e de receber saudações respeitosas enquanto andam pelas praças. ⁴⁴Sim, que aflição os espera! Pois são como túmulos escondidos: as pessoas passam por cima deles sem saber onde estão pisando".

⁴⁵Então um especialista da lei disse: "Mestre, o senhor insultou também a nós com o que acabou de dizer".

⁴⁶Jesus respondeu: "Sim, que aflição também os espera, especialistas da lei! Pois oprimem as pessoas com exigências insuportáveis e não movem um dedo sequer para aliviar seus fardos. ⁴⁷Que aflição os espera! Pois constroem monumentos para os profetas que seus próprios antepassados assassinaram. ⁴⁸Com isso, porém, testemunham que concordam com o que seus antepassados fizeram. Eles mataram os profetas, e vocês cooperam com eles construindo os monumentos! ⁴⁹Foi a isto que Deus, em sua sabedoria, se referiu:ª 'Eu lhes enviarei profetas e apóstolos, mas eles matarão alguns e perseguirão outros'.

⁵⁰"Portanto, esta geração será responsabilizada pelo assassinato de todos os profetas de Deus desde a criação do mundo, ⁵¹desde o assassinato do justo Abel até o de Zacarias, morto entre o altar e o santuário. Sim, certamente esta geração será considerada responsável.

⁵²"Que aflição os espera, especialistas da lei! Vocês se apossaram da chave do conhecimento e, além de não entrarem no reino, impedem que outros entrem".

⁵³Quando Jesus se retirou dali, os mestres da lei e os fariseus ficaram extremamente irados e tentaram provocá-lo com muitas

perguntas. ⁵⁴Queriam apanhá-lo numa armadilha, levando-o a dizer algo que pudessem usar contra ele.

Advertência acerca da hipocrisia

12 Quando as multidões cresceram a ponto de haver milhares de pessoas atropelando-se e pisando umas nas outras, Jesus concentrou seu ensino nos discípulos, dizendo: "Tenham cuidado com o fermento dos fariseus, que é a hipocrisia. ²Virá o dia em que tudo que está encoberto será revelado, e tudo que é secreto será divulgado. ³O que vocês disseram no escuro será ouvido às claras, e o que conversaram a portas fechadas será proclamado dos telhados.

⁴"Meus amigos, não tenham medo daqueles que matam o corpo; depois disso, nada mais podem lhes fazer. ⁵Mas eu lhes direi a quem devem temer. Temam a Deus, que tem o poder de matar e lançar no inferno.ᵇ Sim, a esse vocês devem temer.

⁶"Qual é o preço de cinco pardais? Duas moedas de cobre?ᶜ E, no entanto, Deus não se esquece de nenhum deles. ⁷Até os cabelos de sua cabeça estão todos contados. Portanto, não tenham medo; vocês são muito mais valiosos que um bando inteiro de pardais.

⁸"Eu lhes digo a verdade: quem me reconhecer aqui, diante das pessoas, o Filho do Homem o reconhecerá na presença dos anjos de Deus. ⁹Mas quem me negar aqui será negado diante dos anjos de Deus. ¹⁰Quem falar contra o Filho do Homem será perdoado, mas quem blasfemar contra o Espírito Santo não será perdoado.

¹¹"Quando vocês forem julgados nas sinagogas e diante dos governantes e das autoridades, não se preocupem com o modo como se defenderão nem com o que dirão, ¹²pois o Espírito Santo, naquele momento, lhes dará as palavras certas".

A parábola do rico insensato

¹³Então alguém da multidão gritou: "Mestre, por favor, diga a meu irmão que divida comigo a herança de meu pai!".

¹⁴Jesus respondeu: "Amigo, quem me pôs como juiz sobre vocês para decidir essas coisas?". ¹⁵Em seguida, disse: "Cuidado! Guardem-se de todo tipo de ganância. A vida de uma pessoa não é definida pela quantidade de seus bens".

¹⁶Então lhes contou uma parábola: "Um homem rico tinha uma propriedade fértil que produziu boas colheitas. ¹⁷Pensou consigo: 'O que devo fazer? Não tenho espaço para toda a minha colheita'. ¹⁸Por fim, disse: 'Já sei! Vou derrubar os celeiros e construir outros maiores. Assim terei espaço suficiente para todo o meu trigo e meus outros bens. ¹⁹Então direi a mim mesmo: Amigo, você guardou o suficiente para muitos anos. Agora descanse! Coma, beba e alegre-se!'.

²⁰"Mas Deus lhe disse: 'Louco! Você morrerá esta noite. E, então, quem ficará com o fruto do seu trabalho?'.

²¹"Sim, é loucura acumular riquezas terrenas e não ser rico para com Deus".

Ensino sobre dinheiro e bens

²²Então, voltando-se para seus discípulos, Jesus disse: "Por isso eu lhes digo que não se preocupem com a vida diária, se terão o suficiente para comer, ou com o corpo, se terão o suficiente para vestir. ²³Pois a vida é mais que comida, e o corpo é mais que roupa. ²⁴Observem os corvos. Eles não plantam nem colhem, nem guardam comida em celeiros, pois Deus os alimenta. E vocês valem muito mais que qualquer pássaro. ²⁵Qual de vocês, por mais preocupado que esteja, pode acrescentar ao menos uma hora à sua vida?[a] ²⁶E, se não podem fazer uma coisa tão pequena, de que adianta se preocupar com as maiores?

²⁷"Observem como crescem os lírios. Não trabalham nem fazem suas roupas e, no entanto, nem Salomão em toda a sua glória se vestiu como eles. ²⁸E, se Deus veste com tamanha beleza as flores que hoje estão aqui e amanhã são lançadas ao fogo, não será muito mais generoso com vocês, gente de pequena fé?

²⁹"Não se inquietem com o que comer e o que beber. Não se preocupem com essas coisas. ³⁰Elas ocupam os pensamentos dos pagãos de todo o mundo, mas seu Pai já sabe do que vocês precisam. ³¹Busquem, acima de tudo, o reino de Deus, e todas essas coisas lhes serão dadas.

³²"Não tenham medo, pequeno rebanho, pois seu Pai tem grande alegria em lhes dar o reino.

³³"Vendam seus bens e deem aos necessitados. Com isso, ajuntarão tesouros no céu, e as bolsas no céu não se desgastam nem se desfazem. Seu tesouro estará seguro; nenhum ladrão o roubará e nenhuma traça o destruirá. ³⁴Onde seu tesouro estiver, ali também estará seu coração."

Estejam preparados para a vinda do Senhor

³⁵"Estejam vestidos, prontos para servir, e mantenham suas lâmpadas acesas, ³⁶como se esperassem o seu senhor voltar do banquete de casamento. Então poderão abrir-lhe a porta e deixá-lo entrar no momento em que ele chegar e bater. ³⁷Os servos que estiverem prontos, aguardando seu retorno, serão recompensados. Eu lhes digo a verdade: ele mesmo se vestirá como servo, indicará onde vocês se sentarão e os servirá enquanto estão à mesa! ³⁸Quer ele venha no meio da noite, quer de madrugada,ᵇ ele recompensará os servos que estiverem prontos.

³⁹"Entendam isto: se o dono da casa soubesse exatamente a que horas o ladrão viria, não permitiria que a casa fosse arrombada. ⁴⁰Estejam também sempre preparados, pois o Filho do Homem virá quando menos esperam".

⁴¹Então Pedro perguntou: "Senhor, essa ilustração se aplica apenas a nós, ou a todos?".

⁴²O Senhor respondeu: "O servo fiel e sensato é aquele a quem o senhor encarrega de chefiar os demais servos da casa e alimentá-los. ⁴³Se o senhor voltar e constatar que seu servo fez um bom trabalho, ⁴⁴eu lhes digo a verdade: ele colocará todos os seus bens sob os cuidados desse servo. ⁴⁵O que acontecerá, porém, se o servo

pensar: 'Meu senhor não voltará tão cedo', e começar a espancar os outros servos, a comer e a beber e se embriagar? ⁴⁶O senhor desse servo voltará em dia em que não se espera e em hora que não se conhece, cortará o servo ao meio e lhe dará o mesmo destino dos incrédulos.

⁴⁷"O servo que conhece a vontade do seu senhor e não se prepara nem segue as instruções dele será duramente castigado. ⁴⁸Mas aquele que não a conhece e faz algo errado será castigado com menos severidade. A quem muito foi dado, muito será pedido; e a quem muito foi confiado, ainda mais será exigido."

Jesus causa divisão

⁴⁹"Eu vim para incendiar a terra, e gostaria que já estivesse em chamas! ⁵⁰No entanto, tenho de passar por um batismo e estou angustiado até que ele se realize. ⁵¹Vocês pensam que vim trazer paz à terra? Não! Eu vim causar divisão! ⁵²De agora em diante, numa mesma casa cinco pessoas estarão divididas: três contra duas e duas contra três.

⁵³"O pai ficará contra o filho
   e o filho contra o pai;
a mãe contra a filha
   e a filha contra a mãe;
a sogra contra a nora
   e a nora contra a sogra".[a]

⁵⁴Então Jesus se voltou para a multidão e disse: "Quando vocês veem nuvens se formando no oeste, dizem: 'Vai chover'. E têm razão. ⁵⁵Quando sopra o vento sul, dizem: 'Hoje vai fazer calor'. E assim ocorre. ⁵⁶Hipócritas! Sabem interpretar as condições do tempo na terra e no céu, mas não sabem interpretar o tempo presente.

⁵⁷"Por que não decidem por si mesmos o que é certo? ⁵⁸Quando você e seu adversário estiverem a caminho do tribunal, procurem

acertar as diferenças antes de chegar lá. Do contrário, pode ser que o acusador o entregue ao juiz, e o juiz, a um oficial que o lançará na prisão. ⁵⁹Eu lhe digo: você não será solto enquanto não tiver pago até o último centavo".[b]

Chamado ao arrependimento

13 Por essa época, Jesus foi informado de que Pilatos havia assassinado algumas pessoas da Galileia enquanto ofereciam sacrifícios. ²"Vocês pensam que esses galileus eram mais pecadores que todos os outros da Galileia?", perguntou Jesus. "Foi por isso que sofreram? ³De maneira alguma! Mas, se não se arrependerem, vocês também morrerão. ⁴E quanto aos dezoito que morreram quando a torre de Siloé caiu sobre eles? Eram mais pecadores que os demais de Jerusalém? ⁵Não! E eu volto a lhes dizer: a menos que se arrependam, todos vocês também morrerão."

A parábola da figueira que não produz frutos

⁶Então Jesus contou a seguinte parábola: "Um homem tinha uma figueira em seu vinhedo e foi várias vezes procurar frutos nela, sem sucesso. ⁷Por fim, disse ao jardineiro: 'Esperei três anos e não encontrei um figo sequer. Corte a figueira, pois só está ocupando espaço no pomar'.

⁸"O jardineiro respondeu: 'Senhor, deixe-a mais um ano, e eu cuidarei dela e a adubarei. ⁹Se der figos no próximo ano, ótimo; se não, mande cortá-la'".

Jesus cura no sábado

¹⁰Certo sábado, quando Jesus ensinava numa sinagoga, ¹¹apareceu uma mulher enferma por causa de um espírito impuro. Andava encurvada havia dezoito anos e não conseguia se endireitar. ¹²Ao vê-la, Jesus a chamou para perto e disse: "Mulher, você está curada de sua doença!". ¹³Então ele a tocou e, no mesmo instante, ela conseguiu se endireitar e começou a louvar a Deus.

¹⁴O chefe da sinagoga ficou indignado porque Jesus a tinha curado no sábado. "Há seis dias na semana para trabalhar", disse ele à multidão. "Venham nesses dias para serem curados, e não no sábado."

¹⁵O Senhor, porém, respondeu: "Hipócritas! Todos vocês trabalham no sábado! Acaso não desamarram no sábado o boi ou o jumento do estábulo e o levam dali para lhe dar água? ¹⁶Esta mulher, uma filha de Abraão, foi mantida presa por Satanás durante dezoito anos. Não deveria ela ser liberta, mesmo que seja no sábado?".

¹⁷As palavras de Jesus envergonharam seus adversários, mas todo o povo se alegrava com as coisas maravilhosas que ele fazia.

A parábola da semente de mostarda

¹⁸Então Jesus disse: "Com que se parece o reino de Deus? Com o que posso compará-lo? ¹⁹É como a semente de mostarda que alguém plantou na horta. Ela cresce e se torna uma árvore, e os pássaros fazem ninhos em seus galhos".

A parábola do fermento

²⁰Disse também: "Com que mais se parece o reino de Deus? ²¹É como o fermento que uma mulher usa para fazer pão. Embora ela coloque apenas uma pequena quantidade de fermento em três medidas de farinha, toda a massa fica fermentada".

A porta estreita

²²Jesus foi pelas cidades e povoados ensinando ao longo do caminho, em direção a Jerusalém. ²³Alguém lhe perguntou: "Senhor, só alguns poucos serão salvos?".

Ele respondeu: ²⁴"Esforcem-se para entrar pela porta estreita, pois muitos tentarão entrar, mas não conseguirão. ²⁵Quando o dono da casa tiver trancado a porta, será tarde demais. Vocês ficarão do lado de fora, batendo e pedindo: 'Senhor, abra a porta para nós!'. Mas ele responderá: 'Não os conheço, nem sei de onde são'. ²⁶Então vocês dirão: 'Nós comemos e bebemos com o senhor, e o senhor ensinou em nossas ruas'. ²⁷E ele responderá: 'Não os conheço nem sei de onde são. Afastem-se de mim, todos vocês que praticam o mal!'.

²⁸"Haverá choro e ranger de dentes, pois verão Abraão, Isaque, Jacó e todos os profetas no reino de Deus, mas vocês serão lançados fora. ²⁹E virão pessoas de toda parte, do leste e do oeste, do norte e do sul, para ocupar seus lugares à mesa no reino de Deus. ³⁰E prestem atenção: alguns últimos serão os primeiros, e alguns primeiros serão os últimos".

A lamentação de Jesus sobre Jerusalém

³¹Naquele momento, alguns fariseus lhe disseram: "Vá embora daqui, pois Herodes Antipas quer matá-lo!".

³²Jesus respondeu: "Vão dizer àquela raposa que continuarei a expulsar demônios e a curar hoje e amanhã; e, no terceiro dia, realizarei meu propósito. ³³Sim, hoje, amanhã e depois de amanhã, devo seguir meu caminho. Pois nenhum profeta de Deus deve ser morto fora de Jerusalém!

³⁴"Jerusalém, Jerusalém, cidade que mata profetas e apedreja os mensageiros de Deus! Quantas vezes eu quis juntar seus filhos como a galinha protege os pintinhos sob as asas, mas você não deixou. ³⁵E, agora, sua casa foi abandonada, e você nunca mais me verá, até que diga: 'Bendito é o que vem em nome do Senhor!'".[a]

Jesus cura no sábado

14 Certo sábado, Jesus foi comer na casa de um líder fariseu, onde o observavam atentamente. ²Estava ali um homem com o corpo muito inchado.[b] ³Jesus perguntou aos fariseus e aos especialistas da lei: "A lei permite ou não curar no sábado?". ⁴Eles nada responderam, e Jesus tocou no homem enfermo, curou e o mandou embora. ⁵Depois, perguntou a eles: "Qual de vocês, se seu filho[c] ou seu boi cair num buraco, não se apressará em

tirá-lo de lá, mesmo que seja sábado?". ⁶Mais uma vez, não puderam responder.

Jesus ensina sobre a humildade

⁷Quando Jesus observou que os convidados para o jantar procuravam ocupar os lugares de honra à mesa, deu-lhes este conselho: ⁸"Quando você for convidado para um banquete de casamento, não ocupe o lugar de honra. E se chegar algum convidado mais importante que você? ⁹O anfitrião virá e dirá: 'Dê o seu lugar a esta pessoa', e você, envergonhado, terá de sentar-se no último lugar da mesa.

¹⁰"Em vez disso, ocupe o lugar menos importante à mesa. Assim, quando o anfitrião o vir, dirá: 'Amigo, temos um lugar melhor para você!'. Então você será honrado diante de todos os convidados. ¹¹Pois os que se exaltam serão humilhados, e os que se humilham serão exaltados".

¹²Então Jesus se voltou para o anfitrião e disse: "Quando oferecer um banquete ou jantar, não convide amigos, irmãos, parentes e vizinhos ricos. Eles poderão retribuir o convite, e essa será sua única recompensa. ¹³Em vez disso, convide os pobres, os aleijados, os mancos e os cegos. ¹⁴Assim, na ressurreição dos justos, você será recompensado por ter convidado aqueles que não podiam lhe retribuir".

A parábola do grande banquete

¹⁵Ao ouvir isso, um homem que estava à mesa com Jesus exclamou: "Feliz será aquele que participar do banquete[a] no reino de Deus!".

¹⁶Jesus respondeu com a seguinte parábola: "Certo homem preparou um grande banquete e enviou muitos convites. ¹⁷Quando estava tudo pronto, mandou seu servo dizer aos convidados: 'Venham, o banquete está pronto'. ¹⁸Mas todos eles deram desculpas. Um disse: 'Acabei de comprar um campo e preciso inspecioná-lo. Peço que me desculpe'. ¹⁹Outro disse: 'Acabei de comprar

cinco juntas de bois e quero experimentá-las. Sinto muito'. ²⁰Ainda outro disse: 'Acabei de me casar e não posso ir'.

²¹"O servo voltou e informou a seu senhor o que tinham dito. Ele ficou furioso e ordenou: 'Vá depressa pelas ruas e becos da cidade e convide os pobres, os aleijados, os cegos e os mancos'. ²²Depois de cumprir essa ordem, o servo informou: 'Ainda há lugar para mais gente'. ²³Então o senhor disse: 'Vá pelas estradas do campo e junto às cercas entre as videiras e insista com todos que encontrar para que venham, de modo que minha casa fique cheia. ²⁴Pois nenhum dos que antes foram convidados provará do meu banquete'".

O custo do discipulado

²⁵Uma grande multidão seguia Jesus, que se voltou para ela e disse: ²⁶"Se alguém que me segue amar pai e mãe, esposa e filhos, irmãos e irmãs, e até mesmo a própria vida, mais que a mim, não pode ser meu discípulo. ²⁷E, se não tomar sua cruz e me seguir, não pode ser meu discípulo.

²⁸"Quem começa a construir uma torre sem antes calcular o custo e ver se possui dinheiro suficiente para terminá-la? ²⁹Pois, se completar apenas os alicerces e ficar sem dinheiro, todos rirão dele, ³⁰dizendo: 'Esse aí começou a construir, mas não conseguiu terminar!'.

³¹"Ou que rei iria à guerra sem antes avaliar se seu exército de dez mil poderia derrotar os vinte mil que vêm contra ele? ³²E, se concluir que não, o rei enviará uma delegação para negociar um acordo de paz enquanto o inimigo está longe. ³³Da mesma forma, ninguém pode se tornar meu discípulo sem abrir mão de tudo que possui.

³⁴"O sal é bom para temperar, mas, se perder o sabor, como torná-lo salgado outra vez? ³⁵O sal sem sabor não serve nem para o solo nem para adubo; é jogado fora. Quem é capaz de ouvir, ouça com atenção!".

A parábola da ovelha perdida

15 Cobradores de impostos e outros pecadores vinham ouvir Jesus ensinar. ²Os fariseus e mestres da lei o criticavam, dizendo: "Ele se reúne com pecadores e até come com eles!".

³Então Jesus lhes contou esta parábola: ⁴"Se um homem tiver cem ovelhas e uma delas se perder, o que acham que ele fará? Não deixará as outras noventa e nove no pasto e buscará a perdida até encontrá-la? ⁵E, quando a encontrar, ele a carregará alegremente nos ombros e a levará para casa. ⁶Quando chegar, reunirá os amigos e vizinhos e dirá: 'Alegrem-se comigo, pois encontrei minha ovelha perdida!'. ⁷Da mesma forma, há mais alegria no céu por causa do pecador perdido que se arrepende do que por noventa e nove justos que não precisam se arrepender."

A parábola da moeda perdida

⁸"Ou suponhamos que uma mulher tenha dez moedas de prata[a] e perca uma. Acaso não acenderá uma lâmpada, varrerá a casa inteira e procurará com cuidado até encontrá-la? ⁹E, quando a encontrar, reunirá as amigas e vizinhas e dirá: 'Alegrem-se comigo, pois encontrei a minha moeda perdida!'. ¹⁰Da mesma forma, há alegria na presença dos anjos de Deus quando um único pecador se arrepende".

A parábola do filho perdido

¹¹Jesus continuou: "Um homem tinha dois filhos. ¹²O filho mais jovem disse ao pai: 'Quero a minha parte da herança', e o pai dividiu seus bens entre os filhos.

¹³"Alguns dias depois, o filho mais jovem arrumou suas coisas e se mudou para uma terra distante, onde desperdiçou tudo que tinha por viver de forma desregrada. ¹⁴Quando seu dinheiro acabou, uma grande fome se espalhou pela terra, e ele começou a passar necessidade. ¹⁵Convenceu um fazendeiro da região a empregá-lo, e esse homem o mandou a seus campos para cuidar

dos porcos. ¹⁶Embora quisesse saciar a fome com as vagens dadas aos porcos, ninguém lhe dava coisa alguma.

¹⁷"Quando finalmente caiu em si, disse: 'Até os empregados de meu pai têm comida de sobra, e eu estou aqui, morrendo de fome. ¹⁸Vou retornar à casa de meu pai e dizer: Pai, pequei contra o céu e contra o senhor, ¹⁹e não sou mais digno de ser chamado seu filho. Por favor, trate-me como seu empregado'.

²⁰"Então voltou para a casa de seu pai. Quando ele ainda estava longe, seu pai o viu. Cheio de compaixão, correu para o filho, o abraçou e o beijou. ²¹O filho disse: 'Pai, pequei contra o céu e contra o senhor, e não sou mais digno de ser chamado seu filho'.[a]

²²"O pai, no entanto, disse aos servos: 'Depressa! Tragam a melhor roupa da casa e vistam nele. Coloquem-lhe um anel no dedo e sandálias nos pés. ²³Matem o novilho gordo. Faremos um banquete e celebraremos, ²⁴pois este meu filho estava morto e voltou à vida. Estava perdido e foi achado!'. E começaram a festejar.

²⁵"Enquanto isso, o filho mais velho trabalhava no campo. Na volta para casa, ouviu música e dança, ²⁶e perguntou a um dos servos o que estava acontecendo. ²⁷O servo respondeu: 'Seu irmão voltou, e seu pai matou o novilho gordo, pois ele voltou são e salvo!'.

²⁸"O irmão mais velho se irou e não quis entrar. O pai saiu e insistiu com o filho, ²⁹mas ele respondeu: 'Todos esses anos, tenho trabalhado como um escravo para o senhor e nunca me recusei a obedecer às suas ordens. E o senhor nunca me deu nem mesmo um cabrito para eu festejar com meus amigos. ³⁰Mas, quando esse seu filho volta, depois de desperdiçar o seu dinheiro com prostitutas, o senhor comemora matando o novilho!'.

³¹"O pai lhe respondeu: 'Meu filho, você está sempre comigo, e tudo que eu tenho é seu. ³²Mas tínhamos de comemorar este dia feliz, pois seu irmão estava morto e voltou à vida. Estava perdido e foi achado!'".

A parábola do administrador astuto

16 Jesus contou a seguinte história a seus discípulos: "Um homem rico tinha um administrador que cuidava de seus negócios. Certo dia, foram-lhe contar que esse administrador estava desperdiçando seu dinheiro. ²Então mandou chamá-lo e disse: 'O que é isso que ouço a seu respeito? Preste contas de sua administração, pois não pode mais permanecer nesse cargo'.

³"O administrador pensou consigo: 'E agora? Meu patrão vai me demitir. Não tenho força para trabalhar no campo, e sou orgulhoso demais para mendigar. ⁴Já sei como garantir que as pessoas me recebam em suas casas quando eu for despedido!'.

⁵"Então ele convocou todos que deviam dinheiro a seu patrão. Perguntou ao primeiro: 'Quanto você deve a meu patrão?'. ⁶O homem respondeu: 'Devo cem tonéis de azeite'. Então o administrador lhe disse: 'Pegue depressa sua conta e mude-a para cinquenta tonéis'.[b]

⁷"'E quanto você deve a meu patrão?', perguntou ao segundo. "Devo cem cestos grandes de trigo', respondeu ele. E o administrador disse: 'Tome sua conta e mude-a para oitenta cestos'.[c]

⁸"O patrão elogiou o administrador desonesto por sua astúcia. E é verdade que os filhos deste mundo são mais astutos ao lidar com o mundo ao redor que os filhos da luz. ⁹Esta é a lição: usem a riqueza deste mundo para fazer amigos. Assim, quando suas posses se extinguirem, eles os receberão num lar eterno.[d]

¹⁰"Se forem fiéis nas pequenas coisas, também o serão nas grandes. Mas, se forem desonestos nas pequenas coisas, também o serão nas maiores. ¹¹E, se vocês não são confiáveis ao lidar com a riqueza injusta deste mundo, quem lhes confiará a verdadeira riqueza? ¹²E, se não são fiéis com os bens dos outros, por que alguém lhes confiaria o que é de vocês?

¹³"Ninguém pode servir a dois senhores, pois odiará um e amará o outro; será dedicado a um e desprezará o outro. Vocês não podem servir a Deus e ao dinheiro".[e]

Os fariseus e a lei

¹⁴Os fariseus, que tinham grande amor ao dinheiro, ouviam isso tudo e zombavam de Jesus. ¹⁵Então ele disse: "Vocês gostam de parecer justos em público, mas Deus conhece o seu coração. Aquilo que este mundo valoriza é detestável aos olhos de Deus.

¹⁶"Até a chegada de João, a lei de Moisés e a mensagem dos profetas eram seus guias. Agora, porém, as boas-novas do reino de Deus estão sendo anunciadas, e todos estão ansiosos para entrar.ᵃ ¹⁷É mais fácil o céu e a terra desaparecerem que ser anulado até o menor traço da lei de Deus.

¹⁸"Assim, o homem que se divorcia de sua esposa e se casa com outra mulher comete adultério. E o homem que se casa com uma mulher divorciada também comete adultério".

A história do rico e do mendigo

¹⁹Jesus disse: "Havia um homem rico que se vestia de púrpura e linho fino e vivia sempre cercado de luxos. ²⁰À sua porta ficava um mendigo coberto de feridas chamado Lázaro. ²¹Ele ansiava comer o que caía da mesa do homem rico, e os cachorros vinham lamber suas feridas abertas.

²²"Por fim, o mendigo morreu, e os anjos o levaram para junto de Abraão. O rico também morreu e foi sepultado, ²³e foi para o lugar dos mortos.ᵇ Ali, em tormento, ele viu Abraão de longe, com Lázaro ao seu lado.

²⁴"O rico gritou: 'Pai Abraão, tenha compaixão de mim! Mande Lázaro aqui para que molhe a ponta do dedo em água e refresque minha língua. Estou em agonia nestas chamas!'.

²⁵"Abraão, porém, respondeu: 'Filho, lembre-se de que durante a vida você teve tudo que queria e Lázaro não teve coisa alguma. Agora, ele está aqui sendo consolado, e você está em agonia. ²⁶Além do mais, há entre nós um grande abismo. Ninguém daqui pode atravessar para o seu lado, e ninguém daí pode atravessar para o nosso'.

²⁷"Então o rico disse: 'Por favor, Pai Abraão, pelo menos mande Lázaro à casa de meu pai, ²⁸pois tenho cinco irmãos e quero avisá-los para que não terminem neste lugar de tormento'.

²⁹"'Moisés e os profetas já os avisaram', respondeu Abraão. 'Seus irmãos podem ouvir o que eles disseram.'

³⁰"Então o rico disse: 'Não, Pai Abraão! Mas, se alguém dentre os mortos lhes fosse enviado, eles se arrependeriam!'.

³¹"Abraão, porém, disse: 'Se eles não ouvem Moisés e os profetas, não se convencerão, mesmo que alguém ressuscite dos mortos'".

Ensino sobre perdão e fé

17 Jesus disse a seus discípulos: "Sempre haverá o que leve as pessoas a cair em pecado, mas que aflição espera quem causa a tentação! ²Seria melhor ser lançado no mar com uma pedra de moinho amarrada ao pescoço que fazer um destes pequeninos pecar. ³Portanto, tenham cuidado!

"Se um irmão pecar, repreenda-o e, se ele se arrepender, perdoe-o. ⁴Mesmo que ele peque contra você sete vezes por dia e, a cada vez, se arrependa e peça perdão, perdoe-o".

⁵Os apóstolos disseram ao Senhor: "Faça nossa fé crescer!".

⁶O Senhor respondeu: "Se tivessem fé, ainda que tão pequena quanto um grão de mostarda, poderiam dizer a esta amoreira: 'Arranque-se e plante-se no mar', e ela lhes obedeceria.

⁷"Quando um servo chega do campo depois de arar ou cuidar das ovelhas, o senhor lhe diz: 'Venha logo para a mesa comer conosco'? ⁸Não, ele diz: 'Prepare minha refeição, apronte-se e sirva-me enquanto como e bebo. Você pode comer depois'. ⁹E acaso o senhor agradece ao servo por fazer o que lhe foi ordenado? ¹⁰Da mesma forma, quando vocês obedecem, devem dizer: 'Somos servos inúteis; apenas cumprimos nosso dever'".

A cura de dez leprosos

¹¹Dirigindo-se a Jerusalém, Jesus chegou à fronteira entre a Galileia e Samaria. ¹²Ao entrar num povoado dali, dez leprosos,

mantendo certa distância, ¹³clamaram: "Jesus, Mestre, tenha misericórdia de nós!".

¹⁴Ele olhou para eles e disse: "Vão e apresentem-se aos sacerdotes".ᶜ E, enquanto eles iam, foram curados da lepra.

¹⁵Um deles, ao ver-se curado, voltou a Jesus, louvando a Deus em alta voz. ¹⁶Lançou-se a seus pés, agradecendo-lhe pelo que havia feito. Esse homem era samaritano.

¹⁷Jesus perguntou: "Não curei dez homens? Onde estão os outros nove? ¹⁸Ninguém voltou para dar glórias a Deus, exceto este estrangeiro?". ¹⁹E disse ao homem: "Levante-se e vá. Sua fé o curou".ᵃ

A vinda do reino

²⁰Certo dia, os fariseus perguntaram a Jesus: "Quando virá o reino de Deus?".

Jesus respondeu: "O reino de Deus não é detectado por sinais visíveis.ᵇ ²¹Não se poderá dizer: 'Está aqui!' ou 'Está ali!', pois o reino de Deus já está entre vocês".ᶜ

²²Então ele disse a seus discípulos: "Aproximam-se os dias em que desejarão ver o tempo do Filho do Homem,ᵈ mas não o verão. ²³Dirão a vocês: 'Vejam, lá está!' ou 'Aqui está ele!', mas não os sigam. ²⁴Porque, assim como o relâmpago lampeja e ilumina o céu de uma extremidade a outra, assim será no diaᵉ em que vier o Filho do Homem. ²⁵Mas primeiro é necessário que ele sofra terrivelmenteᶠ e seja rejeitado por esta geração.

²⁶"Quando o Filho do Homem voltar, será como no tempo de Noé. ²⁷Naqueles dias, o povo seguia sua rotina de banquetes, festas e casamentos, até o dia em que Noé entrou na arca e veio o dilúvio, que destruiu a todos.

²⁸"E o mundo será como no tempo de Ló. O povo se ocupava de seus afazeres diários, comendo e bebendo, comprando e vendendo, cultivando e construindo, ²⁹até o dia em que Ló deixou Sodoma. Então fogo e enxofre ardente caíram do céu e destruíram a todos. ³⁰Sim, tudo será como sempre foi até o dia em que o

Filho do Homem for revelado. ³¹Nesse dia, quem estiver na parte de cima da casa, não desça para pegar suas coisas. Quem estiver no campo, não volte para casa. ³²Lembrem-se do que aconteceu à esposa de Ló! ³³Quem se apegar à própria vida a perderá; quem abrir mão de sua vida a salvará. ³⁴Naquela noite, duas pessoas estarão dormindo na mesma cama; uma será levada, e a outra, deixada. ³⁵Duas mulheres estarão moendo cereal no moinho; uma será levada, e a outra, deixada. ³⁶Dois homens estarão trabalhando juntos num campo; um será levado, e o outro, deixado".ᵍ

³⁷"Senhor, onde isso acontecerá?",ʰ perguntaram os discípulos.

Jesus respondeu: "Onde estiver o cadáver, ali se ajuntarão os abutres".

A parábola da viúva persistente

18 Jesus contou a seus discípulos uma parábola para mostrar-lhes que deviam orar sempre e nunca desanimar. ²Disse ele: "Havia numa cidade um juiz que não temia a Deus nem se importava com as pessoas. ³Uma viúva daquela cidade vinha a ele com frequência e dizia: 'Faça-me justiça contra meu adversário'. ⁴Por algum tempo, o juiz não lhe deu atenção, mas, por fim, disse a si mesmo: 'Não temo a Deus e não me importo com as pessoas, ⁵mas essa viúva está me irritando. Vou lhe fazer justiça, pois assim deixará de me importunar'".

⁶Então o Senhor disse: "Aprendam uma lição com o juiz injusto. ⁷Acaso Deus não fará justiça a seus escolhidos que clamam a ele dia e noite? Continuará a adiar sua resposta? ⁸Eu afirmo que ele lhes fará justiça, e rápido! Mas, quando o Filho do Homem voltar, quantas pessoas com fé ele encontrará na terra?".

A parábola do fariseu e do cobrador de impostos

⁹Em seguida, Jesus contou a seguinte parábola àqueles que confiavam em sua própria justiça e desprezavam os demais: ¹⁰"Dois homens foram ao templo orar. Um deles era fariseu, e o outro, cobrador de impostos. ¹¹O fariseu, em pé, fazia esta oração: 'Eu te

agradeço, Deus, porque não sou como as demais pessoas: desonestas, pecadoras, adúlteras. E, com certeza, não sou como aquele cobrador de impostos. ¹²Jejuo duas vezes por semana e dou o dízimo de tudo que ganho'.

¹³"Mas o cobrador de impostos ficou a distância e não tinha coragem nem de levantar os olhos para o céu enquanto orava. Em vez disso, batia no peito e dizia: 'Deus, tem misericórdia de mim, pois sou pecador'. ¹⁴Eu lhes digo que foi o cobrador de impostos, e não o fariseu, quem voltou para casa justificado diante de Deus. Pois aqueles que se exaltam serão humilhados, e aqueles que se humilham serão exaltados".

Jesus abençoa as crianças

¹⁵Certo dia, trouxeram crianças para que Jesus pusesse as mãos sobre elas. Ao ver isso, os discípulos repreenderam aqueles que as traziam.

¹⁶Jesus, porém, chamou as crianças para junto de si e disse aos discípulos: "Deixem que as crianças venham a mim. Não as impeçam, pois o reino de Deus pertence aos que são como elas. ¹⁷Eu lhes digo a verdade: quem não receber o reino de Deus como uma criança de modo algum entrará nele".

O homem rico

¹⁸Certa vez, um homem de alta posição perguntou a Jesus: "Bom mestre, que devo fazer para herdar a vida eterna?".

¹⁹"Por que você me chama de bom?", perguntou Jesus. "Apenas Deus é verdadeiramente bom. ²⁰Você conhece os mandamentos: 'Não cometa adultério. Não mate. Não roube. Não dê falso testemunho. Honre seu pai e sua mãe'".[a]

²¹O homem respondeu: "Tenho obedecido a todos esses mandamentos desde a juventude".

²²Quando Jesus ouviu sua resposta, disse: "Ainda há uma coisa que você não fez. Venda todos os seus bens e dê o dinheiro

aos pobres. Então você terá um tesouro no céu. Depois, venha e siga-me".

²³Ao ouvir essas palavras, o homem se entristeceu, pois era muito rico.

As recompensas do discipulado

²⁴Ao ver a tristeza daquele homem, Jesus disse: "Como é difícil os ricos entrarem no reino de Deus! ²⁵Na verdade, é mais fácil um camelo passar pelo buraco de uma agulha que um rico entrar no reino de Deus".

²⁶Aqueles que o ouviram disseram: "Então quem pode ser salvo?".

²⁷Jesus respondeu: "O que é impossível para as pessoas é possível para Deus".

²⁸Pedro disse: "Deixamos nossos lares para segui-lo".

²⁹Jesus respondeu: "Eu lhes garanto que todos que deixaram casa, esposa, irmãos, pais ou filhos por causa do reino de Deus ³⁰receberão neste mundo uma recompensa muitas vezes maior e, no mundo futuro, terão a vida eterna".

Jesus prediz sua morte e ressurreição

³¹Jesus chamou os Doze à parte e disse: "Estamos subindo para Jerusalém, onde tudo que foi escrito pelos profetas a respeito do Filho do Homem se cumprirá. ³²Ele será entregue aos gentios, e zombarão dele, o insultarão e cuspirão nele. ³³Eles o açoitarão e o matarão, mas no terceiro dia ele ressuscitará".

³⁴Os discípulos, porém, não entenderam. O significado dessas palavras lhes estava oculto, e não sabiam do que ele falava.

Jesus cura um mendigo cego

³⁵Quando Jesus se aproximava de Jericó, havia um mendigo cego sentado à beira do caminho. ³⁶Ao ouvir o barulho da multidão que passava, perguntou o que estava acontecendo. ³⁷Disseram-lhe que

Jesus de Nazaré estava passando por ali. ³⁸Então começou a gritar: "Jesus, Filho de Davi, tenha misericórdia de mim!".

³⁹Os que estavam mais à frente o repreendiam e ordenavam que se calasse. Mas ele gritava ainda mais alto: "Filho de Davi, tenha misericórdia de mim!".

⁴⁰Então Jesus parou e ordenou que lhe trouxessem o homem. Quando ele se aproximou, Jesus lhe perguntou: ⁴¹"O que você quer que eu lhe faça?".

"Senhor, eu quero ver!", respondeu o homem.

⁴²E Jesus disse: "Receba a visão! Sua fé o curou". ⁴³No mesmo instante, o homem passou a enxergar, e seguia Jesus, louvando a Deus. E todos que presenciaram isso também louvavam a Deus.

Jesus e Zaqueu

19 Jesus entrou em Jericó e atravessava a cidade. ²Havia ali um homem rico chamado Zaqueu, chefe dos cobradores de impostos. ³Tentava ver Jesus, mas era baixo demais e não conseguia olhar por cima da multidão. ⁴Por isso, correu adiante e subiu numa figueira-brava, no caminho por onde Jesus passaria.

⁵Quando Jesus chegou ali, olhou para cima e disse: "Zaqueu, desça depressa! Hoje devo hospedar-me em sua casa".

⁶Sem demora, Zaqueu desceu e, com alegria, recebeu Jesus em sua casa. ⁷Ao ver isso, o povo começou a se queixar: "Ele foi se hospedar na casa de um pecador!".

⁸Enquanto isso, Zaqueu se levantou e disse: "Senhor, darei metade das minhas riquezas aos pobres. E, se explorei alguém na cobrança de impostos, devolverei quatro vezes mais!".

⁹Jesus respondeu: "Hoje chegou a salvação a esta casa, pois este homem também é filho de Abraão. ¹⁰Porque o Filho do Homem veio buscar e salvar os perdidos".

A parábola dos dez servos

¹¹A multidão estava atenta ao que Jesus dizia. Então, como ele se aproximava de Jerusalém, contou-lhes uma parábola, pois o povo

achava que o reino de Deus começaria de imediato. ¹²Disse ele: "Um nobre foi chamado a um país distante para ser coroado rei e depois voltar. ¹³Antes de partir, reuniu dez de seus servos e deu a cada um deles dez moedas de prata,ª dizendo: 'Invistam esse dinheiro enquanto eu estiver fora'. ¹⁴Seu povo, porém, o odiava, e enviou uma delegação atrás dele para dizer: 'Não queremos que ele seja nosso rei'.

¹⁵"Depois de ser coroado, ele voltou e chamou os servos aos quais tinha confiado o dinheiro, pois queria saber quanto haviam lucrado. ¹⁶O primeiro servo informou: 'Senhor, investi seu dinheiro, e ele rendeu dez vezes a quantia recebida.

¹⁷"'Muito bem!', disse o rei. 'Você é um bom servo. Foi fiel no pouco que lhe confiei e, como recompensa, governará dez cidades.'

¹⁸"O servo seguinte informou: 'Senhor, investi seu dinheiro, e ele rendeu cinco vezes a quantia recebida'.

¹⁹"'Muito bem!', disse o rei. 'Você governará cinco cidades.'

²⁰"O terceiro servo, porém, trouxe de volta apenas a quantia recebida e disse: 'Senhor, escondi seu dinheiro para mantê-lo seguro. ²¹Tive medo, pois o senhor é um homem severo. Toma o que não lhe pertence e colhe o que não plantou'.

²²"'Servo mau!', exclamou o senhor. 'Suas próprias palavras o condenam. Se você sabia que sou homem severo, que tomo o que não me pertence e colho o que não plantei, ²³por que não depositou meu dinheiro? Pelo menos eu teria recebido os juros.'

²⁴"Então, voltando-se para os outros que estavam ali perto, o rei ordenou: 'Tomem o dinheiro deste servo e deem ao que tem dez moedas.

²⁵"'Mas senhor!', disseram eles. 'Ele já tem dez!'

²⁶"Então o rei respondeu: 'Sim, ao que tem, mais lhe será dado; mas do que nada tem, até o que tem lhe será tomado. ²⁷E, quanto a esses meus inimigos que não queriam que eu fosse seu rei, tragam-nos aqui e executem-nos na minha presença'".

A entrada de Jesus em Jerusalém

[28] Depois de contar essa história, Jesus prosseguiu rumo a Jerusalém. [29] Quando chegou a Betfagé e Betânia, próximo ao monte das Oliveiras, enviou dois de seus discípulos. [30] "Vão àquele povoado adiante", disse ele. "Assim que entrarem, verão amarrado ali um jumentinho no qual ninguém jamais montou. Desamarrem-no e tragam-no para cá. [31] Se alguém perguntar: 'Por que estão soltando o jumentinho?', respondam apenas: 'O Senhor precisa dele'."

[32] Eles foram e encontraram o jumentinho, exatamente como Jesus tinha dito. [33] E, enquanto o desamarravam, seus donos perguntaram: "Por que estão soltando o jumentinho?".

[34] Os discípulos responderam: "O Senhor precisa dele". [35] Então trouxeram o jumentinho e lançaram seus mantos sobre o animal, para que Jesus montasse nele.

[36] À medida que Jesus ia passando, as multidões espalhavam seus mantos ao longo do caminho diante dele. [37] Quando ele chegou próximo à descida do monte das Oliveiras, seus seguidores começaram a gritar e a cantar enquanto o acompanhavam, louvando a Deus por todos os milagres maravilhosos que tinham visto.

[38] "Bendito é o Rei que vem em nome do Senhor!
Paz no céu e glória nas maiores alturas!". [a]

[39] Alguns dos fariseus que estavam entre a multidão disseram: "Mestre, repreenda seus seguidores por dizerem estas coisas!".

[40] Ele, porém, respondeu: "Se eles se calarem, as próprias pedras clamarão!".

Jesus chora por Jerusalém

[41] Quando Jesus se aproximou de Jerusalém e viu a cidade, começou a chorar. [42] "Como eu gostaria que hoje você compreendesse o caminho para a paz!", disse ele. "Agora, porém, isso está oculto a seus olhos. [43] Chegará o tempo em que seus inimigos construirão

rampas para atacar seus muros e a rodearão e apertarão o cerco por todos os lados. ⁴⁴Esmagarão você e seus filhos e não deixarão pedra sobre pedra, pois você não reconheceu que Deus a visitou."ᵇ

Jesus purifica o templo

⁴⁵Então Jesus entrou no templo e começou a expulsar os que ali vendiam, ⁴⁶dizendo: "As Escrituras declaram: 'Meu templo será casa de oração', mas vocês o transformaram num esconderijo de ladrões!".ᶜ

⁴⁷Jesus ensinava todos os dias no templo, mas os principais sacerdotes, os mestres da lei e outros líderes do povo planejavam matá-lo. ⁴⁸Contudo, não conseguiam pensar num modo de fazê-lo, pois o povo ouvia atentamente tudo que ele dizia.

A autoridade de Jesus é questionada

20 Certo dia, quando Jesus ensinava o povo e anunciava as boas-novas no templo, os principais sacerdotes, os mestres da lei e os líderes do povo se aproximaram dele ²e perguntaram: "Com que autoridade você faz essas coisas? Quem lhe deu esse direito?".

³"Primeiro, deixe-me fazer uma pergunta", respondeu ele. ⁴"A autoridade de João para batizar vinha do céu ou era apenas humana?"

⁵Eles discutiram a questão entre si: "Se dissermos que vinha do céu, ele perguntará por que não cremos em João. ⁶Mas, se dissermos que era apenas humana, seremos apedrejados pela multidão, pois todos estão convencidos de que João era profeta". ⁷Por fim, responderam a Jesus que não sabiam.

⁸E Jesus replicou: "Então eu também não direi com que autoridade faço essas coisas".

A parábola dos lavradores maus

⁹Em seguida, Jesus se voltou para o povo e contou a seguinte parábola: "Um homem plantou um vinhedo e o arrendou a alguns

lavradores. Depois, partiu para um lugar distante, onde passou um longo tempo. [10]Na época da colheita da uva, enviou um de seus servos para receber sua parte da produção. Os lavradores atacaram o servo, o espancaram e o mandaram de volta, de mãos vazias. [11]Então o dono da propriedade enviou outro servo, mas eles também o insultaram, o espancaram e o mandaram de volta, de mãos vazias. [12]Enviou ainda um terceiro, e eles o feriram e o expulsaram do vinhedo.

[13]"'Que farei?', disse o dono do vinhedo. 'Já sei; enviarei meu filho amado. Certamente eles o respeitarão.'

[14]"No entanto, quando os lavradores viram o filho, disseram uns aos outros: 'Aí vem o herdeiro da propriedade. Vamos matá-lo e tomar posse desta terra!'. [15]Então o arrastaram para fora do vinhedo e o mataram.

"O que vocês acham que o dono do vinhedo fará com eles?", perguntou Jesus. [16]"Ele virá, matará os lavradores, e arrendará o vinhedo a outros."

"Que isso jamais aconteça!", disseram os que o ouviam.

[17]Jesus olhou para eles e perguntou: "Então o que significa esta passagem das Escrituras:

'A pedra que os construtores rejeitaram
 se tornou a pedra angular'?[a]

[18]Quem tropeçar nessa pedra será despedaçado, e aquele sobre quem ela cair será reduzido a pó".

[19]Os mestres da lei e os principais sacerdotes queriam prender Jesus ali mesmo, pois perceberam que eles eram os lavradores maus a que Jesus se referia. No entanto, tinham medo da reação do povo.

O imposto para César

[20]Esperando uma oportunidade, os líderes enviaram espiões que fingiam ser pessoas sinceras. Tentaram fazer Jesus dizer algo que

pudesse ser relatado ao governador romano, de modo que ele fosse preso. ²¹Disseram: "Mestre, sabemos que o senhor fala e ensina o que é certo, não se deixa influenciar por outros e ensina o caminho de Deus de acordo com a verdade. ²²Então, diga-nos: É certo pagar impostos a César ou não?".

²³Jesus percebeu a hipocrisia deles e disse: ²⁴"Mostrem-me uma moeda de prata.[b] De quem são a imagem e o título nela gravados?".

"De César", responderam.

²⁵"Então deem a César o que pertence a César, e deem a Deus o que pertence a Deus", disse ele.

²⁶Eles não conseguiam apanhá-lo em nada que ele dizia diante do povo. Em vez disso, admiraram-se de sua resposta e se calaram.

Discussão sobre a ressurreição dos mortos

²⁷Então vieram a Jesus alguns saduceus, líderes religiosos que afirmam não haver ressurreição dos mortos, ²⁸e perguntaram: "Mestre, Moisés nos deu uma lei segundo a qual se um homem morrer e deixar a esposa sem filhos, o irmão dele deve se casar com a viúva e ter um filho que dará continuidade ao nome do irmão.[c] ²⁹Numa família havia sete irmãos. O mais velho se casou e morreu sem deixar filhos. ³⁰O segundo irmão se casou com a viúva, mas também morreu. ³¹Então o terceiro irmão se casou com ela. O mesmo aconteceu aos sete irmãos, que morreram sem deixar filhos. ³²Por fim, a mulher também morreu. ³³Diga-nos, de quem ela será esposa na ressurreição? Afinal, os sete se casaram com ela".

³⁴Jesus respondeu: "O casamento é para pessoas deste mundo. ³⁵Mas, na era futura, aqueles que forem considerados dignos de ser ressuscitados dos mortos não se casarão nem se darão em casamento, ³⁶e nunca mais morrerão. Nesse sentido, serão como os anjos. São filhos de Deus e filhos da ressurreição.

³⁷"Agora, quanto a haver ressurreição dos mortos, o próprio Moisés provou isso quando escreveu a respeito do arbusto em

chamas. Ele se referiu ao Senhor como 'o Deus de Abraão, o Deus de Isaque e o Deus de Jacó'.[d] [38]Portanto, ele é Deus dos vivos, e não dos mortos, pois para ele todos vivem".

[39]"Mestre, o senhor disse bem!", comentaram alguns mestres da lei. [40]E ninguém mais teve coragem de lhe fazer perguntas.

De quem o Cristo é filho?

[41]Então Jesus lhes perguntou: "Por que se diz que o Cristo é filho de Davi? [42]Afinal, o próprio Davi escreveu no Livro de Salmos:

'O Senhor disse ao meu Senhor,
  Sente-se no lugar de honra à minha direita
[43]até que eu humilhe seus inimigos,
  e os ponha debaixo de seus pés'.[a]

[44]Uma vez que Davi chamou o Cristo de 'meu Senhor', como ele pode ser filho de Davi?".

Jesus critica os mestres da lei

[45]Então, enquanto as multidões o ouviam, Jesus se voltou para seus discípulos e disse: [46]"Cuidado com os mestres da lei! Eles gostam de se exibir com vestes longas e de receber saudações respeitosas quando andam pelas praças. E como gostam de sentar-se nos lugares de honra nas sinagogas e à cabeceira da mesa nos banquetes! [47]No entanto, tomam posse dos bens das viúvas de maneira desonesta e, depois, para dar a impressão de piedade, fazem longas orações em público. Por causa disso, serão duramente castigados".

A oferta da viúva

21 Estando Jesus no templo, observava os ricos depositarem suas contribuições na caixa de ofertas. [2]Então uma viúva pobre veio e colocou duas moedas pequenas.[b]

³Jesus disse: "Eu lhes digo a verdade: esta viúva pobre deu mais que todos os outros. ⁴Eles deram uma parte do que lhes sobrava, mas ela, em sua pobreza, deu tudo que tinha".

Jesus fala de acontecimentos futuros

⁵Alguns de seus discípulos começaram a falar das pedras magníficas e das dádivas que adornavam o templo. Jesus, porém, disse: ⁶"Virá o dia em que estas coisas serão completamente demolidas. Não restará pedra sobre pedra!".

⁷Então eles perguntaram: "Mestre, quando isso tudo acontecerá? Que sinal indicará que essas coisas estão prestes a se cumprir?".

⁸Ele respondeu: "Não deixem que ninguém os engane, pois muitos virão em meu nome, dizendo: 'Eu sou o Cristo'ᶜ e afirmando: 'Chegou a hora!', mas não acreditem neles. ⁹E, quando ouvirem falar de guerras e rebeliões, não entrem em pânico. Sim, é necessário que essas coisas aconteçam primeiro, mas ainda não será o fim". ¹⁰E continuou: "Uma nação guerreará contra a outra, e um reino contra o outro. ¹¹Haverá grandes terremotos, fome e peste em vários lugares, e acontecimentos terríveis e grandes sinais no céu.

¹²"Antes de tudo isso, porém, haverá um tempo de perseguição. Vocês serão arrastados para sinagogas e prisões e, por minha causa, serão julgados diante de reis e governadores. ¹³Essa, contudo, será sua oportunidade de lhes falar sobre mim.ᵈ ¹⁴Mais uma vez lhes digo que não se preocupem com o modo como responderão às acusações contra vocês, ¹⁵pois eu lhes darei as palavras certas e tanta sabedoria que seus adversários não serão capazes de responder nem contradizer. ¹⁶Até mesmo seus pais, irmãos, parentes e amigos os trairão, e até matarão alguns de vocês. ¹⁷Todos os odiarão por minha causa.ᵉ ¹⁸Mas nem um fio de cabelo de sua cabeça se perderá! ¹⁹É pela perseverança que obterão a vida.

²⁰"E, quando virem Jerusalém cercada de exércitos, saberão que chegou a hora de sua destruição. ²¹Então, quem estiver na Judeia, fuja para os montes. Quem estiver na cidade, saia. E

quem estiver no campo, não volte para a cidade. ²²Pois aqueles serão os dias da vingança, e as palavras proféticas das Escrituras se cumprirão. ²³Que dias terríveis serão aqueles para as grávidas e para as mães que estiverem amamentando! Pois haverá calamidade na terra e grande ira contra este povo. ²⁴Serão mortos pela espada ou levados como prisioneiros para todas as nações do mundo. E Jerusalém será pisoteada pelos gentios até que o tempo deles chegue ao fim.

²⁵"Haverá sinais no sol, na lua e nas estrelas. E, na terra, as nações ficarão angustiadas, perplexas com o rugir dos mares e a agitação das ondas. ²⁶As pessoas ficarão aterrorizadas diante do que estará prestes a acontecer na terra, pois os poderes dos céus serão abalados. ²⁷Então todos verão o Filho do Homem vindo numa nuvem com poder e grande glória.ᶠ ²⁸Portanto, quando todas essas coisas começarem a acontecer, levantem-se e ergam a cabeça, pois a sua salvação estará próxima".

²⁹Em seguida, deu-lhes esta ilustração: "Observem a figueira, e todas as outras árvores. ³⁰Quando as folhas aparecem, vocês sabem reconhecer, por conta própria, que o verão está próximo. ³¹Da mesma forma, quando virem todas essas coisas acontecerem, saberão que o reino de Deus está próximo. ³²Eu lhes digo a verdade: esta geraçãoᵃ não passará até que todas essas coisas tenham acontecido. ³³O céu e a terra desaparecerão, mas as minhas palavras jamais desaparecerão.

³⁴"Tenham cuidado! Não deixem seu coração se entorpecer com farras e bebedeiras, nem com as preocupações desta vida. Não deixem que esse dia os pegue desprevenidos, ³⁵como uma armadilha. Pois esse dia virá sobre todos que vivem na terra. ³⁶Estejam sempre atentos e orem para serem considerados dignos de escaparᵇ dos horrores que sucederão e de estar em pé na presença do Filho do Homem".

Jesus ensina diariamente

³⁷Todos os dias, Jesus ia ao templo ensinar e, à tarde, voltava para passar a noite no monte das Oliveiras. ³⁸Pela manhã, o povo se reunia bem cedo no templo para ouvi-lo falar.

Judas concorda em trair Jesus

22 A Festa dos Pães sem Fermento, também chamada de Páscoa, se aproximava. ²Os principais sacerdotes e mestres da lei tramavam uma forma de matar Jesus, mas tinham medo da reação do povo.

³Então Satanás entrou em Judas Iscariotes, um dos Doze, ⁴e ele foi aos principais sacerdotes e aos capitães da guarda do templo para combinar a melhor maneira de lhes entregar Jesus. ⁵Eles ficaram muito satisfeitos e lhe prometeram dinheiro. ⁶Judas concordou e começou a procurar uma oportunidade de trair Jesus, para que o prendessem quando as multidões não estivessem por perto.

A última Páscoa

⁷Chegou o dia da Festa dos Pães sem Fermento, quando o cordeiro pascal era sacrificado. ⁸Jesus mandou Pedro e João na frente e disse: "Vão e preparem a refeição da Páscoa, para que a comamos juntos".

⁹"Onde o senhor quer que a preparemos?", perguntaram.

¹⁰Ele respondeu: "Logo que vocês entrarem em Jerusalém, um homem carregando uma vasilha de água virá ao seu encontro. Sigam-no. Na casa onde ele entrar, ¹¹digam ao dono: 'O Mestre pergunta: Onde fica o aposento no qual comerei a refeição da Páscoa com meus discípulos?'. ¹²Ele os levará a uma sala grande no andar superior, que já estará arrumada. Preparem ali a refeição". ¹³Eles foram e encontraram tudo como Jesus tinha dito, e ali prepararam a refeição da Páscoa.

¹⁴Quando chegou a hora, Jesus e seus apóstolos tomaram lugar à mesa. ¹⁵Jesus disse: "Estava ansioso para comer a refeição da Páscoa com vocês antes do meu sofrimento. ¹⁶Pois eu lhes digo

agora que não voltarei a comê-la até que ela se cumpra no reino de Deus".

¹⁷Então tomou um cálice de vinho e agradeceu a Deus. Depois, disse: "Tomem isto e partilhem entre vocês. ¹⁸Pois não beberei vinho outra vez até que venha o reino de Deus".

¹⁹Tomou o pão e agradeceu a Deus. Depois, partiu-o e o deu aos discípulos, dizendo: "Este é o meu corpo, entregue por vocês. Façam isto em memória de mim".

²⁰Depois da ceia, Jesus tomou o cálice de vinho e disse: "Este é o cálice da nova aliança, confirmada com o meu sangue, que é derramado como sacrifício por vocês.ᶜ

²¹"Mas aqui, partilhando da mesa conosco, está o homem que vai me trair. ²²Pois foi determinado que o Filho do Homem deve morrer. Mas que aflição espera aquele que o trair!" ²³Os discípulos perguntavam uns aos outros qual deles faria uma coisa dessas.

²⁴Depois, começaram a discutir entre si qual deles era o mais importante. ²⁵Jesus lhes disse: "Neste mundo, os reis e os grandes homens exercem poder sobre o povo e, no entanto, são chamados de seus benfeitores. ²⁶Entre vocês, porém, será diferente. Que o maior entre vocês ocupe a posição inferior, e o líder seja o servo. ²⁷Quem é mais importante, o que está à mesa ou o que serve? Não é aquele que está à mesa? Mas não aqui! Pois eu estou entre vocês como quem serve.

²⁸"Vocês permaneceram comigo durante meu tempo de provação. ²⁹E, assim como meu Pai me concedeu um reino, eu agora lhes concedo o direito de ³⁰comer e beber à minha mesa, em meu reino. Vocês se sentarão em tronos e julgarão as doze tribos de Israel".

Jesus prediz a negação de Pedro

³¹Então o Senhor disse: "Simão, Simão, Satanás pediu para peneirar cada um de vocês como trigo. ³²Contudo, supliquei em oração

por você, Simão, para que sua fé não vacile. Portanto, quando tiver se arrependido e voltado para mim, fortaleça seus irmãos".

[33]Pedro disse: "Senhor, estou pronto a ir para a prisão, e até a morrer ao seu lado".

[34]Jesus, porém, respondeu: "Pedro, vou lhe dizer uma coisa: hoje, antes que o galo cante, você negará três vezes que me conhece".

[35]Em seguida, Jesus lhes perguntou: "Quando eu os enviei para anunciar as boas-novas sem dinheiro, sem bolsa de viagem e sem sandálias extras, alguma coisa lhes faltou?".

"Não", responderam eles.

[36]Então ele disse: "Agora, porém, peguem dinheiro e uma bolsa de viagem. E, se não tiverem uma espada, vendam sua capa e comprem uma. [37]Pois é necessário que se cumpra esta profecia a meu respeito: 'Ele foi contado entre os rebeldes'.[a] Sim, tudo que os profetas escreveram a meu respeito se cumprirá".

[38]Eles responderam: "Senhor, temos aqui duas espadas".

"É suficiente", disse ele.

Jesus ora no monte das Oliveiras

[39]Então, acompanhado de seus discípulos, Jesus foi, como de costume, ao monte das Oliveiras. [40]Ao chegar, disse: "Orem para que vocês não cedam à tentação".

[41]Afastou-se a uma distância como de um arremesso de pedra, ajoelhou-se e orou: [42]"Pai, se queres, afasta de mim este cálice. Contudo, que seja feita a tua vontade, e não a minha". [43]Então apareceu um anjo do céu, que o fortalecia. [44]Ele orou com ainda mais fervor, e sua angústia era tanta que seu suor caía na terra como gotas de sangue.[b]

[45]Por fim, ele se levantou, voltou aos discípulos e os encontrou dormindo, exaustos de tristeza. [46]"Por que vocês dormem?", perguntou ele. "Levantem-se e orem para que não cedam à tentação."

Jesus é traído e preso

⁴⁷Enquanto Jesus ainda falava, chegou uma multidão conduzida por Judas, um dos Doze. Ele se aproximou de Jesus e o cumprimentou com um beijo. ⁴⁸Jesus, porém, lhe disse: "Judas, com um beijo você trai o Filho do Homem?".

⁴⁹Quando aqueles que estavam com Jesus viram o que ia acontecer, disseram: "Senhor, devemos lutar? Trouxemos as espadas!". ⁵⁰E um deles feriu o servo do sumo sacerdote, cortando-lhe a orelha direita.

⁵¹Mas Jesus disse: "Basta!". E, tocando a orelha do homem, curou-o.

⁵²Então Jesus se dirigiu aos principais sacerdotes, aos capitães da guarda do templo e aos líderes do povo que tinham vindo buscá-lo: "Por acaso sou um revolucionário perigoso para que venham me prender com espadas e pedaços de pau? ⁵³Por que não me prenderam no templo? Todos os dias eu estava ali, ensinando. Mas esta é a hora de vocês, o tempo em que reina o poder das trevas".

Pedro nega Jesus

⁵⁴Então eles o prenderam e o levaram à casa do sumo sacerdote. Pedro o seguiu de longe. ⁵⁵Os guardas acenderam uma fogueira no meio do pátio e sentaram-se em volta, e Pedro sentou-se com eles. ⁵⁶Uma criada o notou à luz da fogueira e começou a olhar fixamente para ele. Por fim, disse: "Este homem era um dos seguidores de Jesus!".

⁵⁷Mas Pedro negou, dizendo: "Mulher, eu nem o conheço!".

⁵⁸Pouco depois, um homem olhou para ele e disse: "Você também é um deles!".

"Não sou!", retrucou Pedro.

⁵⁹Cerca de uma hora mais tarde, outro homem afirmou: "Com certeza esse aí também estava com ele, pois também é galileu!".

⁶⁰Pedro, porém, respondeu: "Homem, eu não sei do que você está falando". E, no mesmo instante, o galo cantou.

⁶¹Então o Senhor se voltou e olhou para Pedro. E Pedro se lembrou das palavras dele: "Hoje, antes que o galo cante, você me negará três vezes". ⁶²E Pedro saiu dali, chorando amargamente.

⁶³Os guardas encarregados de Jesus começaram a zombar dele e a bater nele. ⁶⁴Vendaram seus olhos e diziam: "Profetize para nós! Quem foi que lhe bateu desta vez?". ⁶⁵E o insultavam de muitas outras maneiras.

O julgamento de Jesus diante do conselho

⁶⁶Ao amanhecer, todos os líderes do povo se reuniram, incluindo os principais sacerdotes e os mestres da lei. Jesus foi conduzido à presença desse conselho,ª ⁶⁷e eles perguntaram: "Diga-nos, você é o Cristo?".

Jesus respondeu: "Se eu lhes disser, de modo algum acreditarão em mim. ⁶⁸E, se eu lhes fizer uma pergunta, não responderão. ⁶⁹Mas, de agora em diante, o Filho do Homem se sentará à direita do Deus Poderoso".ᵇ

⁷⁰Todos gritaram: "Então você afirma que é o Filho de Deus?". E ele respondeu: "Vocês dizem que eu sou".

⁷¹"Que necessidade temos de outras testemunhas?", disseram eles. "Nós mesmos o ouvimos de sua boca!"

O julgamento de Jesus diante de Pilatos

23 Então todo o conselho levou Jesus a Pilatos. ²Começaram a apresentar o caso: "Este homem corrompe o nosso povo, dizendo que não se deve pagar impostos ao governo romano e afirmando ser ele próprio o Cristo, o rei".

³Então Pilatos lhe perguntou: "Você é o rei dos judeus?".

Jesus respondeu: "É como você diz".

⁴Pilatos se voltou para os principais sacerdotes e para a multidão e disse: "Não vejo crime algum neste homem!".

⁵Mas eles insistiam: "Ele provoca revoltas em toda a Judeia com seus ensinamentos, começando pela Galileia e agora aqui, em Jerusalém!".

Lucas

⁶"Então ele é galileu?", perguntou Pilatos. ⁷Quando responderam que sim, Pilatos o enviou a Herodes Antipas, pois a Galileia ficava sob sua jurisdição, e naqueles dias ele estava em Jerusalém.

⁸Herodes se animou com a oportunidade de ver Jesus, pois tinha ouvido falar a seu respeito e esperava, havia tempo, vê-lo realizar algum milagre. ⁹Fez uma série de perguntas a Jesus, mas ele não lhe respondeu. ¹⁰Enquanto isso, os principais sacerdotes e mestres da lei permaneciam ali, gritando acusações. ¹¹Então Herodes e seus soldados começaram a zombar de Jesus e ridicularizá-lo. Por fim, vestiram nele um manto real e o mandaram de volta a Pilatos. ¹²Naquele dia, Herodes e Pilatos, que eram inimigos, tornaram-se amigos.

¹³Então Pilatos reuniu os principais sacerdotes e outros líderes religiosos, juntamente com o povo, ¹⁴e anunciou seu veredicto: "Vocês me trouxeram este homem acusando-o de liderar uma revolta. Eu o interroguei minuciosamente a esse respeito na presença de vocês e vejo que não há nada que o condene. ¹⁵Herodes chegou à mesma conclusão e o enviou de volta a nós. Nada do que ele fez merece a pena de morte. ¹⁶Portanto, ordenarei que seja açoitado e o soltarei". ¹⁷(Era necessário libertar-lhes um prisioneiro durante a festa da Páscoa.)[a]

¹⁸Um grande clamor se levantou da multidão, e a uma só voz gritavam: "Mate-o! Solte-nos Barrabás!". ¹⁹Esse Barrabás estava preso por ter participado de uma revolta em Jerusalém contra o governo e ter cometido assassinato. ²⁰Pilatos discutiu com eles, pois desejava soltar Jesus. ²¹Eles, porém, continuaram gritando: "Crucifique-o! Crucifique-o!".

²²Pela terceira vez, ele perguntou: "Por quê? Que crime ele cometeu? Não encontrei motivo para condená-lo à morte. Portanto, ordenarei que seja açoitado e o soltarei".

²³A multidão gritava cada vez mais alto, exigindo que Jesus fosse crucificado, e seu clamor prevaleceu. ²⁴Então Pilatos condenou Jesus à morte, conforme exigiam. ²⁵A pedido deles, libertou

Barrabás, o homem preso por revolta e assassinato. Depois, entregou-lhes Jesus para fazerem com ele o que quisessem.

A crucificação

[26]Enquanto levavam Jesus, um homem chamado Simão, de Cirene,[b] vinha do campo. Os soldados o agarraram, puseram a cruz sobre ele e o obrigaram a carregá-la atrás de Jesus. [27]Uma grande multidão os seguia, incluindo muitas mulheres aflitas que choravam por ele. [28]Mas Jesus, dirigindo-se a elas, disse: "Filhas de Jerusalém, não chorem por mim; chorem por si mesmas e por seus filhos. [29]Pois estão chegando os dias em que dirão: 'Felizes as mulheres que nunca tiveram filhos e os seios que nunca amamentaram!'. [30]Suplicarão aos montes: 'Caiam sobre nós!' e pedirão às colinas: 'Soterrem-nos!'.[c] [31]Pois, se fazem estas coisas com a árvore verde, o que acontecerá com a árvore seca?".

[32]Dois outros homens, ambos criminosos, foram levados com ele a fim de também serem executados. [33]Quando chegaram ao lugar chamado Caveira,[d] o pregaram na cruz. Os criminosos também foram crucificados, um à sua direita e outro à sua esquerda.

[34]Jesus disse: "Pai, perdoa-lhes, pois não sabem o que fazem".[a] E os soldados tiraram sortes para dividir entre si as roupas de Jesus.

[35]A multidão observava, e os líderes zombavam. "Salvou os outros, salve a si mesmo, se é o Cristo, o escolhido de Deus", diziam. [36]Os soldados também zombavam dele, oferecendo-lhe vinagre para beber. [37]Diziam: "Se você é o Rei dos judeus, salve a si mesmo!". [38]Uma tabuleta presa acima dele dizia: "Este é o Rei dos Judeus".

[39]Um dos criminosos, dependurado ao lado dele, zombava: "Então você é o Cristo? Salve a si mesmo e a nós também!".

[40]Mas o outro criminoso o repreendeu: "Você não teme a Deus, nem mesmo ao ser condenado à morte? [41]Nós merecemos morrer por nossos crimes, mas este homem não cometeu mal algum". [42]Então ele disse: "Jesus, lembre-se de mim quando vier no seu reino".

⁴³E Jesus lhe respondeu: "Eu lhe asseguro que hoje você estará comigo no paraíso".

A morte de Jesus

⁴⁴Já era cerca de meio-dia, e a escuridão cobriu toda a terra até as três horas da tarde. ⁴⁵A luz do sol desapareceu, e a cortina do santuário do templo rasgou-se ao meio. ⁴⁶Então Jesus clamou em alta voz: "Pai, em tuas mãos entrego meu espírito!".[b] E, com essas palavras, deu o último suspiro.

⁴⁷Quando o oficial romano[c] que supervisionava a execução viu o que havia acontecido, adorou a Deus e disse: "Sem dúvida este homem era inocente".[d] ⁴⁸E, quando toda a multidão que tinha ido assistir à crucificação viu isso, voltou para casa entristecida e batendo no peito. ⁴⁹Mas os amigos de Jesus, incluindo as mulheres que o seguiam desde a Galileia, olhavam de longe.

O sepultamento de Jesus

⁵⁰Havia um homem bom e justo chamado José, membro do conselho dos líderes do povo, ⁵¹mas que não tinha concordado com a decisão e os atos dos outros líderes religiosos. Era da cidade de Arimateia, na Judeia, e esperava a vinda do reino de Deus. ⁵²José foi a Pilatos e pediu o corpo de Jesus. ⁵³Desceu o corpo da cruz, enrolou-o num lençol de linho e o colocou num túmulo novo, escavado na rocha. ⁵⁴Isso aconteceu na sexta-feira à tarde, no dia da preparação,[e] quando o sábado estava para começar.

⁵⁵As mulheres da Galileia seguiram José e viram o túmulo onde o corpo de Jesus foi colocado. ⁵⁶Depois, foram para casa e prepararam especiarias e perfumes para ungir o corpo. No sábado, descansaram, conforme a lei exigia.

A ressurreição

24 No primeiro dia da semana, bem cedo, as mulheres foram ao túmulo, levando as especiarias que haviam preparado, ²e viram que a pedra tinha sido afastada da entrada. ³Quando entraram no túmulo, não encontraram o corpo do Senhor Jesus. ⁴Enquanto estavam ali, perplexas, dois homens apareceram, vestidos com mantos resplandecentes.

⁵As mulheres ficaram amedrontadas e se curvaram com o rosto em terra. Então os homens perguntaram: "Por que vocês procuram entre os mortos aquele que vive? ⁶Ele não está aqui. Ressuscitou! Lembrem-se do que ele lhes disse na Galileia: ⁷'É necessário que o Filho do Homem seja traído e entregue nas mãos de pecadores, seja crucificado e ressuscite no terceiro dia'".

⁸Então lembraram-se dessas palavras de Jesus ⁹e, voltando do túmulo, foram contar aos onze discípulos e a todos os outros o que havia acontecido. ¹⁰Maria Madalena, Joana, Maria, mãe de Tiago, e as outras mulheres que as acompanhavam relataram tudo aos apóstolos. ¹¹Para eles, porém, a história pareceu absurda, e não acreditaram nelas. ¹²Mas Pedro se levantou e correu até o túmulo. Abaixando-se, olhou atentamente para dentro e viu os panos de linho vazios; então voltou para casa, admirado com o que havia acontecido.

O caminho de Emaús

¹³Naquele mesmo dia, dois dos seguidores de Jesus caminhavam para o povoado de Emaús, a onze quilômetrosᶠ de Jerusalém. ¹⁴No caminho, falavam a respeito de tudo que havia acontecido. ¹⁵Enquanto conversavam e discutiam, o próprio Jesus se aproximou e começou a andar com eles. ¹⁶Os olhos deles, porém, estavam como que impedidos de reconhecê-lo.

¹⁷Jesus lhes perguntou: "Sobre o que vocês tanto debatem enquanto caminham?".

Eles pararam, com o rosto entristecido. ¹⁸Então um deles, chamado Cleopas, respondeu: "Você deve ser a única pessoa em Jerusalém que não sabe das coisas que aconteceram lá nos últimos dias".

¹⁹"Que coisas?", perguntou Jesus.

"As coisas que aconteceram com Jesus de Nazaré", responderam eles. "Ele era um profeta de palavras e ações poderosas aos olhos de Deus e de todo o povo. [20]Mas os principais sacerdotes e outros líderes religiosos o entregaram para que fosse condenado à morte e o crucificaram. [21]Tínhamos esperança de que ele fosse aquele que resgataria Israel. Isso tudo aconteceu há três dias.

[22]"Algumas mulheres de nosso grupo foram até seu túmulo hoje bem cedo e voltaram contando uma história surpreendente. [23]Disseram que o corpo havia sumido e que viram anjos que lhes disseram que Jesus está vivo. [24]Alguns homens de nosso grupo correram até lá para ver e, de fato, tudo estava como as mulheres disseram, mas não o viram."

[25]Então Jesus lhes disse: "Como vocês são tolos! Como custam a entender o que os profetas registraram nas Escrituras! [26]Não percebem que era necessário que o Cristo sofresse essas coisas antes de entrar em sua glória?". [27]Então Jesus os conduziu por todos os escritos de Moisés e dos profetas, explicando o que as Escrituras diziam a respeito dele.

[28]Aproximando-se de Emaús, o destino deles, Jesus fez como quem seguiria viagem, [29]mas eles insistiram: "Fique conosco esta noite, pois já é tarde". E Jesus foi para casa com eles. [30]Quando estavam à mesa, ele tomou o pão e o abençoou. Depois, partiu-o e lhes deu. [31]Então os olhos deles foram abertos e o reconheceram. Nesse momento, ele desapareceu.

[32]Disseram um ao outro: "Não ardia o nosso coração quando ele falava conosco no caminho e nos explicava as Escrituras?". [33]E, na mesma hora, levantaram-se e voltaram para Jerusalém. Ali, encontraram os onze discípulos e os outros que estavam reunidos com eles, [34]que lhes disseram: "É verdade que o Senhor ressuscitou! Ele apareceu a Pedro!".[a]

Jesus aparece a seus discípulos

[35]Então os dois contaram como Jesus tinha aparecido enquanto andavam pelo caminho, e como o haviam reconhecido quando

ele partiu o pão. ³⁶Enquanto contavam isso, o próprio Jesus apareceu entre eles e lhes disse: "Paz seja com vocês!". ³⁷Eles se assustaram e ficaram amedrontados, pensando que viam um fantasma.

³⁸"Por que estão perturbados?", perguntou ele. "Por que seu coração está cheio de dúvida? ³⁹Vejam minhas mãos e meus pés. Sou eu mesmo! Toquem-me e vejam que não sou um fantasma, pois fantasmas não têm carne nem ossos e, como veem, eu tenho." ⁴⁰Enquanto falava, mostrou-lhes as mãos e os pés.

⁴¹Eles continuaram sem acreditar, cheios de alegria e espanto. Então Jesus perguntou: "Vocês têm aqui alguma coisa para comer?". ⁴²Eles lhe deram um pedaço de peixe assado, ⁴³e ele comeu diante de todos.

⁴⁴Em seguida, disse: "Enquanto ainda estava com vocês, eu lhes falei que devia se cumprir tudo que a lei de Moisés, os profetas e os salmos diziam a meu respeito". ⁴⁵Então ele lhes abriu a mente para que entendessem as Escrituras, ⁴⁶e disse: "Sim, está escrito que o Cristo haveria de sofrer, morrer e ressuscitar no terceiro dia, ⁴⁷e que a mensagem de arrependimento para o perdão dos pecados seria proclamada com a autoridade de seu nome a todas as nações,[b] começando por Jerusalém. ⁴⁸Vocês são testemunhas dessas coisas.

⁴⁹"Agora, envio a vocês a promessa de meu Pai. Mas fiquem na cidade até que sejam revestidos do poder do céu".

A ascensão

⁵⁰Depois Jesus os levou a Betânia e, levantando as mãos para o céu, os abençoou. ⁵¹Enquanto ainda os abençoava, deixou-os e foi elevado ao céu. ⁵²Então eles o adoraram e voltaram para Jerusalém cheios de grande alegria. ⁵³E estavam sempre no templo, louvando a Deus.

Lendo João

O evangelho do Filho que revela o Pai

João e os Sinóticos

Enquanto cada um dos quatro evangelhos é único de muitas maneiras, os três primeiros — Mateus, Marcos e Lucas — têm muito em comum. Por esse motivo, nós chamamos esses três evangelhos de "Sinóticos" (sinóticos significa "vistos juntos"). Aproximadamente 90% das histórias e ensinamentos do evangelho de Marcos aparecem em Mateus ou Lucas. Por outro lado, apenas 10% do evangelho de João aparece em qualquer um dos outros três. Por que tais semelhanças e diferenças? Parece provável que Mateus, Marcos e Lucas tenham usado muitas das mesmas fontes.

Mas por que João é tão diferente? A resposta provável é que João estava escrevendo um pouco mais tarde no primeiro século d.C. e sob diferentes circunstâncias. Enquanto o maior desafio enfrentado pelos autores dos Sinóticos era saber se Jesus era o Messias prometido que apresentou o reino de Deus, para João a questão mais urgente era se Jesus era totalmente humano e totalmente divino. Alguns falsos mestres começaram a afirmar que Jesus era meramente humano e não verdadeiramente Deus.

Outros diziam que Jesus poderia ser divino, mas Ele só parecia ser humano. João escreve para combater os dois falsos ensinamentos. Apenas sendo totalmente humano e totalmente divino, Jesus poderia prover a salvação para os pecados do mundo. O tema consistente em todo o evangelho de João é que *Jesus é a autorrevelação de Deus, que concede a vida eterna a todos os que creem* (VEJA 3.16).

Vamos traçar esse tema brevemente através de várias passagens e características narrativas.

Prólogo de João (1.1-18). O prólogo de João representa a imagem mais exaltada de Jesus no Novo Testamento. Jesus é apresentado como a "Palavra" eterna de Deus (1.1; GREGO. *LOGOS*), Sua autorrevelação e comunicação com a humanidade. Os versículos 1 e 2 são uma descrição notável do Filho, como distinto do Pai (Ele estava "com Deus [o Pai]"), mas completamente divino (Ele "era Deus"). O Filho ser verdadeiramente divino fica ainda mais evidente no fato de Ele ser o Criador de todas as coisas (v.3). Assim como Deus trouxe a luz e a vida à existência na criação (GÊNESIS 1.3,20-26), Jesus é o que concede luz e vida (JOÃO 1.4) — trazendo vida física e vida eterna. Ele trouxe essa vida ao se tornar ser humano (vv.10,11,14), um evento que os teólogos chamam de *encarnação*. Embora rejeitado por Seu próprio povo (vv.10,11), a morte de Jesus pagou pela punição de nossos pecados e nos trouxe a salvação. Aqueles que recebem Jesus são agora restaurados ao relacionamento justificado com Deus como Seus filhos espirituais (vv.12,13). Embora a lei do Antigo Testamento pudesse apenas indicar nosso pecado, a graça de Deus através de Jesus nos livra dele (vv.16,17). O final do prólogo retorna ao tema apresentado no início. Assim como a "Palavra" de Deus comunica quem é Deus (1.1), da mesma forma Jesus, o Filho, revela o Deus invisível (1.18).

Os sete "sinais". O fato de o Filho ter vindo para revelar o Pai continua ao longo do evangelho de João. A primeira e principal seção (1.19–12.50) é às vezes chamada de "O Livro dos Sinais". Isso ocorre porque contém sete "sinais", ou milagres, destinados a revelar a glória de Jesus e orientar as pessoas para a fé nele. O número sete nas Escrituras geralmente indica conclusão ou perfeição. Intercalados com os sete sinais estão diversos diálogos e debates entre Jesus e os líderes religiosos judeus, que desafiam a identidade e as ações de Jesus. Os sete sinais são:

1. *Transformou água em vinho num casamento em Caná* (2.1-11).
2. *Curou o filho de uma autoridade real* (4.43-54).
3. *Curou um homem com deficiência no tanque de Betesda* (5.1-15).
4. *Alimentou 5.000 pessoas com alguns pães e peixes* (6.1-14).
5. *Andou sobre as águas* (6.16-21).
6. *Curou um homem cego de nascença* (9.1-41).
7. *Ressuscitou Lázaro* (11.1-43).

Na conclusão do primeiro sinal, transformar água em vinho, obtemos uma explicação do propósito desses sinais: "Esse sinal em Caná da Galileia foi o primeiro milagre que Jesus fez. Com isso ele manifestou sua glória, e seus discípulos creram nele" (JOÃO 2.11). Os sinais revelaram a glória de Jesus e despertaram os discípulos para crerem nele.

No entanto, para os teimosos e duros de coração, os sinais provocam oposição e resistência. O último e culminante dos sete sinais é a ressurreição de Lázaro. Por um lado, esse milagre fez muitos crerem (11.45) e prenunciou o maior de todos os sinais, a ressurreição de Jesus. Por outro lado, é o evento precipitante que provocou a crucificação de Jesus (11.47-53). No entanto, mesmo aqui, o negativo é voltado para a glória de Deus, quando Cristo alcançou a vitória sobre a morte e conquistou nossa salvação por meio de Sua morte expiatória na cruz.

Sete declarações "Eu sou". Outro meio importante da autorrevelação de Jesus no evangelho de João são as sete afirmações "Eu sou", metáforas que Jesus usa para descrever a si mesmo. As sete afirmações e seus significados são:

1. *O Pão da Vida, significando a fonte da vida espiritual* (6.35,41,48,50,51,58).
2. *A Luz do Mundo, que significa a fonte da vida e orientação* (8.12; 9.5).

3. A porta para as ovelhas, significando proteção contra o perigo (10.7,9).
4. O Bom Pastor, o que significa ser provedor e protetor (10.11,14).
5. A Ressurreição e a Vida, o que significa ser provedor de vida eterna (11.25).
6. O Caminho, a Verdade e a Vida, o que significa a verdadeira maneira de conhecer Deus (14.6).
7. A Videira verdadeira, que significa a fonte da vida e saúde espiritual (15.1).

Além dessas metáforas, Jesus às vezes fala de si mesmo em termos absolutos como o "EU SOU" (8.58). Essa é uma alusão a Êxodo 3.14, onde o Senhor Deus se identifica a Moisés como o "EU SOU", aquele que sempre existiu, sem começo nem fim. Isso novamente enfatiza Jesus como alguém que é verdadeiramente divino — a autorrevelação de Deus.

Tema e propósito de João. O tema principal de João é claramente *cristológico*, confirmando a identidade de Cristo. No entanto, embora esse seja certamente o mais teológico dos quatro evangelhos, até mesmo João não escreve teologia apenas pela teologia. Seu propósito, como os outros evangelhos, é conclamar as pessoas à fé. Esse evangelho atinge o seu ápice com uma declaração explícita de propósito: "...para que vocês creiam que Jesus é o Cristo, o Filho de Deus, e para que, crendo nele, tenham vida pelo poder do seu nome" (20.31).

Os evangelhos são joias teológicas e literárias, todas obras-primas à sua maneira. No entanto, da perspectiva de seus inspirados autores — os quatro "evangelistas" —, eles são muito mais. São "boas-novas", um chamado para responder com fé à chegada do tempo final da salvação de Deus e um convite para ser transformado pelo poder do Espírito Santo.

JOÃO

Prólogo: Cristo, a Palavra eterna

1 ¹No princípio, aquele que é a Palavra já existia.
A Palavra estava com Deus,
e a Palavra era Deus.
²Ele existia no princípio com Deus.
³Por meio dele Deus criou todas as coisas,
e sem ele nada foi criado.
⁴Aquele que é a Palavra possuía a vida,
e sua vida trouxe luz a todos.
⁵A luz brilha na escuridão,
e a escuridão nunca conseguiu apagá-la.[a]

⁶Deus enviou um homem chamado João ⁷para falar a respeito da luz, a fim de que, por meio de seu testemunho, todos cressem. ⁸Ele não era a luz, mas veio para falar da luz. ⁹Aquele que é a verdadeira luz, que ilumina a todos, estava chegando ao mundo.

¹⁰Veio ao mundo que ele criou, mas o mundo não o reconheceu. ¹¹Veio a seu próprio povo, e eles o rejeitaram. ¹²Mas, a todos que creram nele e o aceitaram, ele deu o direito de se tornarem filhos de Deus. ¹³Estes não nasceram segundo a ordem natural, nem como resultado da paixão[b] ou da vontade humana, mas nasceram de Deus.

¹⁴Assim, a Palavra se tornou ser humano, carne e osso, e habitou entre nós. Ele era cheio de graça e verdade. E vimos sua glória, a glória do Filho único do Pai.

¹⁵João deu testemunho dele quando disse em alta voz: "Este é aquele a quem eu me referia quando disse: 'Alguém virá

depois de mim, muito mais poderoso que eu, pois existia muito antes de mim'".

¹⁶De sua plenitude todos nós recebemos graça sobre graça. ¹⁷Pois a lei foi dada por meio de Moisés, mas a graça e a verdade vieram por meio de Jesus Cristo. ¹⁸Ninguém jamais viu a Deus, mas o Filho único,[c] que mantém comunhão íntima com o Pai, o revelou.

O testemunho de João Batista

¹⁹Este foi o testemunho de João quando os líderes judeus enviaram de Jerusalém sacerdotes e levitas para lhe perguntar: "Quem é você?". ²⁰Ele respondeu com toda franqueza: "Eu não sou o Cristo".[d]

²¹"Então quem é você?", perguntaram eles. "É Elias?"

"Não", respondeu ele.

"É o Profeta por quem temos esperado?"[e]

"Não."

²²"Afinal, quem é você? Precisamos de uma resposta para aqueles que nos enviaram. O que você tem a dizer de si mesmo?"

²³João respondeu com as palavras do profeta Isaías:

"Eu sou uma voz que clama no deserto:
   'Preparem o caminho para a vinda do Senhor!'".[a]

²⁴Então os fariseus que tinham sido enviados ²⁵lhe perguntaram: "Se você não é o Cristo, nem Elias, nem o Profeta, que direito tem de batizar?".

²⁶João lhes disse: "Eu batizo com[b] água, mas em seu meio há alguém que vocês não reconhecem. ²⁷Embora ele venha depois de mim, não sou digno de desamarrar as correias de sua sandália".

²⁸Esse encontro aconteceu em Betânia, um povoado a leste do rio Jordão, onde João estava batizando.

Jesus, o Cordeiro de Deus

²⁹No dia seguinte, João viu Jesus caminhando em sua direção e disse: "Vejam! É o Cordeiro de Deus, que tira o pecado do mundo! ³⁰Era a ele que eu me referia quando disse: 'Um homem virá depois de mim, muito mais poderoso que eu, pois existia muito antes de mim'. ³¹Eu não o conhecia, mas vim batizando com água para que ele fosse revelado a Israel".

³²Então João deu o seguinte testemunho: "Vi o Espírito Santo descer do céu na forma de uma pomba e permanecer sobre ele. ³³Eu não sabia quem ele era, mas, quando Deus me enviou para batizar com água, disse-me: 'Aquele sobre o qual você vir o Espírito descer e permanecer, esse é o que batizará com o Espírito Santo'. ³⁴Eu vi isso acontecer e, portanto, dou testemunho de que ele é o Filho de Deus".[c]

Os primeiros discípulos

³⁵No dia seguinte, João estava novamente com dois de seus discípulos. ³⁶Quando viu Jesus passar, olhou para ele e declarou: "Vejam! É o Cordeiro de Deus!". ³⁷Ao ouvirem isso, os dois discípulos de João seguiram Jesus.

³⁸Jesus olhou em volta e viu que o seguiam. "O que vocês querem?", perguntou.

Eles responderam: "Rabi (que significa 'Mestre'), onde o senhor está hospedado?".

³⁹"Venham e vejam", disse ele. Eram cerca de quatro horas da tarde quando o acompanharam até o lugar onde Jesus estava hospedado, e passaram o resto do dia com ele.

⁴⁰André, irmão de Simão Pedro, era um dos dois que ouviram o que João tinha dito e seguiram Jesus. ⁴¹André foi procurar seu irmão, Simão, e lhe disse: "Encontramos o Messias (isto é, o Cristo)".

⁴²Então André levou Simão para conhecer Jesus. Olhando para ele, Jesus disse: "Você é Simão, filho de João, mas será chamado Cefas (isto é, Pedro)".[d]

⁴³No dia seguinte, Jesus decidiu ir à Galileia. Encontrou Filipe e lhe disse: "Siga-me". ⁴⁴Filipe era de Betsaida, cidade natal de André e Pedro.

⁴⁵Filipe foi procurar Natanael e lhe disse: "Encontramos aquele sobre quem Moisés, na lei, e os profetas escreveram! Seu nome é Jesus de Nazaré, filho de José".

⁴⁶"Nazaré!", exclamou Natanael. "Pode vir alguma coisa boa de Nazaré?"

"Venha e veja você mesmo", respondeu Filipe.

⁴⁷Jesus viu Natanael se aproximar e disse: "Aí está um verdadeiro filho de Israel, um homem totalmente íntegro".

⁴⁸"Como o senhor sabe a meu respeito?", perguntou Natanael.

Jesus respondeu: "Vi você sob a figueira antes que Filipe o chamasse".

⁴⁹Então Natanael exclamou: "Rabi, o senhor é o Filho de Deus, o Rei de Israel!".

⁵⁰Jesus lhe perguntou: "Você crê nisso porque eu disse que o vi sob a figueira? Você verá coisas maiores que essa". ⁵¹E acrescentou: "Eu lhes digo a verdade: vocês verão o céu aberto e os anjos de Deus subindo e descendo sobre o Filho do Homem".

O casamento em Caná

2 Três dias depois, houve uma festa de casamento no povoado de Caná da Galileia. A mãe de Jesus estava ali, ²e Jesus e seus discípulos também foram convidados para a celebração. ³Durante a festa, o vinho acabou, e a mãe de Jesus lhe disse: "Eles não têm mais vinho".

⁴"Mulher, isso não me diz respeito", respondeu Jesus. "Minha hora ainda não chegou."

⁵Sua mãe, porém, disse aos empregados: "Façam tudo que ele mandar".

⁶Havia ali perto seis potes de pedra usados na purificação cerimonial judaica. Cada um tinha capacidade entre 80 e 120 litros.ª ⁷Jesus disse aos empregados: "Encham os potes com água".

Quando os potes estavam cheios, [8]disse: "Agora tirem um pouco e levem ao mestre de cerimônias". Os empregados seguiram suas instruções.

[9]O mestre de cerimônias provou a água transformada em vinho, sem conhecer sua procedência (embora os empregados obviamente soubessem). Então chamou o noivo. [10]"O anfitrião sempre serve o melhor vinho primeiro", disse ele. "Depois, quando todos já beberam bastante, serve o vinho de menor qualidade. Mas você guardou o melhor vinho até agora!"

[11]Esse sinal em Caná da Galileia foi o primeiro milagre que Jesus fez. Com isso ele manifestou sua glória, e seus discípulos creram nele.

[12]Depois do casamento, foi a Cafarnaum, onde passou alguns dias com sua mãe, seus irmãos e seus discípulos.

Jesus purifica o templo

[13]Era quase época da festa da Páscoa judaica, de modo que Jesus subiu a Jerusalém. [14]No pátio do templo, viu comerciantes que vendiam bois, ovelhas e pombas para os sacrifícios; também viu negociantes, em mesas, trocando dinheiro estrangeiro. [15]Jesus fez um chicote de cordas e os expulsou a todos do templo. Pôs para fora as ovelhas e os bois, espalhou as moedas dos negociantes no chão e virou as mesas. [16]Depois, foi até aqueles que vendiam pombas e lhes disse: "Tirem essas coisas daqui! Parem de fazer da casa de meu Pai um mercado!".

[17]Então os discípulos se lembraram desta profecia das Escrituras: "O zelo pela casa de Deus me consumirá".[a]

[18]"O que você está fazendo?", questionaram os líderes judeus. "Que sinal você nos mostra para comprovar que tem autoridade para isso?"

[19]"Pois bem", respondeu Jesus. "Destruam este templo, e em três dias eu o levantarei."

[20]Eles disseram: "Foram necessários 46 anos para construir este templo, e você o reconstruirá em três dias?". [21]Mas quando

Jesus disse "este templo", estava se referindo a seu próprio corpo. ²²Depois que ele ressuscitou dos mortos, seus discípulos se lembraram do que ele tinha dito e creram nas Escrituras e em suas palavras.

²³Por causa dos sinais que Jesus realizou em Jerusalém durante a festa da Páscoa, muitos creram nele. ²⁴Jesus, porém, não confiava neles, pois conhecia a todos. ²⁵Ninguém precisava lhe dizer como o ser humano é de fato, pois ele conhecia a natureza humana.

Nicodemos visita Jesus

3 Havia um fariseu chamado Nicodemos, líder religioso entre os judeus. ²Certa noite, veio falar com Jesus e disse: "Rabi, todos nós sabemos que Deus enviou o senhor para nos ensinar. Seus sinais são prova de que Deus está com o senhor".

³Jesus respondeu: "Eu lhe digo a verdade: quem não nascer de novo,[b] não verá o reino de Deus".

⁴"Como pode um homem velho nascer de novo?", perguntou Nicodemos. "Acaso ele pode voltar ao ventre da mãe e nascer uma segunda vez?"

⁵Jesus respondeu: "Eu lhe digo a verdade: ninguém pode entrar no reino de Deus sem nascer da água e do Espírito.[c] ⁶Os seres humanos podem gerar apenas vida humana, mas o Espírito dá à luz vida espiritual.[d] ⁷Portanto, não se surpreenda quando eu digo: 'É necessário nascer de novo'. ⁸O vento sopra onde quer. Assim como você ouve o vento, mas não é capaz de dizer de onde ele vem nem para onde vai, também é incapaz de explicar como as pessoas nascem do Espírito".

⁹"Como pode ser isso?", perguntou Nicodemos.

¹⁰Jesus respondeu: "Você é um mestre respeitado em Israel e não entende essas coisas? ¹¹Eu lhe digo a verdade: falamos daquilo que sabemos e vimos e, no entanto, vocês não creem em nosso testemunho. ¹²Se vocês não creem em mim quando falo de coisas terrenas, como crerão se eu falar de coisas celestiais? ¹³Ninguém jamais subiu ao céu, exceto aquele que de lá desceu, o Filho do Homem.[a]

¹⁴E, como Moisés, no deserto, levantou a serpente de bronze numa estaca, também é necessário que o Filho do Homem seja levantado, ¹⁵para que todo o que nele crer tenha a vida eterna.[b]

¹⁶"Porque Deus amou tanto o mundo que deu seu Filho único, para que todo o que nele crer não pereça, mas tenha a vida eterna. ¹⁷Deus enviou seu Filho ao mundo não para condenar o mundo, mas para salvá-lo por meio dele.

¹⁸"Não há condenação alguma para quem crê nele. Mas quem não crê nele já está condenado por não crer no Filho único de Deus. ¹⁹E a condenação se baseia nisto: a luz de Deus veio ao mundo, mas as pessoas amaram mais a escuridão que a luz, porque seus atos eram maus. ²⁰Quem pratica o mal odeia a luz e não se aproxima dela, pois teme que seus pecados sejam expostos. ²¹Mas quem pratica a verdade se aproxima da luz, para que outros vejam que ele faz a vontade de Deus".[c]

João Batista exalta Jesus

²²Então Jesus e seus discípulos saíram de Jerusalém e foram à região da Judeia. Jesus passou um tempo ali com eles, batizando.

²³Nessa época, João também batizava em Enom, perto de Salim, pois havia ali bastante água, e o povo ia até ele para ser batizado. ²⁴Isso aconteceu antes de João ser preso. ²⁵Surgiu uma discussão entre os discípulos de João e certo judeu[d] a respeito da purificação cerimonial. ²⁶Os discípulos de João foram falar com ele e lhe disseram: "Rabi, o homem que o senhor encontrou no outro lado do rio Jordão, aquele de quem o senhor deu testemunho, também está batizando. Todos vão até ele".

²⁷João respondeu: "Ninguém pode receber coisa alguma, a menos que lhe seja concedida do céu. ²⁸Vocês sabem que eu lhes disse claramente: 'Eu não sou o Cristo. Estou aqui apenas para preparar o caminho para ele'. ²⁹É o noivo que se casa com a noiva; o amigo do noivo simplesmente se alegra de estar ao lado dele e ouvir seus votos. Portanto, muito me alegro com o

destaque dele. ³⁰Ele deve se tornar cada vez maior, e eu, cada vez menor".

A superioridade do Filho

³¹Aquele que veio do alto é superior a todos. Nós somos da terra e falamos de coisas terrenas, mas ele veio do céu e é superior a todos.ᵉ ³²Ele dá testemunho daquilo que viu e ouviu, mas como são poucos os que creem no que ele diz! ³³Todo aquele que aceita seu testemunho confirma que Deus é verdadeiro. ³⁴Pois ele foi enviado por Deus e fala as palavras de Deus, porque Deus lhe dá, sem limites, o Espírito. ³⁵O Pai ama o Filho e pôs tudo em suas mãos. ³⁶E quem crê no Filho de Deus tem a vida eterna. Quem não obedece ao Filho não tem a vida eterna, mas a ira de Deus permanece sobre ele.

A mulher samaritana junto ao poço

4 Jesusᶠ sabia que os fariseus tinham ouvido dizer que ele batizava e fazia mais discípulos que João, ²embora Jesus mesmo não os batizasse, e sim seus discípulos. ³Assim, deixou a Judeia e voltou para a Galileia.

⁴No caminho, teve de passar por Samaria. ⁵Chegou ao povoado samaritano de Sicar, perto do campo que Jacó tinha dado a seu filho José. ⁶O poço de Jacó ficava ali, e Jesus, cansado da longa caminhada, sentou-se junto ao poço, por volta do meio-dia. ⁷Pouco depois, uma mulher samaritana veio tirar água, e Jesus lhe disse: "Por favor, dê-me um pouco de água para beber". ⁸Naquele momento, seus discípulos tinham ido ao povoado comprar comida.

⁹A mulher ficou surpresa, pois os judeus se recusam a ter qualquer contato com os samaritanos. "Você é judeu, e eu sou uma mulher samaritana", disse ela a Jesus. "Como é que me pede água para beber?"

¹⁰Jesus respondeu: "Se ao menos você soubesse que presente Deus tem para você e com quem está falando, você me pediria e eu lhe daria água viva".

¹¹"Mas você não tem corda nem balde, e o poço é muito fundo", disse ela. "De onde tiraria essa água viva? ¹²Além do mais, você se considera mais importante que nosso antepassado Jacó, que nos deu este poço? Como pode oferecer água melhor que esta que Jacó, seus filhos e seus animais bebiam?"

¹³Jesus respondeu: "Quem bebe desta água logo terá sede outra vez, ¹⁴mas quem bebe da água que eu dou nunca mais terá sede. Ela se torna uma fonte que brota dentro dele e lhe dá a vida eterna".

¹⁵"Por favor, senhor, dê-me dessa água!", disse a mulher. "Assim eu nunca mais terei sede nem precisarei vir aqui para tirar água."

¹⁶"Vá buscar seu marido", disse Jesus.

¹⁷"Não tenho marido", respondeu a mulher.

Jesus disse: "É verdade. Você não tem marido, ¹⁸pois teve cinco maridos e não é casada com o homem com quem vive agora. Certamente você disse a verdade".

¹⁹"O senhor deve ser profeta", disse a mulher. ²⁰"Então diga-me: por que os judeus insistem que Jerusalém é o único lugar de adoração, enquanto nós, os samaritanos, afirmamos que é aqui, no monte Gerizim,[a] onde nossos antepassados adoraram?"

²¹Jesus respondeu: "Creia em mim, mulher, está chegando a hora em que já não importará se você adora o Pai neste monte ou em Jerusalém. ²²Vocês, samaritanos, sabem muito pouco a respeito daquele a quem adoram. Nós adoramos com conhecimento, pois a salvação vem por meio dos judeus. ²³Mas está chegando a hora, e de fato já chegou, em que os verdadeiros adoradores adorarão o Pai em espírito e em verdade.[b] O Pai procura pessoas que o adorem desse modo. ²⁴Pois Deus é Espírito, e é necessário que seus adoradores o adorem em espírito e em verdade".

²⁵A mulher disse: "Eu sei que o Messias (aquele que é chamado Cristo) virá. Quando vier, ele nos explicará tudo".

²⁶Então Jesus lhe disse: "Sou eu, o que fala com você!".

²⁷Naquele momento, seus discípulos voltaram. Ficaram surpresos de encontrá-lo falando com uma mulher, mas nenhum deles se atreveu a perguntar: "O que o senhor quer?" ou "Por que conversa com ela?". ²⁸A mulher deixou sua vasilha de água junto ao poço e correu de volta para o povoado, dizendo a todos: ²⁹"Venham ver um homem que me disse tudo que eu já fiz na vida! Será que não é ele o Cristo?". ³⁰Então as pessoas saíram do povoado para vê-lo.

³¹Enquanto isso, os discípulos insistiam com Jesus: "Rabi, coma alguma coisa".

³²Ele, porém, respondeu: "Eu tenho um tipo de alimento que vocês não conhecem".

³³Os discípulos perguntaram uns aos outros: "Será que alguém lhe trouxe comida?".

³⁴Então Jesus explicou: "Meu alimento consiste em fazer a vontade daquele que me enviou e em terminar a sua obra. ³⁵Vocês não costumam dizer: 'Ainda faltam quatro meses para a colheita'? Mas eu lhes digo: despertem e olhem em volta. Os campos estão maduros para a colheita. ³⁶Os que colhem já recebem salário, e os frutos que ajuntam são as pessoas que passam a ter a vida eterna. Que alegria espera tanto o que semeia como o que colhe! ³⁷Vocês conhecem o ditado: 'Um semeia e outro colhe'. E é verdade. ³⁸Eu envio vocês para colher onde não semearam; outros realizaram o trabalho, e agora vocês ajuntarão a colheita".

Muitos samaritanos creem

³⁹Muitos samaritanos do povoado creram em Jesus por causa daquilo que a mulher relatou: "Ele me disse tudo que eu já fiz!". ⁴⁰Quando saíram para vê-lo, insistiram que ficasse no povoado. Jesus permaneceu ali dois dias, ⁴¹e muitos outros ouviram sua palavra e creram. ⁴²Então disseram à mulher: "Agora cremos, não apenas por causa do que você nos contou, mas porque nós

mesmos o ouvimos. Agora sabemos que ele é, de fato, o Salvador do mundo".

Jesus cura o filho de um oficial

⁴³Depois daqueles dois dias, Jesus partiu para a Galileia. ⁴⁴Ele mesmo tinha dito que um profeta não é honrado em sua própria terra. ⁴⁵Mas, uma vez que os galileus haviam estado em Jerusalém para a festa da Páscoa e visto tudo que Jesus fizera, eles o receberam.

⁴⁶Enquanto Jesus viajava pela Galileia, chegou a Caná, onde tinha transformado água em vinho. Perto dali, em Cafarnaum, havia um oficial do governo cujo filho estava muito doente. ⁴⁷Quando soube que Jesus viera da Judeia para a Galileia, foi até ele e suplicou que fosse a Cafarnaum para curar seu filho, que estava à beira da morte.

⁴⁸Jesus exclamou: "Jamais crerão, a menos que vejam sinais e maravilhas!".

⁴⁹O oficial implorou: "Senhor, por favor, venha antes que meu filho morra".

⁵⁰"Volte!", disse Jesus. "Seu filho viverá." O homem creu nas palavras de Jesus e partiu para casa.

⁵¹Enquanto estava a caminho, alguns de seus servos vieram a seu encontro com a notícia de que seu filho estava vivo e bem. ⁵²Ele perguntou quando o menino havia começado a melhorar, e eles responderam: "Ontem à tarde, à uma hora, a febre subitamente desapareceu!". ⁵³Então o pai percebeu que havia sido naquele exato momento que Jesus tinha dito: "Seu filho viverá". E o oficial e todos de sua casa creram em Jesus. ⁵⁴Esse foi o segundo sinal que Jesus realizou na Galileia, depois que veio da Judeia.

Jesus cura um homem no sábado

5 Depois disso, Jesus voltou a Jerusalém para uma das festas religiosas dos judeus. ²Dentro da cidade, junto à porta das Ovelhas, ficava o tanque de Betesda,ª com cinco pátios cobertos. ³Ficavam ali cegos, mancos e paralíticos, uma multidão de

enfermos, esperando um movimento da água, ⁴pois um anjo do Senhor descia de vez em quando e agitava a água. O primeiro que entrava no tanque após a água ser agitada era curado de qualquer enfermidade que tivesse.ᵇ ⁵Um dos homens ali estava doente havia 38 anos. ⁶Quando Jesus o viu e soube que estava enfermo por tanto tempo, perguntou-lhe: "Você gostaria de ser curado?".

⁷O homem respondeu: "Não consigo, senhor, pois não tenho quem me coloque no tanque quando a água se agita. Alguém sempre chega antes de mim".

⁸Jesus lhe disse: "Levante-se, pegue sua maca e ande!".

⁹No mesmo instante, o homem ficou curado. Ele pegou sua maca e começou a andar. Uma vez que esse milagre aconteceu no sábado, ¹⁰os líderes judeus disseram ao homem que havia sido curado: "Hoje é sábado! A lei não permite que você carregue essa maca!".

¹¹Mas ele respondeu: "O homem que me curou disse: 'Pegue sua maca e ande'".

¹²"Quem foi que lhe disse uma coisa dessas?", perguntaram eles.

¹³O homem não sabia, pois Jesus havia desaparecido no meio da multidão. ¹⁴Mais tarde, Jesus o encontrou no templo e lhe disse: "Agora você está curado; deixe de pecar, para que nada pior lhe aconteça". ¹⁵O homem foi até os líderes judeus e lhes disse que tinha sido Jesus quem o havia curado.

Jesus afirma ser o Filho de Deus

¹⁶Então os líderes judeus começaram a perseguir Jesus por não respeitar as regras do sábado. ¹⁷Jesus, porém, disse: "Meu Pai sempre trabalha, e eu também". ¹⁸Assim, os líderes judeus se empenharam ainda mais em encontrar um modo de matá-lo, pois ele não apenas violava o sábado, mas afirmava que Deus era seu Pai e, portanto, se igualava a Deus.

¹⁹Jesus respondeu: "Eu lhes digo a verdade: o Filho não pode fazer coisa alguma por sua própria conta. Ele faz apenas o que vê o Pai fazer. Aquilo que o Pai faz, o Filho também faz. ²⁰Pois o

Pai ama o Filho e lhe mostra tudo que faz. Na verdade, o Pai lhe mostrará obras ainda maiores que estas, para que vocês fiquem admirados. [21]Pois assim como o Pai dá vida àqueles que ele ressuscita dos mortos, também o Filho dá vida a quem ele quer. [22]Além disso, o Pai não julga ninguém, mas deu ao Filho autoridade absoluta para julgar, [23]para que todos honrem o Filho como honram o Pai. Quem não honra o Filho certamente não honra o Pai, que o enviou.

[24]"Eu lhes digo a verdade: quem ouve minha mensagem e crê naquele que me enviou tem a vida eterna. Jamais será condenado, mas já passou da morte para a vida.

[25]"E eu lhes asseguro que está chegando a hora, e de fato já chegou, em que os mortos ouvirão minha voz, a voz do Filho de Deus. E aqueles que a ouvirem viverão. [26]O Pai tem a vida em si mesmo, e concedeu a seu Filho igual poder de dar vida, [27]e lhe deu autoridade para julgar a todos, porque ele é o Filho do Homem. [28]Não fiquem tão surpresos! Na verdade, vem o tempo em que todos os mortos ouvirão, em seus túmulos, a voz do Filho de Deus [29]e ressuscitarão. Aqueles que fizeram o bem ressuscitarão para terem vida eterna, e aqueles que continuaram a fazer o mal ressuscitarão para serem julgados. [30]Não posso fazer coisa alguma por minha própria conta. Julgo conforme aquilo que Deus me diz. Logo, meu julgamento é justo, pois não faço minha própria vontade, mas a vontade do Pai, que me enviou."

Testemunhas de Jesus

[31]"Se eu testemunhasse a respeito de mim mesmo, meu testemunho não seria válido. [32]Mas há outro que também testemunha sobre mim, e eu lhes asseguro que tudo que ele diz a meu respeito é verdadeiro. [33]Vocês enviaram investigadores para ouvir João, e o testemunho dele sobre mim é verdadeiro. [34]Claro que não tenho necessidade alguma de testemunhas humanas, mas digo estas coisas para que vocês sejam salvos. [35]João era como uma lâmpada que queimava e brilhava e, por algum tempo, vocês se

empolgaram com a mensagem dele. ³⁶Mas eu tenho um testemunho maior que o de João: as obras que realizo. O Pai me deu essas obras para concluir, e elas provam que ele me enviou. ³⁷E o Pai, que me enviou, testemunhou, ele próprio, a meu respeito. Vocês nunca ouviram sua voz, nem o viram pessoalmente, ³⁸e não têm sua mensagem no coração, pois não creem em mim, aquele que foi enviado por ele.

³⁹"Vocês estudam minuciosamente as Escrituras porque creem que elas lhes dão vida eterna. Mas as Escrituras apontam para mim! ⁴⁰E, no entanto, vocês se recusam a vir a mim para receber essa vida.

⁴¹"Sua aprovação não vale nada para mim, ⁴²pois eu sei que o amor a Deus não está em vocês. ⁴³Eu vim em nome de meu Pai, e vocês me rejeitaram. Se outro vier em seu próprio nome, vocês o receberão. ⁴⁴Não é de admirar que não possam crer, pois vocês honram uns aos outros, mas não se importam com a honra que vem do único Deus!ᵃ

⁴⁵"Mas não sou eu quem os acusará diante do Pai. Moisés os acusará! Sim, Moisés, em quem vocês põem sua esperança. ⁴⁶Se cressem, de fato, em Moisés, creriam em mim, pois ele escreveu a meu respeito. ⁴⁷Contudo, uma vez que não creem naquilo que ele escreveu, como crerão no que eu digo?".

A primeira multiplicação dos pães

6 Depois disso, Jesus atravessou o mar da Galileia, conhecido também como mar de Tiberíades. ²Uma grande multidão o seguia por toda parte, pois tinham visto os sinais que ele havia realizado ao curar os enfermos. ³Então Jesus subiu a um monte e sentou-se com seus discípulos. ⁴Era quase tempo da festa judaica da Páscoa. ⁵Jesus logo viu uma grande multidão que vinha a seu encontro. Voltando-se para Filipe, perguntou: "Onde podemos comprar pão para alimentar toda essa gente?". ⁶Disse isso para pôr Filipe à prova, pois já sabia o que ia fazer.

⁷Filipe respondeu: "Mesmo que trabalhássemos vários meses, não teríamos dinheiro suficiente[b] para dar alimento a todos!".

⁸Então um de seus discípulos, André, irmão de Simão Pedro, falou: ⁹"Aqui está um rapaz com cinco pães de cevada e dois peixes. Mas que adianta isso para tanta gente?".

¹⁰Jesus respondeu: "Digam ao povo que se sente". Todos se sentaram na grama que cobria o monte. Só os homens eram cerca de cinco mil. ¹¹Então Jesus tomou os pães, agradeceu a Deus e os repartiu entre o povo. Em seguida, fez o mesmo com os peixes. E todos comeram à vontade. ¹²Depois que todos estavam satisfeitos, Jesus disse a seus discípulos: "Agora juntem os pedaços que sobraram, para que nada se desperdice". ¹³Eles juntaram o que restou e encheram doze cestos com as sobras.

¹⁴Quando o povo viu Jesus fazer esse sinal, exclamou: "Sem dúvida ele é o profeta que haveria de vir ao mundo!".[a] ¹⁵Jesus sabia que pretendiam obrigá-lo a ser rei deles, de modo que se retirou, sozinho, para o monte.

Jesus anda sobre o mar

¹⁶Ao entardecer, os discípulos de Jesus desceram à praia, ¹⁷entraram no barco e atravessaram o mar em direção a Cafarnaum. Quando escureceu, porém, Jesus ainda não tinha vindo se encontrar com eles. ¹⁸Logo, um vento forte veio sobre eles, e o mar ficou muito agitado. ¹⁹Depois de remarem cinco ou seis quilômetros,[b] de repente viram Jesus caminhando sobre o mar, em direção ao barco. Ficaram aterrorizados, ²⁰mas ele lhes disse: "Sou eu! Não tenham medo". ²¹Eles o receberam no barco e logo em seguida, chegaram a seu destino.

Jesus, o pão da vida

²²No dia seguinte, a multidão que tinha ficado do outro lado do mar viu que os discípulos haviam pegado o único barco dali e que Jesus não fora com eles. ²³Alguns barcos de Tiberíades se aproximaram do lugar onde o povo tinha comido os pães depois que

o Senhor os abençoou. ²⁴Quando a multidão viu que nem Jesus nem os discípulos estavam ali, todos entraram nos barcos e atravessaram para Cafarnaum, a fim de procurá-lo. ²⁵Encontraram-no do outro lado do mar e lhe perguntaram: "Rabi, quando o senhor chegou aqui?".

²⁶Jesus respondeu: "Eu lhes digo a verdade: vocês querem estar comigo não porque entenderam os sinais, mas porque lhes dei alimento. ²⁷Não se preocupem tanto com coisas que se estragam, como a comida, mas usem suas energias buscando o alimento que permanece para a vida eterna, o qual o Filho do Homem pode lhes dar. Pois Deus, o Pai, colocou em mim seu selo de aprovação".

²⁸"Nós também queremos realizar as obras de Deus", disseram eles. "O que devemos fazer?"

²⁹Jesus lhes disse: "Esta é a única obra que Deus quer de vocês: creiam naquele que ele enviou".

³⁰Eles responderam: "Se deseja que creiamos no senhor, mostre-nos um sinal. O que o senhor pode fazer? ³¹Afinal, nossos antepassados comeram maná no deserto! As Escrituras dizem: 'Moisés lhes deu de comer pão do céu'".[a]

³²Jesus disse: "Eu lhes digo a verdade: não foi Moisés quem lhes deu pão do céu. É meu Pai quem dá o verdadeiro pão do céu a vocês. ³³O verdadeiro pão de Deus é aquele que desce do céu e dá vida ao mundo".

³⁴"Senhor, dê-nos desse pão todos os dias", disseram eles.

³⁵Jesus respondeu: "Eu sou o pão da vida. Quem vem a mim nunca mais terá fome. Quem crê em mim nunca mais terá sede. ³⁶Mas vocês não creram em mim, embora me tenham visto. ³⁷Contudo, aqueles que o Pai me dá virão a mim, e eu jamais os rejeitarei. ³⁸Pois desci do céu para fazer a vontade daquele que me enviou, e não minha própria vontade. ³⁹E esta é a vontade de Deus: que eu não perca um sequer de todos que ele me deu, mas que ressuscite todos no último dia. ⁴⁰Pois é a vontade de meu Pai que todo aquele que olhar para o Filho e nele crer tenha a vida eterna. E eu o ressuscitarei no último dia".

⁴¹Então os judeus começaram a criticá-lo, pois ele havia afirmado: "Eu sou o pão que desceu do céu". ⁴²Diziam: "Este não é Jesus, filho de José? Conhecemos seu pai e sua mãe. Como ele pode dizer: 'Desci do céu?'".

⁴³Jesus, porém, respondeu: "Parem de me criticar. ⁴⁴Pois ninguém pode vir a mim se o Pai, que me enviou, não o trouxer a mim; e no último dia eu o ressuscitarei. ⁴⁵Como dizem as Escrituras:ᵇ 'Todos eles serão ensinados por Deus'. Todo aquele que ouve o Pai e aprende dele vem a mim. ⁴⁶Não que alguém tenha visto o Pai; somente eu, que fui enviado por Deus, o vi.

⁴⁷"Eu lhes digo a verdade: quem crê tem a vida eterna. ⁴⁸Sim, eu sou o pão da vida! ⁴⁹Seus antepassados comeram maná no deserto, mas morreram; ⁵⁰quem comer o pão do céu, no entanto, jamais morrerá. ⁵¹Eu sou o pão vivo que desceu do céu. Quem comer deste pão viverá para sempre; e este pão, que eu oferecerei para que o mundo viva, é a minha carne".

⁵²Então os judeus começaram a discutir entre si a respeito do que ele queria dizer. "Como pode esse homem nos dar sua carne para comer?", perguntavam.

⁵³Então Jesus disse novamente: "Eu lhes digo a verdade: se vocês não comerem a carne do Filho do Homem e não beberem o seu sangue, não terão a vida em si mesmos. ⁵⁴Mas quem come minha carne e bebe meu sangue terá a vida eterna, e eu o ressuscitarei no último dia. ⁵⁵Pois minha carne é a verdadeira comida, e meu sangue é a verdadeira bebida. ⁵⁶Quem come minha carne e bebe meu sangue permanece em mim, e eu nele. ⁵⁷Eu vivo por causa do Pai, que vive e me enviou; da mesma forma, quem se alimenta de mim viverá por minha causa. ⁵⁸Eu sou o verdadeiro pão que desceu do céu. Seus antepassados comeram maná e morreram; quem comer este pão não morrerá, mas viverá para sempre".

⁵⁹Ele disse essas coisas quando ensinava na sinagoga de Cafarnaum.

Muitos discípulos abandonam Jesus

⁶⁰Muitos de seus discípulos disseram: "Sua mensagem é dura. Quem é capaz de aceitá-la?".

⁶¹Jesus, sabendo que seus discípulos reclamavam, disse: "Isso os ofende? ⁶²Então o que pensarão se virem o Filho do Homem subir ao céu, onde estava antes? ⁶³Somente o Espírito dá vida. A natureza humana não realiza coisa alguma.ª E as palavras que eu lhes disse são espírito e vida. ⁶⁴Mas alguns de vocês não creem em mim". Pois Jesus sabia, desde o princípio, quem não acreditava nele e quem iria traí-lo. ⁶⁵E acrescentou: "Por isso eu disse que ninguém pode vir a mim a menos que o Pai o dê a mim".

⁶⁶Nesse momento, muitos de seus discípulos se afastaram dele e o abandonaram. ⁶⁷Então Jesus se voltou para os Doze e perguntou: "Vocês também vão embora?".

⁶⁸Simão Pedro respondeu: "Senhor, para quem iremos? O senhor tem as palavras da vida eterna. ⁶⁹Nós cremos e sabemos que o senhor é o Santo de Deus".ᵇ

⁷⁰Então Jesus disse: "Eu escolhi vocês doze, mas um de vocês é um diabo". ⁷¹Ele se referia a Judas, filho de Simão Iscariotes, um dos Doze, que mais tarde o trairia.

Jesus e seus irmãos

7 Depois disso, Jesus viajou pela Galileia. Queria ficar longe da Judeia, onde os líderes judeus planejavam sua morte. ²Logo, porém, chegou o tempo da celebração judaica chamada Festa das Cabanas, ³e os irmãos de Jesus lhe disseram: "Saia daqui e vá à Judeia, onde seus seguidores poderão ver os milagres que realiza. ⁴Você não se tornará famoso escondendo-se dessa forma. Se você pode fazer coisas tão maravilhosas, mostre-se ao mundo!". ⁵Pois nem mesmo seus irmãos criam nele.

⁶Jesus respondeu: "Agora não é o momento certo de eu ir, mas vocês podem ir a qualquer hora. ⁷O mundo não pode odiá-los, mas a mim ele odeia, pois eu o acuso de fazer o mal. ⁸Vão vocês.

Eu ainda[a] não irei a essa festa, pois meu tempo ainda não chegou". [9]Tendo dito isso, permaneceu na Galileia.

Jesus ensina abertamente no templo

[10]Contudo, depois que seus irmãos partiram para a festa, ele também foi, mas em segredo, permanecendo distante dos olhos do público. [11]Os líderes judeus tentavam encontrá-lo na festa e perguntavam se alguém o tinha visto. [12]Havia muita discussão a seu respeito entre as multidões. Alguns afirmavam: "Ele é um homem bom", enquanto outros diziam: "Ele não passa de um impostor, que engana o povo". [13]Mas ninguém tinha coragem de falar sobre ele em público, por medo dos líderes judeus.

[14]Então, na metade da festa, Jesus subiu ao templo e começou a ensinar. [15]Os judeus que estavam ali ficaram admirados ao ouvi-lo. "Como ele sabe tanto sem ter estudado?", perguntavam.

[16]Jesus lhes respondeu: "Minha mensagem não vem de mim mesmo; vem daquele que me enviou. [17]Quem quiser fazer a vontade de Deus saberá se meu ensino vem dele ou se falo por mim mesmo. [18]Aquele que fala por si mesmo busca sua própria glória, mas quem procura honrar aquele que o enviou diz a verdade, e não mentiras. [19]Moisés lhes deu a lei, mas nenhum de vocês obedece a ela. Então por que procuram me matar?".

[20]A multidão respondeu: "Você está possuído por demônio! Quem procura matá-lo?".

[21]Jesus respondeu: "Eu fiz um milagre no sábado, e vocês ficaram admirados. [22]No entanto, vocês também trabalham no sábado quando obedecem à lei da circuncisão que Moisés lhes deu, embora, na verdade, a circuncisão tenha começado com os patriarcas, muito antes da lei de Moisés. [23]Pois, se o tempo certo de circuncidar seu filho cai no sábado, vocês realizam a cerimônia, a fim de não quebrar a lei de Moisés. Então por que ficam indignados comigo pelo fato de eu curar um homem no sábado? [24]Não julguem de acordo com as aparências, mas julguem de maneira justa".

Jesus é o Messias?

²⁵Alguns do povo, que moravam em Jerusalém, começaram a perguntar uns aos outros: "Não é este o homem a quem procuram matar? ²⁶Aqui está ele, porém, falando em público, e não lhe dizem coisa alguma. Será que nossos líderes acreditam que ele é o Cristo? ²⁷Mas como pode ser este homem? Sabemos de onde ele vem. Quando o Cristo vier, ninguém saberá de onde ele é".

²⁸Enquanto ensinava no templo, Jesus disse em alta voz: "Sim, vocês me conhecem e sabem de onde eu venho. Mas não estou aqui por minha própria conta. Aquele que me enviou é verdadeiro, e vocês não o conhecem. ²⁹Mas eu o conheço, porque venho dele, e ele me enviou a vocês". ³⁰Então tentaram prendê-lo, mas ninguém pôs as mãos nele, porque ainda não havia chegado sua hora.

³¹Muitos entre as multidões no templo creram nele e diziam: "Afinal, alguém espera que o Cristo faça mais sinais do que este homem tem feito?".

³²Quando os fariseus ouviram que as multidões sussurravam essas coisas, eles e os principais sacerdotes enviaram guardas do templo para prendê-lo. ³³Jesus, porém, lhes disse: "Estarei com vocês só um pouco mais. Então voltarei para aquele que me enviou. ³⁴Vocês procurarão por mim, mas não me encontrarão. E não poderão ir para onde eu vou".

³⁵Os judeus se perguntavam: "Para onde ele pretende ir? Será que planeja partir e ir aos judeus em outras terras?[a] Talvez até ensine aos gregos! ³⁶O que ele quer dizer quando fala: 'Vocês procurarão por mim, mas não me encontrarão' e 'Não poderão ir para onde eu vou'?".

Jesus promete água viva

³⁷No último dia, o mais importante da festa, Jesus se levantou e disse em alta voz: "Quem tem sede, venha a mim e beba! ³⁸Pois as Escrituras declaram: 'Rios de água viva brotarão do interior de quem crer em mim'". ³⁹Quando ele falou de "água viva", estava se

referindo ao Espírito que seria dado mais tarde a todos que nele cressem. Naquela ocasião o Espírito ainda não tinha sido dado, pois Jesus ainda não havia sido glorificado.

Divisão e descrença

⁴⁰Quando as multidões o ouviram dizer isso, alguns declararam: "Certamente este homem é o profeta por quem esperávamos".[b] ⁴¹Outros afirmaram: "Ele é o Cristo". E ainda outros disseram: "Não é possível! O Cristo virá da Galileia? ⁴²As Escrituras afirmam claramente que o Cristo nascerá da linhagem real de Davi, em Belém, o povoado onde o rei Davi nasceu".[c] ⁴³Assim, a multidão estava dividida a respeito de Jesus. ⁴⁴Alguns queriam que ele fosse preso, mas ninguém pôs as mãos nele.

⁴⁵Quando os guardas do templo voltaram sem ter prendido Jesus, os principais sacerdotes e fariseus perguntaram: "Por que vocês não o trouxeram?".

⁴⁶"Nunca ouvimos alguém falar como ele!", responderam.

⁴⁷"Vocês também foram enganados?", zombaram os fariseus. ⁴⁸"Por acaso um de nós que seja, entre os líderes ou fariseus, crê nele? ⁴⁹As multidões ignorantes o seguem, mas elas não têm conhecimento da lei. São amaldiçoadas!"

⁵⁰Então Nicodemos, o líder que antes havia se encontrado com Jesus, perguntou: ⁵¹"A lei permite condenar um homem antes mesmo de haver uma audiência?".

⁵²"Você também é da Galileia?", responderam eles. "Procure e veja por si mesmo: nenhum profeta vem da Galileia!"

⁵³Então todos foram para casa.[d]

Uma mulher é pega em adultério

8 Jesus voltou ao monte das Oliveiras, ²mas na manhã seguinte, bem cedo, estava outra vez no templo. Logo se reuniu uma multidão, e ele se sentou e a ensinou. ³Então os mestres da lei e os fariseus lhe trouxeram uma mulher pega em adultério e a colocaram diante da multidão.

⁴"Mestre, esta mulher foi pega no ato de adultério", disseram eles a Jesus. ⁵"A lei de Moisés ordena que ela seja apedrejada. O que o senhor diz?"

⁶Procuravam apanhá-lo numa armadilha, ao fazê-lo dizer algo que pudessem usar contra ele. Jesus, porém, apenas se inclinou e começou a escrever com o dedo na terra. ⁷Eles continuaram a exigir uma resposta, de modo que ele se levantou e disse: "Aquele de vocês que nunca pecou atire a primeira pedra". ⁸Então inclinou-se novamente e voltou a escrever na terra.

⁹Quando ouviram isso, foram saindo, um de cada vez, começando pelos mais velhos, até que só restaram Jesus e a mulher no meio da multidão. ¹⁰Então Jesus se levantou de novo e disse à mulher: "Onde estão seus acusadores? Nenhum deles a condenou?".

¹¹"Não, Senhor", respondeu ela.

E Jesus disse: "Eu também não a condeno. Vá e não peque mais".

Jesus, a luz do mundo

¹²Jesus voltou a falar ao povo e disse: "Eu sou a luz do mundo. Se vocês me seguirem, não andarão no escuro, pois terão a luz da vida".

¹³Os fariseus disseram: "Você faz essas declarações a respeito de si mesmo! Seu testemunho não é válido".

¹⁴Jesus respondeu: "Meu testemunho é válido, embora eu mesmo o dê, pois eu sei de onde vim e para onde vou, mas vocês não sabem de onde vim nem para onde vou. ¹⁵Vocês julgam por padrões humanos, mas eu não julgo ninguém. ¹⁶E, mesmo que o fizesse, meu julgamento seria correto, pois não estou sozinho. O Pai, que me enviou, está comigo. ¹⁷A lei de vocês diz que, se duas pessoas concordarem sobre alguma coisa, seu testemunho é aceito como fato.ᵉ ¹⁸Eu sou uma testemunha, e meu Pai, que me enviou, é a outra".

¹⁹"Onde está seu Pai?", perguntaram eles.

Jesus respondeu: "Uma vez que vocês não sabem quem sou eu, não sabem quem é meu Pai. Se vocês me conhecessem, também conheceriam meu Pai". [20]Jesus fez essas declarações enquanto ensinava na parte do templo onde eram colocadas as ofertas. No entanto, não foi preso, pois ainda não havia chegado sua hora.

O povo incrédulo é advertido

[21]Mais tarde, Jesus lhes disse outra vez: "Eu vou embora. Vocês procurarão por mim, mas morrerão em seus pecados. Não podem ir para onde eu vou".

[22]Os judeus perguntaram: "Será que ele está planejando cometer suicídio? A que ele se refere quando diz: 'Não podem ir para onde eu vou'?".

[23]Jesus prosseguiu: "Vocês são daqui de baixo; eu sou lá de cima. Vocês pertencem a este mundo; eu não. [24]Foi por isso que eu disse que vocês morrerão em seus pecados, pois a menos que creiam que eu sou lá de cima, morrerão em seus pecados".

[25]"Quem é você?", perguntaram eles.

Jesus respondeu: "Sou aquele que sempre afirmei ser. [26]Tenho muito que dizer e julgar a respeito de vocês, mas não o farei. Digo ao mundo apenas o que ouvi daquele que me enviou, e ele é inteiramente verdadeiro". [27]Ainda assim, não entenderam que ele lhes falava a respeito do Pai.

[28]Então Jesus disse: "Quando vocês me levantarem, entenderão que eu sou o Filho do Homem. Não faço coisa alguma por minha própria conta; digo apenas o que o Pai me ensinou. [29]E aquele que me enviou está comigo; ele não me abandonou, pois sempre faço o que lhe agrada". [30]Muitos que o ouviram dizer essas coisas creram nele.

Jesus e Abraão

[31]Jesus disse aos judeus que creram nele: "Vocês são verdadeiramente meus discípulos se permanecerem fiéis a meus ensinamentos. [32]Então conhecerão a verdade, e a verdade os libertará".

³³"Mas somos descendentes de Abraão", disseram eles. "Nunca fomos escravos de ninguém. O que quer dizer com 'Vocês serão libertos'?"

³⁴Jesus respondeu: "Eu lhes digo a verdade: todo o que peca é escravo do pecado. ³⁵O escravo não é membro permanente da família, mas o filho faz parte da família, para sempre. ³⁶Portanto, se o Filho os libertar, vocês serão livres de fato. ³⁷Sim, eu sei que vocês são descendentes de Abraão. E, no entanto, procuram me matar, pois não há lugar em seu coração para a minha mensagem. ³⁸Eu lhes digo o que vi quando estava com meu Pai, mas vocês seguem o conselho do pai de vocês".

³⁹"Nosso pai é Abraão!", declararam eles.

Jesus respondeu: "Se vocês fossem, de fato, filhos de Abraão, seguiriam o exemplo dele.ᵃ ⁴⁰Em vez disso, procuram me matar porque eu lhes disse a verdade que ouvi de Deus. Abraão nunca fez isso. ⁴¹Vocês estão imitando seu verdadeiro pai".

"Não somos filhos ilegítimos!", retrucaram. "O próprio Deus é nosso verdadeiro Pai!"

⁴²Jesus lhes disse: "Se Deus fosse seu Pai, vocês me amariam, porque eu venho até vocês da parte de Deus. Não estou aqui por minha própria conta, mas ele me enviou. ⁴³Por que vocês não entendem o que eu digo? É porque nem sequer conseguem me ouvir! ⁴⁴Pois são filhos de seu pai, o diabo, e gostam de fazer as coisas perversas que ele deseja. Ele foi assassino desde o princípio. Sempre odiou a verdade, pois não há verdade alguma nele. Quando ele mente, age de acordo com seu caráter, pois é mentiroso e pai da mentira. ⁴⁵Portanto, quando eu digo a verdade, é natural que não creiam em mim! ⁴⁶Qual de vocês pode me acusar de pecado? E, uma vez que lhes digo a verdade, por que não creem em mim? ⁴⁷Quem pertence a Deus ouve as palavras de Deus. Mas vocês não ouvem, pois não pertencem a Deus".

⁴⁸"Samaritano endemoninhado!", responderam os líderes judeus. "Não temos dito desde o início que está possuído por demônio?"

⁴⁹"Não tenho em mim demônio algum", disse Jesus. "Pelo contrário, honro meu Pai, e vocês me desonram. ⁵⁰Eu não procuro minha própria glória; há quem a procure para mim, e ele é o Juiz. ⁵¹Eu lhes digo a verdade: quem obedecer a meu ensino jamais morrerá!"

⁵²Os líderes judeus disseram: "Agora sabemos que você está possuído por demônio. Até Abraão e os profetas morreram, mas você diz: 'Quem obedecer a meu ensino jamais morrerá!'. ⁵³Por acaso você é maior que nosso pai Abraão? Ele morreu, assim como os profetas. Quem você pensa que é?".

⁵⁴Jesus respondeu: "Se eu quisesse glória para mim mesmo, essa glória não contaria. Mas é meu Pai quem me glorifica. Vocês dizem: 'Ele é nosso Deus',ᵇ ⁵⁵mas nem o conhecem. Eu o conheço. Se eu dissesse que não o conheço, seria tão mentiroso quanto vocês! Mas eu o conheço e lhe obedeço. ⁵⁶Seu pai Abraão exultou com a expectativa da minha vinda. Ele a viu e se alegrou".

⁵⁷Os líderes judeus disseram: "Você não tem nem cinquenta anos. Como pode dizer que viu Abraão?".

⁵⁸Jesus respondeu: "Eu lhes digo a verdade: antes mesmo de Abraão nascer, Eu Sou!".ᶜ ⁵⁹Então apanharam pedras para atirar em Jesus, mas ele se ocultou deles e saiu do templo.

Jesus traz luz aos cegos

9 Enquanto caminhava, Jesus viu um homem cego de nascença. ²Seus discípulos perguntaram: "Rabi, por que este homem nasceu cego? Foi por causa de seus próprios pecados ou dos pecados de seus pais?".

³Jesus respondeu: "Nem uma coisa nem outra. Isso aconteceu para que o poder de Deus se manifestasse nele. ⁴Devemos cumprir logo as tarefas que nos foram dadas por aquele que me enviou. A noite se aproxima, quando ninguém pode trabalhar. ⁵Mas, enquanto estou aqui no mundo, eu sou a luz do mundo".

⁶Depois de dizer isso, Jesus cuspiu no chão, misturou a terra com saliva e aplicou-a nos olhos do cego. ⁷Em seguida, disse: "Vá

lavar-se no tanque de Siloé" (que significa "enviado"). O homem foi, lavou-se e voltou enxergando.

⁸Seus vizinhos e outros que o conheciam como mendigo começaram a perguntar: "Não é este o homem que costumava ficar sentado pedindo esmolas?". ⁹Alguns diziam que sim, e outros diziam: "Não, apenas se parece com ele".

O mendigo, porém, insistia: "Sim, sou eu mesmo!".

¹⁰"Quem curou você?", perguntaram eles. "O que aconteceu?"

¹¹Ele respondeu: "O homem chamado Jesus misturou terra com saliva, colocou-a em meus olhos e disse: 'Vá lavar-se no tanque de Siloé'. Eu fui e me lavei, e agora posso ver!".

¹²"Onde está esse homem?", perguntaram.

"Não sei", respondeu ele.

¹³Então levaram aos fariseus o homem que havia sido cego, ¹⁴pois foi no sábado que Jesus misturou terra com saliva e o curou. ¹⁵Os fariseus encheram o homem de perguntas sobre o que havia acontecido, e ele respondeu: "Ele colocou terra com saliva em meus olhos e, depois que eu me lavei, passei a enxergar!".

¹⁶Alguns dos fariseus disseram: "Esse homem não é de Deus, pois trabalha no sábado". Outros disseram: "Mas como um pecador poderia fazer sinais como esse?". E havia entre eles uma divergência de opiniões.

¹⁷Os fariseus voltaram a perguntar ao homem que havia sido cego: "O que você diz desse homem que o curou?".

"Ele deve ser profeta", respondeu o homem.

¹⁸Os líderes judeus se recusavam a crer que ele havia sido cego e estava curado, por isso mandaram chamar os pais dele ¹⁹e perguntaram: "Ele é seu filho? Ele nasceu cego? Se foi, como pode ver agora?".

²⁰Os pais responderam: "Sabemos que ele é nosso filho e que nasceu cego, ²¹mas não sabemos como pode ver agora nem quem o curou. Ele tem idade suficiente para falar por si mesmo. Perguntem a ele". ²²Seus pais disseram isso por medo dos líderes judeus, pois estes haviam anunciado que, se alguém dissesse que

Jesus era o Cristo, seria expulso da sinagoga. ²³Por isso disseram: "Ele tem idade suficiente. Perguntem a ele".

²⁴Então, pela segunda vez, chamaram o homem que havia sido cego e lhe disseram: "Deus é quem deve receber glória por aquilo que aconteceu, pois sabemos que esse Jesus é pecador".

²⁵"Não sei se ele é pecador", respondeu o homem. "Mas uma coisa sei: eu era cego e agora vejo!"

²⁶"Mas o que ele fez?", perguntaram. "Como ele o curou?"

²⁷"Eu já lhes disse!", exclamou o homem. "Vocês não ouviram? Por que querem ouvir outra vez? Por acaso também querem se tornar discípulos dele?"

²⁸Então eles o insultaram e disseram: "Você é discípulo dele, mas nós somos discípulos de Moisés! ²⁹Sabemos que Deus falou a Moisés, mas nem sabemos de onde vem esse homem".

³⁰"Que coisa mais estranha!", respondeu o homem. "Ele curou meus olhos e vocês não sabem de onde ele vem? ³¹Sabemos que Deus não atende pecadores, mas está pronto a ouvir aqueles que o adoram e fazem a sua vontade. ³²Desde o princípio do mundo, ninguém foi capaz de abrir os olhos de um cego de nascença. ³³Se esse homem não fosse de Deus, não teria conseguido fazê-lo."

³⁴"Você nasceu inteiramente pecador!", disseram eles. "E quer ensinar a nós?" Então o expulsaram da sinagoga.

Cegueira espiritual

³⁵Quando Jesus soube do que havia acontecido, procurou o homem e lhe disse: "Você crê no Filho do Homem?".[a]

³⁶"Quem é ele, senhor?", perguntou o homem. "Eu quero crer nele."

³⁷Jesus respondeu: "Você o viu, e ele está falando com você!".

³⁸"Sim, Senhor, eu creio!", declarou o homem. E adorou a Jesus.

³⁹Então Jesus disse:[b] "Eu vim a este mundo para julgar, para dar visão aos cegos e para fazer que os que veem se tornem cegos".

⁴⁰Alguns fariseus que estavam por perto o ouviram e perguntaram: "Você está dizendo que nós somos cegos?".

⁴¹"Se vocês fossem cegos, não seriam culpados", respondeu Jesus. "Mas a culpa de vocês permanece, pois afirmam que podem ver."

O Bom Pastor e suas ovelhas

10 "Eu lhes digo a verdade: quem entra no curral das ovelhas às escondidas, por sobre a cerca, em vez de passar pela porta, é certamente ladrão e assaltante! ²Mas quem entra pela porta é o pastor das ovelhas. ³O porteiro lhe abre a porta, e as ovelhas reconhecem sua voz e se aproximam. Ele chama suas ovelhas pelo nome e as conduz para fora. ⁴Depois de reuni-las, vai adiante delas, e elas o seguem porque conhecem sua voz. ⁵Nunca seguirão um desconhecido; antes, fugirão dele, pois não reconhecem sua voz."

⁶Os que ouviram Jesus usar essa ilustração não entenderam o que ele quis dizer, ⁷por isso ele a explicou: "Eu lhes digo a verdade: eu sou a porta das ovelhas. ⁸Todos que vieram antes de mim eram ladrões e assaltantes, mas as ovelhas não os ouviram. ⁹Sim, eu sou a porta. Quem entrar por mim será salvo.ᶜ Entrará e sairá e encontrará pasto. ¹⁰O ladrão vem para roubar, matar e destruir. Eu vim para lhes dar vida, uma vida plena, que satisfaz.

¹¹"Eu sou o bom pastor. O bom pastor sacrifica sua vida pelas ovelhas. ¹²O empregado foge quando vê um lobo se aproximar. Abandona as ovelhas porque elas não lhe pertencem e ele não é seu pastor. Então o lobo as ataca e dispersa o rebanho. ¹³O empregado foge porque trabalha apenas por dinheiro e não se importa de fato com as ovelhas.

¹⁴"Eu sou o bom pastor. Conheço minhas ovelhas, e elas me conhecem, ¹⁵assim como meu Pai me conhece e eu o conheço; e eu sacrifico minha vida pelas ovelhas. ¹⁶Tenho outras ovelhas, que não estão neste curral. Devo trazê-las também. Elas ouvirão minha voz, e haverá um só rebanho e um só pastor.

¹⁷"O Pai me ama, pois sacrifico minha vida para tomá-la de volta. ¹⁸Ninguém a tira de mim, mas eu mesmo a dou. Tenho

autoridade para entregá-la e também para tomá-la de volta, pois foi isso que meu Pai ordenou".

[19]Quando Jesus disse essas coisas, as opiniões dos judeus a respeito dele se dividiram outra vez. [20]Alguns diziam: "Ele está possuído por demônio e está louco. Por que ouvi-lo?". [21]Outros diziam: "Ele não fala como alguém que está possuído por demônio. Pode um demônio abrir os olhos dos cegos?".

Jesus afirma ser o Filho de Deus

[22]Era inverno, e Jesus estava em Jerusalém na celebração da Festa da Dedicação. [23]Ele caminhava pelo templo, na parte conhecida como Pórtico de Salomão, [24]quando os líderes judeus o rodearam e perguntaram: "Quanto tempo vai nos deixar em suspense? Se você é o Cristo, diga-nos claramente".

[25]Jesus respondeu: "Eu já lhes disse, e vocês não creram em mim. A prova são as obras que realizo em nome de meu Pai. [26]Mas vocês não creem em mim porque não são minhas ovelhas. [27]Minhas ovelhas ouvem a minha voz; eu as conheço, e elas me seguem. [28]Eu lhes dou a vida eterna, e elas nunca morrerão. Ninguém pode arrancá-las de minha mão, [29]pois meu Pai as deu a mim, e ele é mais poderoso que todos.[a] Ninguém pode arrancá-las da mão de meu Pai. [30]O Pai e eu somos um".

[31]Mais uma vez, os líderes judeus pegaram pedras para atirar nele. [32]Jesus disse: "Por orientação de meu Pai, eu fiz muitas boas obras. Por qual delas vocês querem me apedrejar?".

[33]Eles responderam: "Não vamos apedrejá-lo por nenhuma boa obra, mas por blasfêmia. Você, um simples homem, afirma que é Deus!".

[34]Jesus respondeu: "As próprias Escrituras[b] de vocês afirmam que Deus disse a certos líderes do povo: 'Eu digo: vocês são deuses!'.[c] [35]E vocês sabem que as Escrituras não podem ser alteradas. Portanto, se aqueles que receberam a mensagem de Deus foram chamados de 'deuses', [36]por que vocês consideram blasfêmia quando eu digo: 'Eu sou o Filho de Deus'? Afinal, o Pai

me consagrou e me enviou ao mundo. ³⁷Não creiam em mim se não realizo as obras de meu Pai. ³⁸Mas, se as realizo, creiam na prova, que são as obras, mesmo que não creiam em mim. Então vocês saberão e entenderão que o Pai está em mim, e que eu estou no Pai".

³⁹Novamente, tentaram prendê-lo, mas ele escapou e os deixou. ⁴⁰Foi para o outro lado do rio Jordão, perto do lugar onde João batizava no início, e ficou ali por algum tempo. ⁴¹Muitos o seguiram, comentando entre si: "João não realizou sinais, mas tudo que ele disse a respeito deste homem se cumpriu". ⁴²E muitos ali creram em Jesus.

A ressurreição de Lázaro

11 Um homem chamado Lázaro estava doente. Ele morava em Betânia com suas irmãs, Maria e Marta. ²Foi Maria, a irmã de Lázaro, que mais tarde derramou perfume caro nos pés do Senhor e os enxugou com os cabelos.ᵈ ³As duas irmãs enviaram um recado a Jesus, dizendo: "Senhor, seu amigo querido está muito doente".

⁴Quando Jesus ouviu isso, disse: "A doença de Lázaro não acabará em morte. Ela aconteceu para a glória de Deus, para que o Filho de Deus receba glória por meio dela". ⁵Jesus amava Marta, Maria e Lázaro. ⁶Ouvindo, portanto, que Lázaro estava doente, ficou mais dois dias onde estava. ⁷Depois, disse a seus discípulos: "Vamos voltar para a Judeia".

⁸Os discípulos se opuseram, dizendo: "Rabi, apenas alguns dias atrás o povo da Judeia tentou apedrejá-lo. Ainda assim, o senhor vai voltar para lá?".

⁹Jesus respondeu: "Há doze horas de claridade todos os dias. Durante o dia, as pessoas podem andar com segurança. Conseguem enxergar, pois têm a luz deste mundo. ¹⁰À noite, porém, correm o risco de tropeçar, pois não há luz". ¹¹E acrescentou: "Nosso amigo Lázaro adormeceu, mas agora vou despertá-lo".

¹²Os discípulos disseram: "Senhor, se ele dorme é porque logo vai melhorar!". ¹³Pensavam que Jesus falava apenas do repouso do sono, mas ele se referia à morte de Lázaro.

¹⁴Então ele disse claramente: "Lázaro está morto. ¹⁵E, por causa de vocês, eu me alegro por não ter estado lá, pois agora vocês vão crer de fato. Venham, vamos até ele".

¹⁶Tomé, apelidado de Gêmeo,ᵉ disse aos outros discípulos: "Vamos até lá também para morrer com Jesus".

¹⁷Quando Jesus chegou a Betânia, disseram-lhe que Lázaro estava no túmulo havia quatro dias. ¹⁸Betânia ficava a cerca de três quilômetrosᶠ de Jerusalém, ¹⁹e muitos moradores da região tinham vindo consolar Marta e Maria pela perda do irmão. ²⁰Quando Marta soube que Jesus estava chegando, foi ao seu encontro. Maria, porém, ficou em casa. ²¹Marta disse a Jesus: "Se o Senhor estivesse aqui, meu irmão não teria morrido. ²²Mas sei que, mesmo agora, Deus lhe dará tudo que pedir".

²³Jesus lhe disse: "Seu irmão vai ressuscitar".

²⁴"Sim", respondeu Marta. "Ele vai ressuscitar quando todos ressuscitarem, no último dia."

²⁵Então Jesus disse: "Eu sou a ressurreição e a vida. Quem crê em mim viverá, mesmo depois de morrer. ²⁶Quem vive e crê em mim jamais morrerá. Você crê nisso, Marta?".

²⁷"Sim, Senhor", respondeu ela. "Eu creio que o senhor é o Cristo, o Filho de Deus, aquele que veio ao mundo da parte de Deus." ²⁸Em seguida, voltou para casa. Chamou Maria à parte e disse: "O Mestre está aqui e quer ver você". ²⁹Maria se levantou de imediato e foi até ele.

³⁰Jesus tinha ficado fora do povoado, no lugar onde Marta havia se encontrado com ele. ³¹Quando as pessoas que estavam na casa viram Maria sair apressadamente, imaginaram que ela ia ao túmulo de Lázaro chorar e a seguiram. ³²Assim que chegou ao lugar onde Jesus estava e o viu, caiu a seus pés e disse: "Se o Senhor estivesse aqui, meu irmão não teria morrido".

³³Quando Jesus viu Maria chorar, e o povo também, sentiu profunda indignação[a] e grande angústia. ³⁴"Onde vocês o colocaram?", perguntou.

Eles responderam: "Senhor, venha e veja". ³⁵Jesus chorou. ³⁶As pessoas que estavam por perto disseram: "Vejam como ele o amava!". ³⁷Outros, porém, disseram: "Este homem curou um cego. Não poderia ter impedido que Lázaro morresse?".

³⁸Jesus, sentindo-se novamente indignado, chegou ao túmulo, uma gruta com uma pedra fechando a entrada. ³⁹"Rolem a pedra para o lado", ordenou.

"Senhor, ele está morto há quatro dias", disse Marta, a irmã do falecido. "O mau cheiro será terrível."

⁴⁰Jesus respondeu: "Eu não lhe disse que, se você cresse, veria a glória de Deus?". ⁴¹Então rolaram a pedra para o lado. Jesus olhou para o céu e disse: "Pai, eu te agradeço porque me ouviste. ⁴²Tu sempre me ouves, mas eu disse isso por causa de todas as pessoas que estão aqui, para que elas creiam que tu me enviaste". ⁴³Então Jesus gritou: "Lázaro, venha para fora!". ⁴⁴E o morto saiu, com as mãos e os pés presos com faixas e o rosto envolto num pano. Jesus disse: "Desamarrem as faixas e deixem-no ir!".

A conspiração para matar Jesus

⁴⁵Muitos dos judeus que estavam com Maria creram em Jesus quando viram isso. ⁴⁶Alguns, no entanto, foram aos fariseus e contaram o que Jesus tinha feito. ⁴⁷Então os principais sacerdotes e fariseus reuniram o conselho dos líderes do povo.[b] "Que vamos fazer?", perguntavam uns aos outros. "Sem dúvida, este homem realiza muitos sinais. ⁴⁸Se permitirmos que continue assim, logo todos crerão nele. Então o exército romano virá e destruirá nosso templo[c] e nossa nação."

⁴⁹Caifás, o sumo sacerdote naquele ano, disse: "Vocês não sabem o que estão dizendo! ⁵⁰Não percebem que é melhor para vocês que um homem morra pelo povo em vez de a nação inteira ser destruída?".

⁵¹Não disse isso por si mesmo, mas, sendo o sumo sacerdote naquele ano, profetizou que Jesus morreria pela nação inteira. ⁵²E não apenas por aquela nação, mas para reunir em um só corpo todos os filhos de Deus espalhados ao redor do mundo.

⁵³Daquele dia em diante, começaram a tramar a morte de Jesus. ⁵⁴Por essa razão, Jesus parou de andar no meio do povo. Foi para um lugar próximo do deserto, para o povoado de Efraim, onde permaneceu com seus discípulos.

⁵⁵Faltava pouco tempo para a festa judaica da Páscoa, e muita gente de toda a região chegou a Jerusalém para participar da cerimônia de purificação, antes que a Páscoa começasse. ⁵⁶Continuavam procurando Jesus e, estando eles no templo, perguntavam uns aos outros: "O que vocês acham? Será que ele virá para a Páscoa?". ⁵⁷Enquanto isso, os principais sacerdotes e fariseus deram ordem para que, se alguém soubesse onde Jesus estava, o denunciasse de imediato, a fim de que o prendessem.

Jesus é ungido em Betânia

12 Seis dias antes de começar a Páscoa, Jesus chegou a Betânia, onde morava Lázaro, o homem que ele havia ressuscitado dos mortos. ²Prepararam um jantar em homenagem a Jesus; Marta servia, e Lázaro estava à mesa com ele. ³Então Maria pegou um frasco^d de perfume caro feito de essência de óleo aromático, ungiu com ele os pés de Jesus e os enxugou com os cabelos. A casa se encheu com a fragrância do perfume.

⁴Mas Judas Iscariotes, o discípulo que em breve trairia Jesus, disse: ⁵"Este perfume valia trezentas moedas de prata.^{e} Deveria ter sido vendido, e o dinheiro, dado aos pobres". ⁶Não que ele se importasse com os pobres; na verdade, era ladrão e, como responsável pelo dinheiro dos discípulos, muitas vezes roubava uma parte para si.

⁷Jesus respondeu: "Deixe-a em paz. Ela fez isto como preparação para meu sepultamento. ⁸Vocês sempre terão os pobres em seu meio, mas nem sempre terão a mim".

⁹Quando o povo soube da chegada de Jesus, correu para vê-lo, e também a Lázaro, a quem Jesus havia ressuscitado dos mortos. ¹⁰Então os principais sacerdotes decidiram matar também Lázaro, ¹¹pois, por causa dele, muitos do povo os haviam abandonado[a] e criam em Jesus.

A entrada de Jesus em Jerusalém

¹²No dia seguinte, correu pela cidade a notícia de que Jesus estava a caminho de Jerusalém. Uma grande multidão de visitantes que tinham vindo para a Páscoa ¹³tomou ramos de palmeiras e saiu ao seu encontro, gritando:

"Hosana![b]
Bendito é o que vem em nome do Senhor!
 Bendito é o Rei de Israel!".[c]

¹⁴Jesus conseguiu um jumentinho e montou nele, cumprindo a profecia que dizia:

¹⁵"Não tenha medo, povo de Sião.[d]
Vejam, seu Rei se aproxima,
 montado num jumentinho".[e]

¹⁶Seus discípulos não entenderam, naquele momento, que se tratava do cumprimento de uma profecia. Depois que Jesus foi glorificado, porém, eles se lembraram do que havia acontecido e perceberam que era a respeito dele que essas coisas tinham sido escritas.

¹⁷Muitos tinham visto quando Jesus mandou Lázaro sair do túmulo e o ressuscitou dos mortos, e contavam esse fato a outros.[f] ¹⁸Destes, muitos saíram ao encontro de Jesus, porque tinham ouvido falar desse sinal. ¹⁹Então os fariseus disseram uns aos outros: "Não podemos fazer nada. Vejam, todo mundo[g] o segue!".

Jesus prediz sua morte

²⁰Alguns gregos que tinham vindo a Jerusalém para adorar durante a festa da Páscoa ²¹procuraram Filipe, que era de Betsaida, da Galileia, e lhe disseram: "Por favor, gostaríamos de ver Jesus". ²²Filipe falou a esse respeito com André, e os dois foram juntos falar com Jesus.

²³Jesus respondeu: "Chegou a hora de o Filho do Homem ser glorificado. ²⁴Eu lhes digo a verdade: se o grão de trigo não for plantado na terra e não morrer, ficará só. Sua morte, porém, produzirá muitos novos grãos. ²⁵Quem ama sua vida neste mundo a perderá. Quem odeia sua vida neste mundo a conservará por toda a eternidade. ²⁶Se alguém quer ser meu discípulo, siga-me, pois meus servos devem estar onde eu estou. E o Pai honrará quem me servir.

²⁷"Agora minha alma está angustiada. Acaso devo orar 'Pai, salva-me desta hora'? Mas foi exatamente por esse motivo que eu vim! ²⁸Pai, glorifica teu nome!".

Então uma voz falou do céu: "Eu já glorifiquei meu nome, e o farei novamente em breve". ²⁹Quando a multidão ouviu a voz, alguns pensaram que era um trovão, enquanto outros afirmavam que um anjo havia falado com ele.

³⁰Então Jesus lhes disse: "A voz foi por causa de vocês, e não por minha causa. ³¹Chegou a hora de julgar o mundo; agora, o governante deste mundo será expulso. ³²E, quando eu for levantado da terra, atrairei todos a mim". ³³Ele disse isso para indicar como morreria.

³⁴A multidão disse: "Entendemos pelas Escrituras[h] que o Cristo viveria para sempre. Como pode dizer que o Filho do Homem morrerá? Afinal, quem é esse Filho do Homem?".

³⁵Jesus respondeu: "Minha luz brilhará para vocês só mais um pouco. Andem na luz enquanto podem, para que a escuridão não os pegue de surpresa. Quem anda na escuridão não consegue ver aonde vai. ³⁶Creiam na luz enquanto ainda há tempo; desse modo vocês se tornarão filhos da luz".

Depois de dizer essas coisas, Jesus foi embora e se ocultou deles.

A incredulidade do povo

[37] Apesar de todos os sinais que Jesus havia realizado, não creram nele. [38] Aconteceu conforme o profeta Isaías tinha dito:

"Senhor, quem creu em nossa mensagem?
A quem o Senhor revelou seu braço forte?".[a]

[39] Mas o povo não podia crer, pois como Isaías também disse:

[40] "O Senhor cegou seus olhos
e endureceu seu coração
para que seus olhos não vejam,
e seu coração não entenda,
e não se voltem para mim,
nem permitam que eu os cure".[b]

[41] As palavras de Isaías referiam-se a Jesus, pois viu sua glória e falou sobre ele. [42] Ainda assim, muitos creram em Jesus, incluindo alguns dos líderes judeus. Eles, porém, não declararam sua fé abertamente, por medo de que os fariseus os expulsassem da sinagoga. [43] Amaram a aprovação das pessoas mais que a aprovação de Deus.

[44] Jesus disse em alta voz às multidões: "Se vocês creem em mim, não creem apenas em mim, mas também naquele que me enviou. [45] Pois, quando veem a mim, veem aquele que me enviou. [46] Eu vim como luz para brilhar neste mundo, a fim de que todo aquele que crê em mim não permaneça na escuridão. [47] Não julgarei aqueles que me ouvem mas não me obedecem, pois vim para salvar o mundo, e não para julgá-lo. [48] Mas todos que me rejeitam e desprezam minha mensagem serão julgados no dia do julgamento pela verdade que tenho falado. [49] Não falo com minha própria autoridade. O Pai, que me enviou, me ordenou o que dizer. [50] E eu

sei que o mandamento dele conduz à vida eterna; por isso digo tudo que o Pai me mandou dizer".

Jesus lava os pés de seus discípulos

13 Antes da festa da Páscoa, Jesus sabia que havia chegado sua hora de deixar este mundo e voltar para o Pai. Ele tinha amado seus discípulos durante seu ministério na terra, e os amou até o fim.^c ²Estava na hora do jantar, e o diabo já havia instigado Judas, filho de Simão Iscariotes, a trair Jesus.^d ³Jesus sabia que o Pai lhe dera autoridade sobre todas as coisas e que viera de Deus e voltaria para Deus. ⁴Assim, levantou-se da mesa, tirou a capa e enrolou uma toalha na cintura. ⁵Depois, derramou água numa bacia e começou a lavar os pés de seus discípulos, enxugando-os com a toalha que estava em sua cintura.

⁶Quando Jesus chegou a Simão Pedro, este lhe disse: "O Senhor vai lavar os meus pés?".

⁷Jesus respondeu: "Você não entende agora o que estou fazendo, mas algum dia entenderá".

⁸"Lavar os meus pés? De jeito nenhum!", protestou Pedro.

Jesus respondeu: "Se eu não os lavar, você não terá comunhão comigo".

⁹Simão Pedro exclamou: "Senhor, então lave também minhas mãos e minha cabeça, e não somente os pés!".

¹⁰Jesus respondeu: "A pessoa que tomou banho completo só precisa lavar os pés para ficar totalmente limpa. E vocês estão limpos, mas nem todos". ¹¹Pois Jesus sabia quem o trairia. Foi isso que se referiu quando disse: "Nem todos vocês estão limpos".

¹²Depois de lavar os pés deles, Jesus vestiu a capa novamente, retornou a seu lugar e perguntou: "Vocês entendem o que fiz? ¹³Vocês me chamam 'Mestre' e 'Senhor', e têm razão, porque eu sou. ¹⁴E uma vez que eu, seu Senhor e Mestre, lavei seus pés, vocês devem lavar os pés uns dos outros. ¹⁵Eu lhes dei um exemplo a ser seguido. Façam como eu fiz a vocês. ¹⁶Eu lhes digo a verdade: o escravo não é maior que o seu senhor, nem o mensageiro é mais

importante que aquele que o envia. ¹⁷Agora que vocês sabem estas coisas, serão felizes se as praticarem."

Jesus prediz a traição de Judas

¹⁸"Não digo estas coisas a todos vocês; conheço os que escolhi. Mas isto cumpre as Escrituras que dizem: 'Aquele que come do meu alimento voltou-se contra mim'.ᵉ ¹⁹Eu lhes digo isso de antemão, para que, quando acontecer, vocês creiam que eu sou aquele de quem falam as Escrituras. ²⁰Eu lhes digo a verdade: quem recebe aquele que envio recebe a mim, e quem recebe a mim recebe o Pai, que me enviou".

²¹Então Jesus sentiu profunda angústiaᵃ e exclamou: "Eu lhes digo a verdade: um de vocês vai me trair!".

²²Os discípulos olharam uns para os outros, sem saber a quem ele se referia. ²³O discípulo a quem Jesus amava ocupava o lugar ao lado dele à mesa.ᵇ ²⁴Simão Pedro lhe fez um sinal para que perguntasse a quem Jesus se referia. ²⁵Então o discípulo se inclinou para Jesus e perguntou: "Senhor, quem é?".

²⁶Jesus respondeu: "É aquele a quem eu der o pedaço de pão que molhei na tigela". E, depois de molhar o pedaço de pão, deu-o a Judas, filho de Simão Iscariotes. ²⁷Quando Judas comeu o pão, Satanás entrou nele. Então Jesus lhe disse: "O que você vai fazer, faça logo". ²⁸Nenhum dos outros à mesa entendeu o que Jesus quis dizer. ²⁹Como Judas era o tesoureiro, alguns imaginaram que Jesus tinha mandado que ele comprasse o necessário para a festa ou desse algum dinheiro aos pobres. ³⁰Judas saiu depressa, e era noite.

Jesus prediz a negação de Pedro

³¹Assim que Judas saiu, Jesus disse: "Chegou a hora de o Filho do Homem ser glorificado e, por causa dele, Deus será glorificado. ³²Uma vez que Deus recebe glória por causa do Filho,ᶜ ele dará ao Filho sua glória, de uma vez por todas. ³³Meus filhos, estarei com vocês apenas mais um pouco. E, como eu disse aos líderes judeus, vocês me procurarão, mas não poderão ir para onde eu

vou. ³⁴Por isso, agora eu lhes dou um novo mandamento: Amem uns aos outros. Assim como eu os amei, vocês devem amar uns aos outros. ³⁵Seu amor uns pelos outros provará ao mundo que são meus discípulos".

³⁶Simão Pedro perguntou: "Para onde o Senhor vai?".

Jesus respondeu: "Para onde vou vocês não podem ir agora, mas me seguirão mais tarde".

³⁷"Senhor, por que não posso ir agora?", perguntou ele. "Estou disposto a morrer pelo senhor."

³⁸"Morrer por mim?", disse Jesus. "Eu lhe digo a verdade, Pedro: antes que o galo cante, você me negará três vezes."

Jesus, o caminho para o Pai

14 "Não deixem que seu coração fique aflito. Creiam em Deus; creiam também em mim. ²Na casa de meu Pai há muitas moradas. Se não fosse assim, eu lhes teria dito. Vou preparar lugar para vocês[a] ³e, quando tudo estiver pronto, virei buscá-los, para que estejam sempre comigo, onde eu estiver. ⁴Vocês conhecem o caminho para onde vou."

⁵"Não sabemos para onde o Senhor vai", disse Tomé. "Como podemos conhecer o caminho?"

⁶Jesus disse: "Eu sou o caminho, a verdade e a vida. Ninguém pode vir ao Pai senão por mim. ⁷Se vocês realmente me conhecessem, saberiam quem é meu Pai.[b] Mas, de agora em diante, vão conhecer e ver o Pai".

⁸Filipe disse: "Senhor, mostre-nos o Pai, e ficaremos satisfeitos".

⁹Jesus respondeu: "Filipe, estive com vocês todo esse tempo e você ainda não sabe quem eu sou? Quem me vê, vê o Pai! Então por que me pede para mostrar o Pai? ¹⁰Você não crê que eu estou no Pai e o Pai está em mim? As palavras que eu digo não são minhas, mas de meu Pai, que permanece em mim e realiza suas obras por meu intermédio. ¹¹Apenas creiam que eu estou no Pai e que o Pai está em mim. Ou creiam pelo menos por causa das obras que vocês me viram realizar.

¹²"Eu lhes digo a verdade: quem crê em mim fará as mesmas obras que tenho realizado, e até maiores, pois eu vou para o Pai. ¹³Vocês podem pedir qualquer coisa em meu nome, e eu o farei, para que o Filho glorifique o Pai. ¹⁴Sim, peçam qualquer coisa em meu nome, e eu o farei!"

Jesus promete o Espírito Santo

¹⁵"Se vocês me amam, obedeçam[c] a meus mandamentos. ¹⁶E eu pedirei ao Pai, e ele lhes dará outro Encorajador,[d] que nunca os deixará. ¹⁷É o Espírito da verdade. O mundo não o pode receber, pois não o vê e não o conhece. Mas vocês o conhecem, pois ele habita com vocês agora e depois estará em vocês.[e] ¹⁸Não os deixarei órfãos; voltarei para vocês. ¹⁹Em breve o mundo não me verá mais, mas vocês me verão. Porque eu vivo, vocês também viverão. ²⁰No dia em que eu for ressuscitado, vocês saberão que eu estou em meu Pai, vocês em mim, e eu em vocês. ²¹Aqueles que aceitam meus mandamentos e lhes obedecem são os que me amam. E, porque me amam, serão amados por meu Pai. E eu também os amarei e me revelarei a cada um deles."

²²Judas (não o Iscariotes) disse: "Por que o Senhor vai se revelar somente a nós, e não ao mundo em geral?".

²³Jesus respondeu: "Quem me ama faz o que eu ordeno. Meu Pai o amará, e nós viremos para morar nele. ²⁴Quem não me ama não me obedece. E lembrem-se, estas palavras não são minhas; elas vêm do Pai, que me enviou. ²⁵Eu digo estas coisas enquanto ainda estou com vocês. ²⁶Mas quando o Pai enviar o Encorajador, o Espírito Santo, como meu representante, ele lhes ensinará todas as coisas e os fará lembrar tudo que eu lhes disse.

²⁷"Eu lhes deixo um presente, a minha plena paz. E essa paz que eu lhes dou é um presente que o mundo não pode dar. Portanto, não se aflijam nem tenham medo. ²⁸Lembrem-se do que eu lhes disse: 'Vou embora, mas voltarei para vocês'. Se o seu amor por mim é real, vocês deveriam estar felizes porque eu vou para o Pai,

que é maior que eu. ²⁹Eu lhes disse estas coisas antes que aconteçam para que, quando acontecerem, vocês creiam.

³⁰"Não tenho muito tempo mais para falar com vocês, pois o governante deste mundo se aproxima. Ele não tem poder algum sobre mim, ³¹mas farei o que o Pai requer de mim, para que o mundo saiba que eu amo o Pai. Levantem-se e vamos embora!"

Jesus, a videira verdadeira

15 "Eu sou a videira verdadeira, e meu Pai é o lavrador. ²Todo ramo que, estando em mim, não dá fruto, ele corta. Todo ramo que dá fruto, ele poda, para que produza ainda mais. ³Vocês já foram limpos pela mensagem que eu lhes dei. ⁴Permaneçam em mim, e eu permanecerei em vocês. Pois, assim como um ramo não pode produzir fruto se não estiver na videira, vocês também não poderão produzir frutos a menos que permaneçam em mim.

⁵"Sim, eu sou a videira; vocês são os ramos. Quem permanece em mim, e eu nele, produz muito fruto. Pois, sem mim, vocês não podem fazer coisa alguma. ⁶Quem não permanece em mim é jogado fora, como um ramo imprestável, e seca. Esses ramos são ajuntados num monte para serem queimados. ⁷Mas, se vocês permanecerem em mim e minhas palavras permanecerem em vocês, pedirão o que quiserem, e isso lhes será concedido! ⁸Quando vocês produzem muitos frutos, trazem grande glória a meu Pai e demonstram que são meus discípulos de verdade.

⁹"Eu os amei como o Pai me amou. Permaneçam no meu amor. ¹⁰Quando vocês obedecem a meus mandamentos, permanecem no meu amor, assim como eu obedeço aos mandamentos de meu Pai e permaneço no amor dele. ¹¹Eu lhes disse estas coisas para que fiquem repletos da minha alegria. Sim, sua alegria transbordará! ¹²Este é meu mandamento: Amem uns aos outros como eu amo vocês. ¹³Não existe amor maior do que dar a vida por seus amigos. ¹⁴Vocês serão meus amigos se fizerem o que eu ordeno. ¹⁵Já não os chamo de escravos, pois o senhor não faz confidências a seus escravos. Agora vocês são meus amigos, pois eu lhes

disse tudo que o Pai me disse. ¹⁶Vocês não me escolheram; eu os escolhi. Eu os chamei para irem e produzirem frutos duradouros, para que o Pai lhes dê tudo que pedirem em meu nome. ¹⁷Este é meu mandamento: Amem uns aos outros."

Os discípulos de Jesus e o mundo

¹⁸"Se o mundo os odeia, lembrem-se de que primeiro odiou a mim. ¹⁹O mundo os amaria se pertencessem a ele, mas vocês já não fazem parte do mundo. Eu os escolhi para que não mais pertençam ao mundo, e por isso o mundo os odeia. ²⁰Vocês se lembram do que eu lhes disse: 'O escravo não é maior que o seu senhor'? Uma vez que eles me perseguiram, também os perseguirão. E, se obedeceram à minha palavra, também obedecerão à sua. ²¹Farão tudo isso a vocês por minha causa, pois rejeitaram aquele que me enviou. ²²Eles não seriam culpados se eu não tivesse vindo nem lhes falado. Agora, porém, não têm desculpa por seu pecado. ²³Quem me odeia também odeia meu Pai. ²⁴Se eu não tivesse realizado no meio deles sinais que ninguém mais pode realizar, eles não seriam culpados. Agora, porém, viram tudo que fiz e, no entanto, ainda odeiam a mim e a meu Pai. ²⁵Isso cumpre o que está registrado nas Escrituras deles:[a] 'Odiaram-me sem motivo'.

²⁶"Mas eu enviarei a vocês o Encorajador,[b] o Espírito da verdade. Ele virá do Pai e testemunhará a meu respeito. ²⁷E vocês também devem testemunhar a meu respeito, porque estão comigo desde o início."

16 "Eu lhes digo estas coisas para que não desanimem da fé. ²Pois vocês serão expulsos das sinagogas, e virá o tempo em que aqueles que os matarem pensarão que estão prestando um serviço sagrado a Deus. ³Farão isso porque nunca conheceram nem o Pai nem a mim. ⁴Sim, eu lhes digo estas coisas agora para que, quando elas acontecerem, vocês se lembrem de que os avisei. Eu não lhes disse antes porque ainda estaria com vocês mais um pouco."

A obra do Espírito Santo

⁵"Agora, porém, vou para aquele que me enviou, e nenhum de vocês me pergunta para onde vou. ⁶Em vez disso, entristecem-se por causa do que eu lhes disse. ⁷Mas, na verdade, é melhor para vocês que eu vá, pois, se eu não for, o Encorajador[a] não virá. Se eu for, eu o enviarei a vocês. ⁸Quando ele vier, convencerá o mundo do pecado, da justiça e do juízo. ⁹Do pecado, porque o mundo se recusou a crer em mim; ¹⁰da justiça, porque eu voltarei para o Pai e não me verão mais; ¹¹do juízo, porque o governante deste mundo já foi condenado.

¹²"Há tanta coisa que ainda quero lhes dizer, mas vocês não podem suportar agora. ¹³Quando vier o Espírito da verdade, ele os conduzirá a toda a verdade. Não falará por si mesmo, mas lhes dirá o que ouviu e lhes anunciará o que ainda está para acontecer. ¹⁴Ele me glorificará porque lhes contará tudo que receber de mim. ¹⁵Tudo que pertence ao Pai é meu; por isso eu disse: 'O Espírito lhes contará tudo que receber de mim.'"

A tristeza será transformada em alegria

¹⁶"Mais um pouco e vocês não me verão mais; algum tempo depois, me verão novamente."

¹⁷Alguns dos discípulos perguntaram entre si: "O que ele quer dizer com 'Mais um pouco e vocês não me verão' e 'algum tempo depois, me verão novamente' e 'vou para o Pai'? ¹⁸E o que ele quer dizer com 'mais um pouco'? Não entendemos".

¹⁹Jesus, percebendo que desejavam lhe perguntar sobre essas coisas, disse: "Vocês perguntam entre si o que eu quis dizer quando falei: 'Mais um pouco e vocês não me verão; algum tempo depois, me verão novamente'? ²⁰Eu lhes digo a verdade: vocês chorarão e se lamentarão pelo que acontecerá comigo, mas o mundo se alegrará. Ficarão tristes, mas sua tristeza se transformará em alegria. ²¹No trabalho de parto, a mulher sente dores, mas, quando o bebê nasce, sua angústia dá lugar à alegria, pois ela trouxe ao mundo uma criança. ²²Da mesma forma, agora vocês estão

tristes, mas eu os verei novamente; então se alegrarão e ninguém lhes poderá tirar essa alegria. ²³Naquele dia, não terão necessidade de me perguntar coisa alguma. Eu lhes digo a verdade: vocês pedirão diretamente ao Pai e ele atenderá, porque pediram em meu nome. ²⁴Vocês nunca pediram desse modo. Peçam em meu nome e receberão, e terão alegria completa.

²⁵"Eu lhes falei destas coisas de maneira figurativa, mas em breve deixarei de usar esse tipo de linguagem e lhes falarei claramente a respeito do Pai. ²⁶Então vocês pedirão em meu nome. Não digo que pedirei ao Pai em seu favor, ²⁷pois o próprio Pai os ama, porque vocês me amam e creem que eu vim de Deus.ᵃ ²⁸Sim, eu vim do Pai e entrei no mundo, e agora deixo o mundo e volto para o Pai".

²⁹Então os discípulos disseram: "Enfim o senhor fala claramente, e não de maneira figurativa. ³⁰Agora entendemos que o senhor sabe todas as coisas e não há necessidade de lhe fazer perguntas. Por isso cremos que o senhor veio de Deus".

³¹Jesus disse: "Enfim vocês creem? ³²Mas se aproxima o tempo, e de fato já chegou, em que vocês serão espalhados; cada um seguirá seu caminho e me deixará sozinho. Mas não ficarei sozinho, porque o Pai está comigo. ³³Eu lhes falei tudo isso para que tenham paz em mim. Aqui no mundo vocês terão aflições, mas animem-se, pois eu venci o mundo".

A oração de Jesus

17 Depois de dizer todas essas coisas, Jesus olhou para o céu e orou: "Pai, chegou a hora. Glorifica teu Filho, para que ele te glorifique, ²pois tu lhe deste autoridade sobre toda a humanidade. Ele concede vida eterna a cada um daqueles que lhe deste. ³E a vida eterna é isto: conhecer a ti, o único Deus verdadeiro, e a Jesus Cristo, a quem enviaste ao mundo. ⁴Eu te glorifiquei aqui na terra, completando a obra que me deste para realizar. ⁵Agora, Pai, glorifica-me e leva-me para junto de ti, para a glória que tive a teu lado antes do princípio do mundo.

⁶"Eu revelei teu nome àqueles que me deste do mundo. Eles sempre foram teus. Tu os deste a mim, e eles obedeceram à tua palavra. ⁷Agora eles sabem que tudo que eu tenho vem de ti, ⁸pois lhes transmiti a mensagem que me deste. Eles a aceitaram e sabem que eu vim de ti, e creem que tu me enviaste.

⁹"Minha oração não é por este mundo, mas por aqueles que me deste, pois eles pertencem a ti. ¹⁰Tudo que é meu pertence a ti, e tudo que é teu pertence a mim, e eu sou glorificado por meio deles. ¹¹Agora deixo este mundo; eles ficam aqui, mas eu vou para tua presença. Pai santo, tu me deste teu nome;[a] agora protege-os com o poder do teu nome para que eles estejam unidos, assim como nós estamos. ¹²Durante meu tempo aqui com eles, eu os protegi com o poder do nome que me deste.[b] Eu os guardei de modo que nenhum deles se perdeu, exceto aquele que estava a caminho da destruição, como as Escrituras haviam predito.

¹³"Agora vou para tua presença. Enquanto ainda estou no mundo, digo estas coisas para que eles tenham minha plena alegria em si mesmos. ¹⁴Eu lhes dei tua palavra. E o mundo os odeia, porque eles não são do mundo, como eu também não sou. ¹⁵Não peço que os tires do mundo, mas que os protejas do maligno. ¹⁶Eles não são deste mundo, como eu também não sou. ¹⁷Consagra-os na verdade, que é a tua palavra. ¹⁸Assim como tu me enviaste ao mundo, eu os envio ao mundo. ¹⁹E eu me entrego como sacrifício santo por eles, para que sejam consagrados na verdade.

²⁰"Não te peço apenas por estes discípulos, mas também por todos que crerão em mim por meio da mensagem deles. ²¹Minha oração é que todos eles sejam um, como nós somos um, como tu estás em mim, Pai, e eu estou em ti. Que eles estejam em nós, para que o mundo creia que tu me enviaste.

²²"Eu dei a eles a glória que tu me deste, para que sejam um, como nós somos um. ²³Eu estou neles e tu estás em mim. Que eles experimentem unidade perfeita, para que todo o mundo saiba que tu me enviaste e que os amas tanto quanto me amas. ²⁴Pai, quero que os que me deste estejam comigo onde estou. Então eles

verão toda a glória que me deste, porque me amaste antes mesmo do princípio do mundo.

²⁵"Pai justo, o mundo não te conhece, mas eu te conheço; e estes discípulos sabem que tu me enviaste. ²⁶Eu revelei teu nome a eles, e continuarei a fazê-lo. Então teu amor por mim estará neles, e eu estarei neles".

Jesus é traído e preso

18 Depois de dizer essas coisas, Jesus atravessou com seus discípulos o vale de Cedrom e entrou num bosque de oliveiras. ²Judas, o traidor, conhecia aquele lugar, pois Jesus tinha ido muitas vezes ali com seus discípulos. ³Os principais sacerdotes e fariseus tinham dado a Judas um destacamento de soldados e alguns guardas do templo para acompanhá-lo. Eles chegaram ao bosque de oliveiras com tochas, lanternas e armas.

⁴Jesus, sabendo tudo que ia lhe acontecer, foi ao encontro deles. "A quem vocês procuram?", perguntou.

⁵"A Jesus, o nazareno",ᶜ responderam.

"Sou eu", disse ele. (Judas, o traidor, estava com eles.) ⁶Quando Jesus disse: "Sou eu", todos recuaram e caíram para trás, no chão. ⁷Mais uma vez, ele perguntou: "A quem vocês procuram?".

E, novamente, eles responderam: "A Jesus, o nazareno".

⁸"Já lhes disse que sou eu", respondeu ele. "E, uma vez que é a mim que vocês procuram, deixem estes outros irem embora." ⁹Ele fez isso para cumprir sua própria declaração: "Não perdi um só de todos que me deste".ᵈ

¹⁰Então Simão Pedro puxou uma espada e cortou a orelha direita de Malco, o servo do sumo sacerdote. ¹¹Jesus, porém, disse a Pedro: "Guarde sua espada de volta na bainha. Acaso não beberei o cálice que o Pai me deu?".

¹²Assim, os soldados, seu comandante e os guardas do templo prenderam Jesus e o amarraram.

Pedro nega Jesus pela primeira vez

¹³Primeiro, levaram Jesus a Anás, pois era sogro de Caifás, o sumo sacerdote naquele ano. ¹⁴Caifás foi quem tinha dito aos outros líderes judeus: "É melhor que um homem morra pelo povo".

¹⁵Simão Pedro e outro discípulo seguiram Jesus. Esse outro discípulo era conhecido do sumo sacerdote, de modo que lhe permitiram entrar com Jesus no pátio do sumo sacerdote. ¹⁶Pedro teve de ficar do lado de fora do portão. Então o discípulo conhecido do sumo sacerdote falou com a moça que tomava conta do portão, e ela deixou Pedro entrar. ¹⁷A moça perguntou a Pedro: "Você não é um dos discípulos daquele homem?".

"Não", respondeu ele. "Não sou."

¹⁸Como fazia frio, os servos da casa e os guardas tinham feito uma fogueira com carvão e se esquentavam ao redor dela. Pedro estava ali com eles, esquentando-se também.

O sumo sacerdote interroga Jesus

¹⁹Lá dentro, o sumo sacerdote começou a interrogar Jesus a respeito de seus discípulos e de seus ensinamentos. ²⁰Jesus respondeu: "Falei abertamente a todos. Ensinei regularmente nas sinagogas e no templo, onde o povo se reúne. ²¹Por que você me interroga? Pergunte aos que me ouviram. Eles sabem o que eu disse".

²²Um dos guardas do templo que estava perto bateu no rosto de Jesus, dizendo: "Isso é maneira de responder ao sumo sacerdote?".

²³Jesus respondeu: "Se eu disse algo errado, prove. Mas, se digo a verdade, por que você me bate?".

²⁴Então Anás amarrou Jesus e o enviou a Caifás, o sumo sacerdote.

Pedro nega Jesus pela segunda e terceira vez

²⁵Nesse meio-tempo, enquanto Simão Pedro estava perto da fogueira, esquentando-se, perguntaram-lhe novamente: "Você não é um dos discípulos dele?".

Ele negou, dizendo: "Não sou".

²⁶Mas um dos servos da casa do sumo sacerdote, parente do homem de quem Pedro havia cortado a orelha, perguntou: "Eu não vi você no bosque de oliveiras com Jesus?". ²⁷Mais uma vez, Pedro negou. E, no mesmo instante, o galo cantou.

O julgamento de Jesus diante de Pilatos

²⁸O julgamento de Jesus diante de Caifás terminou nas primeiras horas da manhã. Em seguida, foi levado ao palácio do governador romano.[a] Seus acusadores não entraram, pois se contaminariam e não poderiam celebrar a Páscoa. ²⁹Então o governador Pilatos foi até eles e perguntou: "Qual é a acusação contra este homem?".

³⁰Eles responderam: "Não o teríamos entregue ao senhor se ele não fosse um criminoso".

³¹"Então levem-no embora e julguem-no de acordo com a lei de vocês", disse Pilatos.

"Só os romanos têm direito de executar alguém",[b] responderam os líderes judeus. ³²Assim cumpriu-se a previsão de Jesus sobre como ele morreria.[c]

³³Então Pilatos entrou novamente no palácio e ordenou que trouxessem Jesus. "Você é o rei dos judeus?", perguntou ele.

³⁴Jesus respondeu: "Essa pergunta é sua ou outros lhe falaram a meu respeito?".

³⁵"Acaso sou judeu?", disse Pilatos. "Seu próprio povo e os principais sacerdotes o trouxeram a mim para ser julgado. Por quê? O que você fez?"

³⁶Jesus respondeu: "Meu reino não é deste mundo. Se fosse, meus seguidores lutariam para impedir que eu fosse entregue aos líderes judeus. Mas meu reino não procede deste mundo".

³⁷Pilatos disse: "Então você é rei?".

"Você diz que sou rei", respondeu Jesus. "De fato, nasci e vim ao mundo para testemunhar a verdade. Todos que amam a verdade ouvem minha voz."

³⁸Pilatos perguntou: "Que é a verdade?".

Jesus é condenado à morte

Depois que disse isso, Pilatos saiu outra vez para onde estava o povo e declarou: "Ele não é culpado de crime algum. ³⁹Mas vocês têm o costume de pedir que eu solte um prisioneiro cada ano, na Páscoa. Vocês querem que eu solte o 'rei dos judeus'?".

⁴⁰Eles, porém, gritaram: "Não! Esse homem, não! Queremos Barrabás!". Esse Barrabás era um criminoso.

19 Então Pilatos mandou açoitar Jesus. ²Os soldados fizeram uma coroa de espinhos e a colocaram em sua cabeça, e depois puseram nele um manto vermelho. ³Zombavam dele, dizendo: "Salve, rei dos judeus!", e batiam em seu rosto.

⁴Pilatos saiu outra vez e disse ao povo: "Agora vou trazê-lo aqui para vocês, mas que fique bem claro: eu o considero inocente". ⁵Então Jesus saiu com a coroa de espinhos e o manto vermelho. "Vejam, aqui está o homem!", disse Pilatos.

⁶Quando os principais sacerdotes e os guardas do templo o viram, começaram a gritar: "Crucifique-o! Crucifique-o!".

"Levem-no vocês e crucifiquem-no", disse Pilatos. "Eu o considero inocente."

⁷Os líderes judeus responderam: "Pela nossa lei ele deve morrer, pois chamou a si mesmo de Filho de Deus".

⁸Quando Pilatos ouviu isso, ficou ainda mais amedrontado. ⁹Levou Jesus de volta para dentro do palácio[a] e lhe perguntou: "De onde você vem?". Jesus, porém, não respondeu. ¹⁰"Por que você se nega a falar comigo?", perguntou Pilatos. "Não sabe que tenho autoridade para soltá-lo ou crucificá-lo?"

¹¹Jesus disse: "Você não teria autoridade alguma sobre mim se esta não lhe fosse dada de cima. Portanto, aquele que me entregou a você tem um pecado maior".

¹²Então Pilatos tentou libertá-lo, mas os líderes judeus gritavam: "Se o senhor soltar este homem, não é amigo de César! Quem se declara rei se rebela contra César".

¹³Ao ouvir isso, Pilatos trouxe Jesus para fora novamente e se sentou no tribunal, na plataforma chamada "Pavimento de Pedras" (em aramaico, *Gábata*). ¹⁴Era por volta de meio-dia, no dia da preparação para a Páscoa. E Pilatos disse ao povo: "Vejam, aqui está o seu rei!".

¹⁵"Fora com ele!", gritaram. "Fora com ele! Crucifique-o!"

"O quê? Crucificar o seu rei?", perguntou Pilatos.

Em resposta, os principais sacerdotes gritaram: "Não temos outro rei além de César!".

¹⁶Então Pilatos lhes entregou Jesus para ser crucificado. E eles levaram Jesus.

A crucificação

¹⁷Carregando a própria cruz, Jesus foi ao local chamado Lugar da Caveira (em aramaico, *Gólgota*). ¹⁸Ali eles o pregaram na cruz. Outros dois foram crucificados com Jesus, um de cada lado e ele no meio. ¹⁹Pilatos colocou no alto da cruz uma placa que dizia: "JESUS, O NAZARENO,[b] REI DOS JUDEUS". ²⁰O lugar onde Jesus foi crucificado ficava perto da cidade, e a placa estava escrita em aramaico, latim e grego, de modo que muitos judeus podiam ler a inscrição.

²¹Os principais sacerdotes disseram a Pilatos: "Mude a inscrição de 'Rei dos judeus' para 'Ele disse: Eu sou o rei dos judeus'".

²²Pilatos respondeu: "O que escrevi, escrevi".

²³Depois que os soldados crucificaram Jesus, repartiram suas roupas em quatro partes, uma para cada um deles. Também pegaram sua túnica, mas ela era sem costura, tecida numa única peça, de alto a baixo. ²⁴Por isso disseram: "Em vez de rasgá-la, vamos tirar sortes para ver quem ficará com ela". Isso cumpriu as Escrituras que dizem: "Repartiram minhas roupas entre si e lançaram sortes por minha veste".[c] E foi o que fizeram.

²⁵Perto da cruz estavam a mãe de Jesus, a irmã dela, Maria, esposa de Clopas, e Maria Madalena. ²⁶Quando Jesus viu sua mãe ali, ao lado do discípulo a quem ele amava, disse-lhe: "Mulher,

este é seu filho". ²⁷E, ao discípulo, disse: "Esta é sua mãe". Daquele momento em diante, o discípulo a recebeu em sua casa.

A morte de Jesus

²⁸Jesus sabia que sua missão havia terminado e, para cumprir as Escrituras, disse: "Estou com sede".[d] ²⁹Havia ali uma vasilha com vinagre, de modo que ensoparam uma esponja no vinagre, a colocaram na ponta de um caniço de hissopo e a ergueram até os lábios de Jesus. ³⁰Depois de prová-la, Jesus disse: "Está consumado". Então, inclinou a cabeça e entregou o espírito.

³¹Era o Dia da Preparação, e os líderes judeus não queriam que os corpos ficassem pendurados ali até o dia seguinte, que seria um sábado muito especial. Por isso pediram a Pilatos que mandasse quebrar as pernas dos crucificados e removê-los. ³²Assim, os soldados vieram e quebraram as pernas dos dois homens crucificados com Jesus. ³³Mas, quando chegaram a Jesus, viram que ele já estava morto e, portanto, não quebraram suas pernas. ³⁴Um dos soldados, porém, furou seu lado com uma lança e, no mesmo instante, correu sangue com água. ³⁵Essa informação provém de uma testemunha ocular. Ela diz a verdade para que vocês também creiam. ³⁶Essas coisas aconteceram para que se cumprissem as Escrituras que dizem: "Nenhum dos seus ossos será quebrado",[a] ³⁷e "Olharão para aquele a quem transpassaram".[b]

O sepultamento de Jesus

³⁸Depois disso, José de Arimateia, que tinha sido discípulo secreto de Jesus porque temia os líderes judeus, pediu autorização a Pilatos para tirar da cruz o corpo de Jesus. Quando Pilatos lhe deu permissão, José veio e levou o corpo. ³⁹Estava com ele Nicodemos, o homem que tinha ido conversar com Jesus à noite. Nicodemos trouxe cerca de 35 litros[c] de óleo perfumado feito com mirra e aloés. ⁴⁰Seguindo os costumes judaicos de sepultamento, envolveram o corpo de Jesus em lençóis compridos de linho, junto com essas especiarias. ⁴¹O local da crucificação ficava próximo a um

jardim, onde havia um túmulo novo que nunca tinha sido usado. [42]Como era o Dia da Preparação para a Páscoa judaica,[d] e uma vez que o túmulo ficava perto, colocaram Jesus ali.

A ressurreição

20 No primeiro dia da semana, bem cedo, enquanto ainda estava escuro, Maria Madalena foi ao túmulo e viu que a pedra da entrada tinha sido removida. [2]Correu e encontrou Simão Pedro e o outro discípulo, aquele a quem Jesus amava, e disse: "Tiraram do túmulo o corpo do Senhor, e não sabemos onde o colocaram!".

[3]Pedro e o outro discípulo foram ao túmulo. [4]Os dois corriam, mas o outro discípulo foi mais rápido que Pedro e chegou primeiro ao túmulo. [5]Abaixou-se, olhou para dentro e viu ali as faixas de linho, mas não entrou. [6]Então Simão Pedro chegou e entrou. Também viu ali as faixas de linho [7]e notou que o pano que cobria a cabeça de Jesus estava dobrado e colocado à parte. [8]O discípulo que havia chegado primeiro ao túmulo também entrou, viu e creu. [9]Pois até então não haviam compreendido as Escrituras segundo as quais era necessário que Jesus ressuscitasse dos mortos. [10]Os discípulos voltaram para casa.

Jesus aparece a Maria Madalena

[11]Maria estava do lado de fora do túmulo. Chorando, abaixou-se, olhou para dentro [12]e viu dois anjos vestidos de branco, sentados à cabeceira e aos pés do lugar onde tinha estado o corpo de Jesus. [13]Os anjos lhe perguntaram: "Mulher, por que você está chorando?".

Ela respondeu: "Porque levaram o meu Senhor, e não sei onde o colocaram".

[14]Então, ao virar-se para sair, viu alguém em pé. Era Jesus, mas ela não o reconheceu. [15]"Mulher, por que está chorando?", perguntou ele. "A quem você procura?"

Pensando que fosse o jardineiro, ela disse: "Se o senhor o levou embora, diga-me onde o colocou, e eu irei buscá-lo".

[16]"Maria!", disse Jesus.

Ela se voltou para ele e exclamou: "Rabôni!" (que, em aramaico, quer dizer "Mestre!").

[17]Jesus lhe disse: "Não se agarre a mim, pois ainda não subi ao Pai. Mas vá procurar meus irmãos e diga-lhes: 'Eu vou subir para meu Pai e Pai de vocês, para meu Deus e Deus de vocês'".

[18]Maria Madalena encontrou os discípulos e lhes disse: "Vi o Senhor!". Então contou o que Jesus havia falado.

Jesus aparece a seus discípulos

[19]Ao entardecer daquele primeiro dia da semana, os discípulos estavam reunidos com as portas trancadas, por medo dos líderes judeus. De repente, Jesus surgiu no meio deles e disse: "Paz seja com vocês!". [20]Enquanto falava, mostrou-lhes as feridas nas mãos e no lado. Eles se encheram de alegria quando viram o Senhor. [21]Mais uma vez, ele disse: "Paz seja com vocês! Assim como o Pai me enviou, eu os envio". [22]Então soprou sobre eles e disse: "Recebam o Espírito Santo. [23]Se vocês perdoarem os pecados de alguém, eles estarão perdoados. Se não perdoarem, eles não estarão perdoados".

Jesus aparece a Tomé

[24]Um dos Doze, Tomé, apelidado de Gêmeo,[e] não estava com os outros quando Jesus surgiu no meio deles. [25]Eles lhe disseram: "Vimos o Senhor!".

Ele, porém, respondeu: "Não acreditarei se não vir as marcas dos pregos em suas mãos e não puser meus dedos nelas e minha mão na marca em seu lado".

[26]Oito dias depois, os discípulos estavam juntos novamente e, dessa vez, Tomé estava com eles. As portas estavam trancadas, mas, de repente, como antes, Jesus surgiu no meio deles. "Paz seja com vocês!", disse ele. [27]Então, disse a Tomé: "Ponha seu dedo

aqui, e veja minhas mãos. Ponha sua mão na marca em meu lado. Não seja incrédulo. Creia!".

²⁸"Meu Senhor e meu Deus!", disse Tomé.

²⁹Então Jesus lhe disse: "Você crê porque me viu. Felizes são aqueles que creem sem ver".

Propósito do livro

³⁰Os discípulos viram Jesus fazer muitos outros sinais além dos que se encontram registrados neste livro. ³¹Estes, porém, estão registrados para que vocês creiam que Jesus é o Cristo, o Filho de Deus, e para que, crendo nele, tenham vida pelo poder do seu nome.

Epílogo: Jesus aparece a sete discípulos

21 Depois disso, Jesus apareceu novamente a seus discípulos junto ao mar de Tiberíades.[a] Foi assim que aconteceu: ²estavam ali Simão Pedro, Tomé, apelidado de Gêmeo,[b] Natanael, de Caná da Galileia, os filhos de Zebedeu e outros dois discípulos.

³Simão Pedro disse: "Vou pescar".

"Nós também vamos", disseram os outros. Assim, entraram no barco e foram, mas não pegaram coisa alguma a noite toda.

⁴Ao amanhecer, Jesus estava na praia, mas os discípulos não o reconheceram. ⁵Ele perguntou: "Filhos, por acaso vocês têm peixe para comer?".

"Não", responderam eles.

⁶Então ele disse: "Lancem a rede para o lado direito do barco e pegarão". Fizeram assim e não conseguiam recolher a rede, de tão cheia de peixes que estava.

⁷O discípulo a quem Jesus amava disse a Pedro: "É o Senhor!". Quando Simão Pedro ouviu que era o Senhor, vestiu a capa, pois a havia removido para trabalhar, e saltou na água. ⁸Os outros ficaram no barco e puxaram até a praia a rede carregada, pois estavam a apenas uns noventa metros[c] de distância. ⁹Quando chegaram, encontraram um braseiro, no qual havia um peixe, e pão.

¹⁰Jesus disse: "Tragam alguns dos peixes que vocês acabaram de pegar". ¹¹Simão Pedro entrou no barco e arrastou a rede para a praia. Havia 153 peixes grandes e, no entanto, a rede não arrebentou.

¹²"Venham comer!", disse Jesus. Nenhum dos discípulos tinha coragem de perguntar: "Quem é você?", pois sabiam muito bem que era o Senhor. ¹³Então Jesus lhes serviu o pão e o peixe. ¹⁴Foi a terceira vez que Jesus apareceu a seus discípulos depois de ressuscitar dos mortos.

¹⁵Depois da refeição, Jesus perguntou a Simão Pedro: "Simão, filho de João, você me ama mais do que estes?".[a]

"Sim, Senhor", respondeu Pedro. "O senhor sabe que eu o amo".

"Então alimente meus cordeiros", disse Jesus.

¹⁶Jesus repetiu a pergunta: "Simão, filho de João, você me ama?".

"Sim, Senhor", disse Pedro. "O senhor sabe que eu o amo".

"Então cuide de minhas ovelhas", disse Jesus.

¹⁷Pela terceira vez, ele perguntou: "Simão, filho de João, você me ama?".

Pedro ficou triste porque Jesus fez a pergunta pela terceira vez e disse: "O Senhor sabe todas as coisas. Sabe que eu o amo".

Jesus disse: "Então alimente minhas ovelhas.

¹⁸"Eu lhe digo a verdade: quando você era jovem, podia agir como bem entendia; vestia-se e ia aonde queria. Mas, quando for velho, estenderá as mãos e outros o vestirão e o levarão[b] aonde você não quer ir". ¹⁹Jesus disse isso para informá-lo com que tipo de morte ele iria glorificar a Deus. Então Jesus lhe disse: "Siga-me".

²⁰Pedro se virou e viu atrás deles o discípulo a quem Jesus amava, aquele que havia se reclinado perto de Jesus durante a ceia e perguntado: "Senhor, quem o trairá?". ²¹Pedro perguntou a Jesus: "Senhor, e quanto a ele?".

²²Jesus respondeu: "Se eu quiser que ele permaneça vivo até eu voltar, o que lhe importa? Quanto a você, siga-me". ²³Por isso espalhou-se entre a comunidade dos irmãos o rumor de que esse discípulo não morreria. Não foi isso, porém, o que Jesus disse. Ele

apenas disse: "Se eu quiser que ele permaneça vivo até eu voltar, o que lhe importa?".

Observações finais

[24]Este é o discípulo que dá testemunho destes acontecimentos e que os registrou aqui. E sabemos que seu relato é fiel.

[25]Jesus também fez muitas outras coisas. Se todas fossem registradas, suponho que nem o mundo inteiro poderia conter todos os livros que seriam escritos.

NOTAS DAS REFERÊNCIAS

MATEUS

ᵃ**1.1a** Ou *Messias*. Tanto *Messias* (do hebraico) como *Cristo* (do grego) significam "ungido". ᵇ**1.1b** Em grego, *filho de Davi e filho de Abraão*. ᶜ**1.3** Em grego, *Arão*, variação de Rão; também em 1.4. Ver 1Cr 2.9-10. ᵈ**1.7** Em grego, *Asafe*, variação de Asa; também em 1.8. Ver 1Cr 3.10. ᵉ**1.8** Em grego, *Jorão*, variação de Jeorão; também em 1.8b. Ver 1Rs 22.50 e nota em 1Cr 3.11. ᶠ**1.10** Em grego, *Amós*, variação de Amom; também em 1.10b. Ver 1Cr 3.14. ᵍ**1.11** Em grego, *Jeconias*, variação de Joaquim; também em 1.12. Ver 2Rs 24.6 e nota em 1Cr 3.16.

ᵃ**1.21** *Jesus* significa "O Senhor salva". ᵇ**1.23** Is 7.14; 8.8,10, conforme a Septuaginta. ᶜ**2.1** Ou *astrólogos reais*. Em grego, *magos*; também em 2.7,16. ᵈ**2.6a** Em grego, *entre os governantes*. ᵉ**2.6b** Mq 5.2; 2Sm 5.2. ᶠ**2.15** Os 11.1. ᵃ**2.18** Jr 31.15. ᵇ**3.2** Ou *é chegado*, ou *vem em breve*.

ᵃ**3.3a** Ou *Ele é uma voz que clama: "Preparem no deserto o caminho para a vinda do Senhor!"*. ᵇ**3.3b** Is 40.3, conforme a Septuaginta. ᶜ**3.11a** Ou *em*. ᵈ**3.11b** Ou *no Espírito Santo e em fogo*. ᵉ**3.15** Ou *devemos cumprir toda a justiça*. ᶠ**3.16** Alguns manuscritos acrescentam *diante dele*. ᵍ**4.4** Dt 8.3. ʰ**4.6** Sl 91.11-12. ⁱ**4.7** Dt 6.16. ʲ**4.10** Dt 6.13. ᵏ**4.13** Em grego, *junto ao mar*. ᵃ**4.15-16** Is 9.1-2, conforme a Septuaginta. ᵇ**4.17** Ou *é chegado*, ou *vem em breve*. ᶜ**4.25** Em grego, *Decápolis*.

ᵃ**5.21** Êx 20.13; Dt 5.17. ᵇ**5.22a** Alguns manuscritos acrescentam *sem causa*. ᶜ**5.22b** O grego usa um termo aramaico que expressa desprezo: *Quem disser a seu irmão "Raca"*.

ᵃ**5.22c** Em grego, *Geena de fogo*. ᵇ**5.26** Em grego, *os últimos quadrantes*. ᶜ**5.27** Êx 20.14; Dt 5.18. ᵈ**5.29** Em grego, *Geena*; também em 5.30. ᵉ**5.31** Dt 24.1. ᶠ**5.33** Nm 30.2. ᵍ**5.38** Êx 21.24; Lv 24.20; Dt 19.21. ʰ**5.43** Lv 19.18. ⁱ**5.44** Alguns manuscritos acrescentam *abençoem quem os amaldiçoa, façam o bem a quem os odeia*. Comparar com Lc 6.27-28. ʲ**5.47** Em grego, *seus irmãos*.

ᵃ**6.11** Ou *Dá-nos hoje o alimento de que precisamos*, ou *Dá-nos hoje o alimento para amanhã*. ᵇ**6.13a** Ou *E guarda-nos de sermos provados*. ᶜ**6.13b** Ou *do maligno*. ᵈ**6.13c** Alguns manuscritos não trazem *Pois teu*

Notas das referências

é o reino, o poder e a glória para sempre. Amém. ᵉ**6.17** Em grego, *unjam a cabeça.*

ᵃ**6.24** Em grego, *a Deus e a Mamom.* ᵇ**6.27** Ou *ao menos um côvado à sua altura?*

ᵃ**7.3** Em grego, *de seu irmão;* também em 7.4,5. ᵇ**8.4** Ver Lv 14.2-32. ᶜ**8.5** Em grego, *centurião;* também em 8.8,13.

ᵃ**8.6** Ou *filho;* também em 8.13. ᵇ**8.17** Is 53.4. ᶜ**8.28** Alguns manuscritos trazem *gerasenos;* outros, *gergesenos.* Comparar com Mc 5.1; Lc 8.26.

ᵃ**9.13** Os 6.6, conforme a Septuaginta.

ᵃ**10.3** Alguns manuscritos trazem *Lebeu;* outros, *Lebeu, que é chamado Tadeu.* ᵇ**10.7** Ou *é chegado,* ou *vem em breve.*

ᵃ**10.18** Ou *esse será o seu testemunho contra eles e os gentios.* ᵇ**10.28** Em grego, *Geena.*

ᵃ**10.29** Em grego, *1 asarion,* isto é, 1 "asse", moeda romana equivalente a 1/16 de 1 denário. ᵇ**10.35-36** Mq 7.6. ᶜ**10.41** Em grego, *recebe um profeta em nome de um profeta.*

ᵃ**11.10** Ml 3.1. ᵇ**11.12** Ou *o reino dos céus avança à força, e quem se esforça se apossa dele.* ᶜ**11.14a** Ou *a aceitá-lo.* ᵈ**11.14b** Ver Ml 4.5. ᵉ**11.23** Em grego, *até o Hades.*

ᵃ**12.7** Os 6.6, conforme a Septuaginta. ᵇ**12.18-21** Is 42.1-4, conforme a Septuaginta para 42.4. ᶜ**12.28** Ou *está chegando até vocês.*

ᵃ**12.42** Em grego, *A rainha do sul.* ᵇ**12.47** Alguns manuscritos não trazem o versículo 47. Comparar com Mc 3.31 e Lc 8.20. ᶜ**13.11** Em grego, *os mistérios.* ᵈ**13.14-15** Is 6.9-10, conforme a Septuaginta.

ᵃ**13.35** Alguns manuscritos não trazem *do mundo.* Sl 78.2. ᵇ**13.39** Ou *da era;* também em 13.40,49.

ᵃ**13.55** Alguns manuscritos trazem *Joses;* outros, *João.* ᵇ**14.1** Em grego, *Herodes, o tetrarca.* Herodes Antipas era filho do rei Herodes e governador da Galileia.

ᵃ**14.25** Em grego, *Na quarta vigília da noite.* ᵇ**15.4a** Êx 20.12; Dt 5.16. ᶜ**15.4b** Êx 21.17; Lv 20.9; conforme a Septuaginta. ᵈ**15.8-9** Is 29.13, conforme a Septuaginta.

ᵃ**16.2-3** Alguns manuscritos não trazem o trecho de 16.2-3 após *Ele respondeu.*

ᵃ**16.17a** Em grego, *Simão bar-Jonas*. Ver Jo 1.42; 21.15-17. ᵇ**16.17b** Em grego, *Não foi carne e sangue quem lhe revelou isso*. ᶜ**16.18a** O nome *Pedro*, em grego, significa "pedra". ᵈ**16.18b** Em grego, *e as portas do Hades*. ᵉ**16.19a** Ou *fechar [...] fechado*. ᶠ**16.19b** Ou *abrir [...] aberto*. ᵍ**16.21** Alguns manuscritos trazem *Jesus Cristo*. ʰ**17.10** Em grego, *que Elias deve vir primeiro?*

ᵃ**17.21** Alguns manuscritos não trazem o versículo 21. Comparar com Mc 9.29. ᵇ**17.24** Em grego, *[imposto de] didracmas*; também em 17.24b. Ver Êx 30.13-16; Ne 10.32-33. ᶜ**17.25** Em grego, *de seus filhos ou de outros?* ᵈ**17.26** Em grego, *Os filhos*. ᵉ**17.27** Em grego, *1 estáter*, moeda grega equivalente a quatro dracmas. ᶠ**18.9** Em grego, *Geena de fogo*. ᵍ**18.11** Alguns manuscritos não trazem o versículo 11. Comparar com Lc 19.10.

ᵃ**18.15** Alguns manuscritos não trazem *contra você*. ᵇ**18.18a** Ou *fecharem [...] fechado*. ᶜ**18.18b** Ou *abrirem [...] aberto*. ᵈ**18.21** Em grego, *meu irmão*. ᵉ**18.22** Ou *setenta e sete vezes*. ᶠ**18.24** Em grego, *10.000 talentos*. O talento era uma medida de peso (de ouro ou prata) equivalente a 35 quilos, isto é, cerca de 6.000 denários. ᵍ**18.28** Em grego, *100 denários*. Um denário equivalia ao salário por um dia completo de trabalho. ʰ**19.4** Gn 1.27; 5.2. ⁱ**19.5** Gn 2.24.

ᵃ**19.7** Ver Dt 24.1. ᵇ**19.9** Alguns manuscritos acrescentam *E quem se casa com uma mulher divorciada comete adultério*. Comparar com Mt 5.32. ᶜ**19.16** Alguns manuscritos trazem *Bom mestre*.

ᵃ**19.18-19** Êx 20.12-16; Dt 5.16-20; Lv 19.18. ᵇ**19.28** Ou *na regeneração*. ᶜ**20.2** Em grego, *1 denário*; também em 20.9,10,13.

ᵃ**20.16** Alguns manuscritos acrescentam *Pois muitos são chamados, mas poucos são escolhidos*.

ᵃ**21.5a** Em grego, *à filha de Sião*. Is 62.11. ᵇ**21.5b** Zc 9.9. ᶜ**21.9a** Exclamação de louvor que, em sua forma hebraica, significa "Salva agora!"; também em 21.9b,15. ᵈ**21.9b** Sl 118.25-26; 148.1. ᵉ**21.13** Is 56.7; Jr 7.11. ᶠ**21.16** Sl 8.2, conforme a Septuaginta.

ᵃ**21.42** Sl 118.22-23. ᵇ**21.44** Alguns manuscritos não trazem o versículo 44. Comparar com Lc 20.18.

ᵃ**22.19** Em grego, *1 denário*. ᵇ**22.24** Dt 25.5-6.

ᵃ**22.32** Êx 3.6. ᵇ**22.37** Dt 6.5. ᶜ**22.39** Lv 19.18. ᵈ**22.44** Sl 110.1.

Notas das referências

ᵃ**23.2** Em grego, *e os fariseus se sentam na cadeira de Moisés.* ᵇ**23.5** Pequenas caixas, usadas na oração, contendo versículos da lei de Moisés. ᶜ**23.7** Termo aramaico que significa "mestre" ou "professor". ᵈ**23.14** Alguns manuscritos não trazem o versículo 14. Comparar com Mc 12.40 e Lc 20.47. ᵉ**23.15** Em grego, *do Geena;* também em 23.33.

ᵃ**23.24** Ver Lv 11.4,23. ᵇ**23.26** Alguns manuscritos não trazem *e do prato.* ᶜ**23.38** Alguns manuscritos não trazem *e está deserta.* ᵈ**23.39** Sl 118.26. ᵉ**24.3** Ou *da era?*

ᵃ**24.14** Ou *todos os povos.* ᵇ**24.15** Em grego, *a abominação da desolação.* Ver Dn 9.27; 11.31; 12.11. ᶜ**24.29** Ver Is 13.10; 34.4; Jl 2.10. ᵈ**24.30** Ver Dn 7.13. ᵉ**24.31** Em grego, *dos quatro ventos.*

ᵃ**24.34** Ou *esta era,* ou *esta nação.* ᵇ**24.36** Alguns manuscritos não trazem *nem o Filho.* ᶜ**25.15** O *talento* era uma medida de peso (de ouro ou prata) equivalente a 35 quilos.

ᵃ**25.21** Em grego, *Entre na alegria do seu senhor;* também em 25.23. ᵇ**25.32** Ou *Todos os povos.*

ᵃ**26.28** Alguns manuscritos trazem *a nova aliança.* ᵇ**26.31** Em grego, *Eu ferirei.* Zc 13.7.

ᵃ**26.42** Alguns manuscritos trazem *afastar isto de mim.* ᵇ**26.53** Em grego, *doze legiões.* ᶜ**26.59** Em grego, *o Sinédrio.* ᵈ**26.64a** Em grego, *sentado à direita do poder.* Ver Sl 110.1. ᵉ**26.64b** Ver Dn 7.13.

ᵃ**26.71** Ou *Jesus, o nazareno.* ᵇ**27.9-10a** Ou *Tomei [...] comprei.* ᶜ**27.9-10b** Em grego, *conforme o Senhor me dirigiu.* Zc 11.12-13; Jr 32.6-9. ᵈ**27.16** Alguns manuscritos trazem *Jesus Barrabás;* também em 27.17.

ᵃ**27.25** Em grego, *Que seu sangue caia sobre nós e sobre nossos filhos.* ᵇ**27.27** Ou *ao Pretório.* ᶜ**27.32** *Cirene* era uma cidade ao norte da África. ᵈ**27.35** Alguns manuscritos acrescentam *Cumpriu-se, desse modo, a palavra do profeta: 'Repartiram minhas roupas entre si e lançaram sortes por minha veste.* Ver Sl 22.18. ᵉ**27.46a** Alguns manuscritos trazem *Eloí, Eloí.* ᶠ**27.46b** Sl 22.1. ᵍ**27.49** Alguns manuscritos acrescentam *E outro pegou uma lança e furou seu lado, e dali correu sangue com água.* Comparar com Jo 19.34. ʰ**27.54** Em grego, *centurião.*

ᵃ**27.62** Ou *No dia seguinte, depois da preparação.*
ᵃ**28.19** Ou *de todos os povos.*

EVANGELHOS: A história do Homem que mudou a história

MARCOS

a**1.1a** Ou *Messias*. Tanto *Messias* (do hebraico) como *Cristo* (do grego) significam "ungido". b**1.1b** Alguns manuscritos não trazem *o Filho de Deus*. c**1.2** Ml 3.1. d**1.3a** Ou *Ele é uma voz que clama: "Preparem no deserto o caminho para a vinda do Senhor!"*. e**1.3b** Is 40.3, conforme a Septuaginta. f**1.8** Ou *em*; também em 1.8b. g**1.14** Alguns manuscritos trazem *as boas-novas do reino de Deus*. h**1.16** A partir de 3.16, *Simão* é chamado de *Pedro*.
a**1.44** Ver Lv 14.2-32.
a**2.14** Isto é, Mateus. Ver Mt 9.9. b**2.16** Em grego, *os escribas dos fariseus*.
a**3.14** Alguns manuscritos não trazem *e os chamou seus apóstolos*.
a**3.32** Alguns manuscritos acrescentam *e irmãs*. b**4.11** Em grego, *o mistério*. c**4.12** Is 6.9-10, conforme a Septuaginta.
a**5.1** Alguns manuscritos trazem *gadarenos*; outros, *gergesenos*. Ver Mt 8.28; Lc 8.26.
a**5.20** Em grego, *Decápolis*. b**5.36** Alguns manuscritos trazem *ignorou*.
a**6.3** Alguns manuscritos trazem *Joses*; ver Mt 13.55.
a**6.8** Em grego, *nem moedas de cobre no cinto*. b**6.14** Alguns manuscritos trazem *Ele dizia*.
a**6.22** Alguns manuscritos trazem *A filha de Herodias*. b**6.37** Em grego, *Precisaríamos de 200 denários*. Um denário equivalia ao salário por um dia completo de trabalho.
a**6.44** Alguns manuscritos acrescentam *dos pães*. b**6.48** Em grego, *Por volta da quarta vigília da noite*. c**7.4** Alguns manuscritos acrescentam *e divãs*. d**7.7** Is 29.13, conforme a Septuaginta. e**7.10a** Êx 20.12; Dt 5.16. f**7.10b** Êx 21.17; Lv 20.9; ambos conforme a Septuaginta. g**7.11** Em grego, *O que eu teria lhes dado é Corbã, isto é, uma oferta*.
a**7.16** Alguns manuscritos não trazem o versículo 16. Comparar com 4.9,23.
b**7.24** Alguns manuscritos acrescentam *e Sidom*. c**7.31** Em grego, *Decápolis*.
a**8.18** Ver Jr 5.21.
a**9.11** Em grego, *que Elias deve vir primeiro?* b**9.18** Ou *fica fraco*. c**9.19** Ou *disse a seus discípulos*. d**9.29** Alguns manuscritos acrescentam *e jejum*.
a**9.43** Em grego, *Geena*; também em 9.45,47. b**9.44** Alguns manuscritos não trazem o versículo 44. Ver 9.48. c**9.46** Alguns manuscritos não trazem

o versículo 46. Ver 9.48. ᵈ**9.48** Is 66.24. ᵉ**9.49** Em grego, *salgado com fogo*; alguns manuscritos acrescentam *e todo sacrifício será salgado com sal*.
ᶠ**10.4** Ver Dt 24.1. ᵍ**10.6** Gn 1.27; 5.2. ʰ**10.7** Alguns manuscritos não trazem *e se une à sua mulher*. ⁱ**10.7-8** Gn 2.24.
ᵃ**10.19** Êx 20.12-16; Dt 5.16-20. ᵇ**10.24** Alguns manuscritos acrescentam *para os que confiam em riquezas*.
ᵃ**10.51** O texto grego usa o termo hebraico *Raboni*. ᵇ**11.9** Exclamação de louvor que, em sua forma hebraica, significa "Salva agora!"; também em 11.10.
ᵃ**11.9-10** Sl 118.25-26; 148.1. ᵇ**11.16** Ou *de carregarem mercadorias pelo templo*. ᶜ**11.17** Is 56.7; Jr 7.11. ᵈ**11.19** Em grego, *eles saíram*. Alguns manuscritos trazem *ele saiu*. ᵉ**11.26** Alguns manuscritos não trazem o versículo 26. Comparar com Mt 6.15.
ᵃ**12.10-11** Sl 118.22-23. ᵇ**12.12** Em grego, *Eles*. ᶜ**12.15** Em grego, *1 denário*. ᵈ**12.19** Ver Dt 25.5-6. ᵉ**12.26** Êx 3.6. ᶠ**12.29-30** Dt 6.4-5. ᵍ**12.31** Lv 19.18. ᵃ**12.36** Sl 110.1. ᵇ**12.42** Em grego, *2 leptos, que valiam 1 quadrante*.
ᵃ**13.6** Em grego, *dizendo: 'Eu sou'*. ᵇ**13.9** Ou *Esse será o seu testemunho contra eles*. ᶜ**13.10** Ou *todos os povos*. ᵈ**13.14** Em grego, *a abominação da desolação*. Ver Dn 9.27; 11.31; 12.11. ᵉ**13.24-25** Ver Is 13.10; 34.4; Jl 2.10. ᶠ**13.26** Ver Dn 7.13. ᵍ**13.27** Em grego, *dos quatro ventos*. ʰ**13.30** Ou *esta era*, ou *esta nação*. ⁱ**13.33** Alguns manuscritos acrescentam *e orem*.
ᵃ**14.5** Em grego, *300 denários*. ᵇ**14.24** Alguns manuscritos trazem *a nova aliança*. ᶜ**14.27** Em grego, *Eu ferirei*. Zc 13.7.
ᵃ**14.36** *Aba* é um termo aramaico para "pai". ᵇ**14.55** Em grego, *o Sinédrio*. ᶜ**14.62a** Em grego, *sentado à direita do poder*. Ver Sl 110.1. ᵈ**14.62b** Ver Dn 7.13.
ᵃ**14.67** Ou *Jesus, o nazareno*. ᵇ**14.68** Alguns manuscritos não trazem *Naquele instante, o galo cantou*. ᶜ**15.1** Em grego, *o Sinédrio*; também em 15.43. ᵈ**15.21** *Cirene* era uma cidade no norte da África.
ᵃ**15.28** Ver Is 53.12. Alguns manuscritos não trazem o versículo 28. Comparar com Lc 22.37. ᵇ**15.34** Sl 22.1. ᶜ**15.39a** Em grego, *centurião*; também em 15.44,45. ᵈ**15.39b** Alguns manuscritos acrescentam *ouviu o grito e*.
ᵃ**15.40** Em grego, *Joses*; também em 15.47. Ver Mt 27.56. ᵇ**16.2** Em grego, *No primeiro dia da semana*; também em 16.9. ᶜ**16.6** Ou *Jesus, o nazareno*. ᵈ**16.8** Os manuscritos mais antigos terminam aqui o evangelho de Marcos. A

maioria dos manuscritos, porém, acrescenta os versículos 9-20. Outros ainda concluem no versículo 8, mas acrescentam: *Então, informaram tudo isso brevemente a Pedro e seus companheiros. Depois, o próprio Jesus os enviou de leste a oeste com a sagrada e incorruptível mensagem da salvação que dá vida eterna. Amém.* Um número pequeno de manuscritos inclui tanto o final curto quanto o final longo. ᵉ**16.17** Ou *novos idiomas*. Alguns manuscritos não trazem *novas*.

LUCAS

ᵃ**1.15** Ou *desde o nascimento*. ᵇ**1.17** Ver Ml 4.5-6. ᶜ**1.24** Em grego, *escondeu-se em casa*. ᵈ**1.28** Alguns manuscritos acrescentam *Você é bendita entre as mulheres!* ᵉ**1.33** Em grego, *sobre a casa de Jacó*.

ᵃ**1.37** Alguns manuscritos trazem *Pois a palavra de Deus nunca falhará*.

ᵃ**1.76** Ver Is 40.3. ᵇ**1.78** Ou *está prestes a nos visitar*. ᶜ**2.11** Ou *Messias*. Tanto *Messias* (do hebraico) como *Cristo* (do grego) significam "ungido". ᵈ**2.23** Êx 13.2. ᵉ**2.24** Lv 12.8.

ᵃ**2.37** Ou *tinha sido viúva por 84 anos*. ᵇ**2.49** Ou *Não sabiam que devo me ocupar dos assuntos de meu Pai?* ᶜ**3.1a** Em grego, *Herodes era tetrarca*. Herodes Antipas era filho do rei Herodes. ᵈ**3.1b** Em grego, *era tetrarca*; também em 3.1c. ᵉ**3.4** Ou *Ele é uma voz que clama: "Preparem no deserto o caminho para a vinda do Senhor!"*. ᶠ**3.4-6** Is 40.3-5, conforme a Septuaginta.

ᵃ**3.16a** Ou *em*. ᵇ**3.16b** Ou *no Espírito Santo e em fogo*. ᶜ**3.19** Em grego, *Herodes, o tetrarca*. ᵈ**3.32** Em grego, *Salá*, variação de Salmom; também em 3.32b. Ver Rt 4.20-21.

ᵃ**3.33** Alguns manuscritos trazem *Aminadabe era filho de Arão. Arni e Arão são variações de Rão*. Ver 1Cr 2.9-10. ᵇ**4.1** Alguns manuscritos trazem *ao deserto*. ᶜ**4.4** Dt 8.3. ᵈ**4.8** Dt 6.13.

ᵃ**4.10-11** Sl 91.11-12. ᵇ**4.12** Dt 6.16. ᶜ**4.18-19** Ou *para proclamar o ano aceitável do Senhor*. Is 61.1-2, conforme a Septuaginta.

ᵃ**4.44** Alguns manuscritos trazem *Galileia*. ᵇ**5.1** Outro nome para o mar da Galileia. ᶜ**5.3** A partir de 6.14, *Simão* é chamado de Pedro. ᵈ**5.14** Ver Lv 14.2-32.

Notas das referências

ª**5.27** Isto é, Mateus. Ver Mt 9.9.

ª**6.41** Em grego, *de seu irmão*; também em 6.42.

ª**7.2** Em grego, *centurião*; também em 7.6.

ª**7.27** Ml 3.1. ᵇ**7.29** Ou *louvaram a Deus por sua justiça*. ᶜ**7.35** Ou *Mas a sabedoria é justificada por todos os seus filhos*.

ª**7.41** Em grego, *500 denários*. Um denário equivalia ao salário por um dia completo de trabalho.

ª**8.10a** Em grego, *mistérios*. ᵇ**8.10b** Is 6.9, conforme a Septuaginta.

ª**8.26** Alguns manuscritos trazem *gerasenos*; outros, *gergesenos*; também em 8.37. Ver Mt 8.28; Mc 5.1. ᵇ**8.31** Ou *lugar dos mortos*.

ª**8.43** Alguns manuscritos acrescentam *e tinha gastado tudo que possuía com médicos*. ᵇ**8.55** Ou *seu espírito voltou*. ᶜ**9.1** Alguns manuscritos trazem *os doze apóstolos*. ᵈ**9.3** Ou *moedas de prata*. ᵉ**9.7** Em grego, *Herodes, o tetrarca*.

ª**9.35** Alguns manuscritos trazem *Este é meu Filho muito amado*.

ª**9.54** Alguns manuscritos acrescentam *como fez Elias?* ᵇ**9.55-56** Alguns manuscritos acrescentam *E ele disse: "Vocês não sabem como é o seu coração. ⁵⁶Pois o Filho do Homem não veio destruir vidas, mas salvá-las"*.
ᶜ**10.1** Alguns manuscritos trazem *setenta*; também em 10.17. ᵈ**10.9** Ou *está próximo de vocês*. ᵉ**10.11** Ou *está próximo*. ᶠ**10.15** Em grego, *até o Hades*.

ª**10.27** Dt 6.5; Lv 19.18.

ª**10.35** Em grego, *2 denários*. ᵇ**11.2** Alguns manuscritos trazem *Pai nosso que estás no céu*. ᶜ**11.3** Ou *Dá-nos hoje o alimento de que precisamos*, ou *Dá-nos hoje o alimento para amanhã*. ᵈ**11.4** Ou *E guarda-nos de sermos provados*.
ᵉ**11.8** Ou *para não passar vergonha*, ou *para que sua reputação não seja prejudicada*. ᶠ**11.11** Alguns manuscritos acrescentam *pão, você lhe dará uma pedra? Ou [se pedir]...*

ª**11.20** Em grego, *pelo dedo de Deus*. ᵇ**11.31** Em grego, *rainha do sul*.
ᶜ**11.33** Alguns manuscritos não trazem *ou colocá-la sob um cesto*.

ª**11.49** Em grego, *Portanto, foi isto que disse a sabedoria de Deus*. ᵇ**12.5** Em grego, *Geena*. ᶜ**12.6** Em grego, *2 asses*, moeda romana correspondente a 1/16 de 1 denário.

ª**12.25** Ou *ao menos um côvado à sua altura?* ᵇ**12.38** Em grego, *na segunda ou terceira vigília da noite*.

EVANGELHOS: A história do Homem que mudou a história

ª12.53 Mq 7.6. ᵇ12.59 Em grego, *até o último lepto*, moeda de menor valor entre os judeus.

ª13.35 Sl 118.26. ᵇ14.2 Ou *que sofria de hidropsia*. ᶜ14.5 Alguns manuscritos trazem *seu jumento*.

ª14.15 Em grego, *comer pão*.

ª15.8 Em grego, *10 dracmas*. Uma dracma equivalia ao salário por um dia completo de trabalho.

ª15.21 Alguns manuscritos acrescentam *Por favor, trate-me como seu empregado*. ᵇ16.6 Em grego, *100 batos [...] 50 [batos]*. Cada bato equivale a cerca de 20 litros. ᶜ16.7 Em grego, *100 coros [...] 80 [coros]*. Cada coro equivalia a cerca de 220 quilos. ᵈ16.9 Ou *vocês serão recebidos em lares eternos*. ᵉ16.13 Em grego, *a Deus e a Mamom*.

ª16.16 Ou *todos são instados a entrar*. ᵇ16.23 Em grego, *para o Hades*. ᶜ17.14 Ver Lv 14.2-32.

ª17.19 Ou *Sua fé o salvou*. ᵇ17.20 Ou *por suas especulações*. ᶜ17.21 Ou *dentro de vocês*, ou *ao seu alcance*. ᵈ17.22 Ou *desejarão pelo menos um dia com o Filho do Homem*. ᵉ17.24 Alguns manuscritos não trazem *no dia*. ᶠ17.25 Ou *sofra muitas coisas*. ᵍ17.36 Alguns manuscritos não trazem o versículo 36. ʰ17.37 Em grego, *Onde, senhor?*

ª18.20 Êx 20.12-16; Dt 5.16-20.

ª19.13 Em grego, *10 minas*. Uma mina equivalia a cerca de meio quilo de prata, o salário por três meses de trabalho.

ª19.38 Sl 118.26; 148.1. ᵇ19.44 Em grego, *não reconheceu o tempo de sua visitação*, referência à vinda do Messias. ᶜ19.46 Is 56.7; Jr 7.11.

ª20.17 Sl 118.22. ᵇ20.24 Em grego, *1 denário*. ᶜ20.28 Ver Dt 25.5-6. ᵈ20.37 Êx 3.6.

ª20.42-43 Sl 110.1. ᵇ21.2 Em grego, *2 leptos*, a moeda de menor valor entre os judeus. ᶜ21.8 Em grego, *Eu sou*. ᵈ21.13 Ou *este será o seu testemunho contra eles*. ᵉ21.17 Em grego, *por causa do meu nome*. ᶠ21.27 Ver Dn 7.13.

ª21.32 Ou *esta era*, ou *esta nação*. ᵇ21.36 Alguns manuscritos trazem *para terem forças para escapar*. ᶜ22.19-20 Alguns manuscritos não trazem 22.19b-20, *entregue por vocês [...] que é derramado como sacrifício por vocês*.

ª22.37 Is 53.12. ᵇ22.43-44 A maioria dos manuscritos antigos não traz os versículos 43 e 44.

Notas das referências

ª**22.66** Em grego, *do Sinédrio.* ᵇ**22.69** Ver Sl 110.1.
ª**23.17** Alguns manuscritos não trazem o versículo 17. ᵇ**23.26** *Cirene* era uma cidade no norte da África. ᶜ**23.30** Os 10.8. ᵈ**23.33** Nome traduzido, por vezes, como *Calvário*, do termo latino para "caveira".
ª**23.34** Alguns manuscritos não trazem a primeira parte do versículo.
ᵇ**23.46** Sl 31.5. ᶜ**23.47a** Em grego, *centurião.* ᵈ**23.47b** Ou *justo.* ᵉ**23.54** Em grego, *Era o dia da preparação.* ᶠ**24.13** Em grego, *60 estádios.*
ª**24.34** Em grego, *Simão.* ᵇ**24.47** Ou *todos os povos.*

JOÃO

ª**1.5** Ou *e a escuridão não a entendeu.* ᵇ**1.13** Em grego, *não nasceram do sangue, nem da vontade da carne.* ᶜ**1.18** Alguns manuscritos trazem *o Deus único.* ᵈ**1.20** Ou *Messias.* Tanto *Messias* (do hebraico) como *Cristo* (do grego) significam "ungido". ᵉ**1.21** Em grego, *É o Profeta?* Ver Dt 18.15,18; Ml 4.5-6.
ª**1.23** Ou *Eu sou uma voz que clama: "Preparem no deserto o caminho para a vinda do Senhor!".* Is 40.3. ᵇ**1.26** Ou *em;* também em 1.31,33. ᶜ**1.34** Alguns manuscritos trazem *o Escolhido de Deus.* ᵈ**1.42** Tanto *Cefas* (do aramaico) como *Pedro* (do grego) significam "pedra".
ª**2.6** Em grego, *2 ou 3 metretas.*
ª**2.17** Ou *A preocupação com a casa de Deus será minha ruína.* Sl 69.9.
ᵇ**3.3** Ou *nascer do alto;* também em 3.4,7. ᶜ**3.5** O termo grego para *Espírito* também pode ser traduzido como *vento.* Ver 3.8. ᵈ**3.6** Em grego, *O que é nascido da carne é carne, e o que é nascido do Espírito é espírito.*
ª**3.13** Alguns manuscritos acrescentam *que hoje está no céu.* ᵇ**3.15** Ou *para que todo o que crer tenha a vida eterna nele.* ᶜ**3.21** Ou *para que vejam Deus operar por meio de suas ações.* ᵈ**3.25** Alguns manuscritos trazem *alguns judeus.* ᵉ**3.31** Alguns manuscritos não trazem *e é superior a todos.*
ᶠ**4.1** Alguns manuscritos trazem *O Senhor.*
ª**4.20** Em grego, *neste monte.* ᵇ**4.23** Ou *no Espírito e em verdade,* ou *de maneira verdadeiramente espiritual;* também em 4.24.

ª**5.2** Alguns manuscritos trazem *Bet-zata*; outros, *Betsaida*. ᵇ**5.3-4** Alguns manuscritos não trazem a frase *esperando um movimento da água* e todo o versículo 4.

ª**5.44** Alguns manuscritos trazem *do único*. ᵇ**6.7** Em grego, *200 denários não seriam suficientes*. Um denário equivalia ao salário de um dia de trabalho.

ª**6.14** Ver Dt 18.15,18; Ml 4.5-6. ᵇ**6.19** Em grego, *25 ou 30 estádios*.

ª**6.31** Êx 16.4; Sl 78.24. ᵇ**6.45** Em grego, *os profetas*. Is 54.13.

ª**6.63** Em grego, *A carne para nada aproveita*. ᵇ**6.69** Alguns manuscritos trazem *o senhor é o Cristo, o Santo de Deus*; outros, *o senhor é o Cristo, o Filho de Deus*; e ainda outros, *o senhor é o Cristo, o Filho do Deus vivo*.

ª**7.8** Alguns manuscritos não trazem *ainda*.

ª**7.35** Ou *aos judeus que vivem entre os gregos?* ᵇ**7.40** Ver Dt 18.15,18; Ml 4.5-6. ᶜ**7.42** Ver Mq 5.2. ᵈ**7.53** Alguns manuscritos não trazem os versículos 7.53—8.11. ᵉ**8.17** Ver Dt 19.15.

ª**8.39** Alguns manuscritos trazem *Se vocês são mesmo filhos de Abraão, sigam o exemplo dele*. ᵇ**8.54** Alguns manuscritos trazem *Vocês dizem que ele é seu Deus*. ᶜ**8.58** Em grego, *antes que Abraão fosse, eu sou*. Ver Êx 3.14.

ª**9.35** Alguns manuscritos trazem *Filho de Deus?* ᵇ**9.38-39a** Alguns manuscritos não trazem o versículo 38 e o início do versículo 39. ᶜ**10.9** Ou *encontrará segurança*.

ª**10.29** Alguns manuscritos trazem *pois aquilo que meu Pai me deu é mais poderoso que tudo*; outros, *pois, com respeito àquilo que meu Pai me deu, ele é mais poderoso que todos*. ᵇ**10.34a** Em grego, *A própria lei*. ᶜ**10.34b** Sl 82.6. ᵈ**11.2** Episódio relatado no capítulo 12. ᵉ**11.16** Em grego, *Tomé, chamado Dídimo*. ᶠ**11.18** Em grego, *uns 15 estádios*.

ª**11.33** Ou *irou-se em seu espírito*. ᵇ**11.47** Em grego, *o Sinédrio*. ᶜ**11.48** Ou *nossa posição*. Em grego, *nosso lugar*. ᵈ**12.3** Em grego, *1 litra*, medida equivalente a cerca de 340 gramas. ᵉ**12.5** Em grego, *300 denários*.

ª**12.11** Ou *haviam abandonado suas tradições*. Em grego, *haviam desertado*. ᵇ**12.13a** Exclamação de louvor que, em sua forma hebraica, significa "Salva agora!". ᶜ**12.13b** Sl 118.25-26; Sf 3.15. ᵈ**12.15a** Em grego, *filha de Sião*. ᵉ**12.15b** Zc 9.9. ᶠ**12.17** Em grego, *davam testemunho disso*. ᵍ**12.19** Em grego, *o mundo*. ʰ**12.34** Em grego, *pela lei*.

Notas das referências

ª**12.38** Is 53.1. ᵇ**12.40** Is 6.10. ᶜ**13.1** Ou *lhes mostrou toda a plenitude do seu amor.* ᵈ**13.2** Ou *o diabo já havia planejado que Judas, filho de Simão Iscariotes, trairia Jesus.* ᵉ**13.18** Sl 41.9.

ª**13.21** Em grego, *angustiou-se em espírito.* ᵇ**13.23** Em grego, *estava reclinado sobre o peito dele.* Provavelmente João; ver também 19.26; 20.2; 21.20. ᶜ**13.32** Alguns manuscritos não incluem a primeira parte do versículo 32.

ª**14.2** Ou *eu lhes teria dito que vou preparar um lugar para vocês.* ᵇ**14.7** Alguns manuscritos trazem *Se vocês realmente me conheceram, saberão quem é meu Pai.* ᶜ**14.15** Alguns manuscritos trazem *obedecerão.* ᵈ**14.16** Ou *Conselheiro*, ou *Consolador.* O grego traz *parakletos*; também em 14.26. ᵉ**14.17** Alguns manuscritos trazem *e está em vocês.*

ª**15.25** Em grego, *na lei deles.* Sl 35.19; 69.4. ᵇ**15.26** Ou *Conselheiro*, ou *Consolador.* O grego traz *parakletos*.

ª**16.7** Ou *Conselheiro*, ou *Consolador.* O grego traz *parakletos*.

ª**16.27** Alguns manuscritos trazem *do Pai*.

ª**17.11** Alguns manuscritos trazem *tu me deste estes [discípulos]*. ᵇ**17.12** Alguns manuscritos trazem *eu protegi aqueles que me deste, com o poder do teu nome.* ᶜ**18.5** Ou *Jesus de Nazaré*; também em 18.7. ᵈ**18.9** Ver Jo 6.39; 17.12.

ª**18.28** Em grego, *Pretório*; também em 18.33. ᵇ**18.31** Em grego, *Não temos permissão de executar ninguém.* ᶜ**18.32** Ver Jo 12.32-33.

ª**19.9** Em grego, *Pretório.* ᵇ**19.19** Ou *Jesus de Nazaré.* ᶜ**19.24** Sl 22.18. ᵈ**19.28** Sl 22.15; 69.21.

ª**19.36** Êx 12.46; Nm 9.12; Sl 34.20. ᵇ**19.37** Zc 12.10. ᶜ**19.39** Em grego, *100 litros.* ᵈ**19.42** Em grego, *Por causa do dia judaico da preparação.* ᵉ**20.24** Em grego, *Tomé, chamado Dídimo.*

ª**21.1** Outro nome para o mar da Galileia. ᵇ**21.2** Em grego, *Tomé, chamado Dídimo.* ᶜ**21.8** Em grego, *200 côvados.*

ª**21.15** Ou *mais do que estes outros me amam?* ᵇ**21.18** Alguns manuscritos trazem *outro o vestirá e o levará.*